金典之夜歌手2017巅峰会海报

王老吉新春吉祥罐广告

小罐茶广告

三只松鼠×《小别离》海报

小猪短租形象广告

可口可乐昵称瓶海报

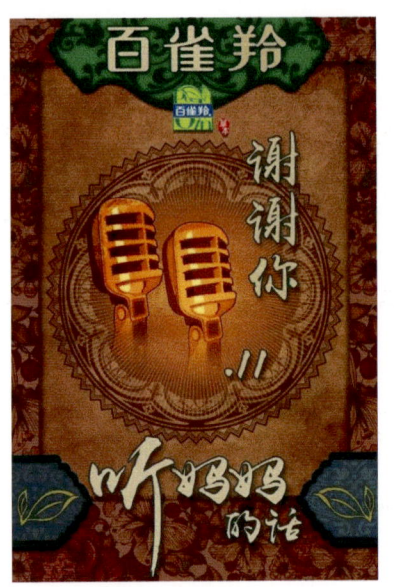

百雀羚"谢谢你"体广告

广州万达城"玩都广州"话题广告

公牛G19开关广告

奥利奥缤纷音乐盒H5

青岛9度"啤葩说"活动海报

东方树叶海报

百事可乐2016"把乐带回家"主题海报

《蠢蠢的死法》海报

男权对面的无畏女孩（Fearless Girl）

爱奇艺一搜百映广告

故宫博物院文创海报

卫龙七夕海报

品牌广告案例赏析
新媒体时代的市场行动方式与竞争之道

Case Appreciation and Analysis
of Brand Advertising
Market Behaviors and Competition Tactics
in the New Media Time

主　编　刘　磊　陈　红
副主编　李亦宁　程　洁
参　编　王　嘉　王佳炜　马　岚

南京大学出版社

图书在版编目（CIP）数据

品牌广告案例赏析：新媒体时代的市场行动方式与竞争之道 / 刘磊，陈红主编 . -- 南京：南京大学出版社，2019.9（2025.1 重印）

ISBN 978-7-305-08602-1

Ⅰ. ①品… Ⅱ. ①刘… ②陈… Ⅲ. ①广告 – 案例 Ⅳ. ① F713.8

中国版本图书馆 CIP 数据核字（2019）第 208455 号

出版发行	南京大学出版社
社　　址	南京市汉口路22号　　　　邮　编　210093
书　　名	品牌广告案例赏析：新媒体时代的市场行动方式与竞争之道 PINPAI GUANGGAO ANLI SHANGXI: XINMEITI SHIDAIDE SHICHANG XINGDONG FANGSHI YU JINGZHENG ZHIDAO
主　　编	刘　磊　陈　红
责任编辑	王元峰　蔡文彬　　　　编辑热线　025-83592123
照　　排	南京新华丰制版有限公司
印　　刷	广东虎彩云印刷有限公司
开　　本	880mm × 1092mm　1/16　印张 16　字数 480 千
版　　次	2019年9月第1版　2025年1月第3次印刷
	ISBN 978-7-305-08602-1
定　　价	45.00元

网址：http://www.njupco.com
官方微博：http://weibo.com/njupco
微信服务号：njuyuexue
销售咨询热线：（025）83594756

* 版权所有，侵权必究
* 凡购买南大版图书，如有印装质量问题，请与所购图书销售部门联系调换

前　言

美国广告研究专家莱利·莱特曾指出："未来的营销是品牌的战争——品牌互争短长的竞争……品牌才是公司最宝贵的资产，拥有市场比拥有工厂重要的多。而唯一拥有市场的途径，就是拥有具有市场优势的品牌。"品牌巨大的无形价值由此可见一斑。在日益激烈的市场竞争中，品牌代表着一家企业的信誉与权威。在当前中国品牌走向国际市场的历史机遇期，品牌是企业乃至国家竞争力的综合体现，代表着供给结构和需求结构的升级方向。

随着以互动性、移动性、数字化、智能化为特征的新媒体时代的到来，品牌传播环境发生巨大变化，品牌所面对的受众人群、传播媒介以及传播内容日益呈现出新特点：受众生活与网络紧密相连，接受信息的主动性和选择性增强；传播媒介多样化；品牌小众化、个性化的特性日益凸显。如何建立、传播与管理一个品牌？如何制定符合市场特点的品牌策略？如何在新媒体时代，找到品牌的定位和核心竞争力？种种变革均要求我们重新审视品牌，改变传统的思维方式。

本教材精选20个来自房地产、快速消费品、传媒、电气等领域的品牌广告案例，以点带面，深度解读新媒体时代品牌竞争之道。在架构上，以品牌故事、案例背景、案例分析、理论知识链接和拓展思考与实训五个模块建立案例与知识点的有机联系，涵盖品牌战略、品牌创新、品牌塑造、品牌资产、品牌定位、品牌老化与激活、品牌整合营销、国际品牌的本土化传播以及故事化营销、场景营销、搜索引擎营销等内容。在案例选择方面，兼顾新颖性、时效性、经典性，能够反映行业最新发展趋势，亦从侧面展示了中国经济腾飞、文化进步的大国形象。既有对百事可乐、可口可乐等具有上百年历史的国际知名品牌在新媒体环境下策略转型的系统梳理；又有对小猪短租、爱奇艺等具有互联网基因的新兴品牌以及百雀灵、故宫等重新焕发生机的中国老字号品牌的经验总结，部分案例是第一次与读者见面。

当然，市场竞争环境瞬息万变，从编撰到成书的一年时间里，各品牌广告战略难免有所调整，因精力有限，无法一一补充。同时，本教材选择的一些新兴品牌和新策略、新方法仅是从当下这个节点考察，而长期效果还有待市场和时间的检验。

编　者

2019年7月

目 录

案例一　从马栏山到大中华：天娱广告的品牌战略 …………………………… 001

案例二　居住自由主义：小猪短租的品牌主张 ………………………………… 015

案例三　互联网＋新密码：小罐茶的品牌创新 ………………………………… 028

案例四　有趣且温暖：三只松鼠的品牌塑造 …………………………………… 041

案例五　"超吉＋"：共生营销助力王老吉品牌资产 ………………………… 053

案例六　"玩都广州"：定位一座城市 ………………………………………… 066

案例七　中国传奇，东方之美：百雀羚品牌的老化与激活 …………………… 080

案例八　多芬"真美运动"："美丽"互动中的品牌关系 …………………… 092

案例九　从"不容易"到"嘻游季"：美林湖的整合营销 …………………… 104

案例十　美味、快乐与分享：可口可乐中国本土化传播 ……………………… 120

案例十一　一块饼干的新玩法：奥利奥的定制营销 …………………………… 138

案例十二　人与人之间的距离：青岛9度的情感营销 ………………………… 150

案例十三　"东方树叶"的东方情思：农夫山泉的文化营销 ………………… 160

案例十四　百事可乐与猴王世家的故事化营销 ………………………………… 169

案例十五　绚丽的墙上风景：公牛开关的场景营销 …………………………… 178

案例十六　网红之势：卫龙辣条的借势营销 …………………………………… 191

案例十七　勇敢站在男权ICON对面的"无畏女孩" ………………………… 203

案例十八　"一搜百映"：爱奇艺的搜索引擎营销 …………………………… 212

案例十九　从"文物"到"礼物"：故宫淘宝的品牌进化与协同创新 ……… 226

案例二十　"公益＋"：公益广告《蠢蠢的死法》之创意观 ………………… 237

参考文献 …………………………………………………………………………… 247

后记 ………………………………………………………………………………… 252

案例一

从马栏山到大中华：天娱广告的品牌战略

拓展资源

【品牌故事】

在2017年IAI国际广告奖的颁奖典礼上，一家广告公司先后荣获"年度最佳媒介代理公司"和"整合营销类铜奖"；同年，在"2017中国广告长城奖广告主奖年度经典案例"的评选中，这家公司又分别拿下了"媒企合作案例金奖"和"品牌塑造案例金奖"。原本应该分别属于代理公司和广告公司的奖项，竟然由一家公司同时获得，不得不吸引很多人的关注。

这家"跨界"的广告公司，就是著名的"电视湘军"湖南广电旗下运营的全资子公司——湖南天娱广告有限公司。天娱广告秉承湖南广电开拓、创新的精神，以湖南广电的优质资源为核心，整合全媒体，构建立体传播架构，以广告代理、整合传播、大型活动、节目生产为主体服务板块，打造高创意、高到达率、高性价比、高匹配度的传播模式，致力成为中国最务实、最高效的整合传播机构。

【案例背景】

2007年，在原有湖南广电广告部的基础上，聚合湖南广电精英，湖南天娱广告有限公司正式注册成立。成立之初的天娱广告主要代理湖南广电旗下地方频道——湖南娱乐频道的广告资源。伴随着"电视湘军"的日益强大，到了2011年，仅仅是代理娱乐频道的广告业务，其营业额也已超过6000万元。2013年，天娱广告开始代理湖南卫视广告资源和多频道广告资源，促成客户与湖南卫视大型季播活动的合作。作为中国省级卫视中影响力最大的湖南卫视，其广告业务影响力可谓巨大。至此，天娱广告开始从传统广告代理业务开始转向整合资源，开拓节目定制等新型广告营销模式。

2014年，天娱广告开始加大对湖南卫视广告资源的经营力度。为适应迅猛拓展的业务市场，公司转型，大力引进优秀策略人才，开始项目制管理，拓展大型活动、展览经济等业态。当年，天娱广告的营业额突破10亿元；2015年，天娱广告持续发力，精准营销，项目体量更大，影响更广，年营业额突破15亿。至此，天娱广告不仅在省级卫视广告代理公司中独树一帜，更是有了和大型广告公司叫板的实力。

2016年，天娱广告以"资源整合+精准定制"为定位，开展多元业态，进一步深入挖掘湖南广电核心资源，先后开展城市营销、IP定制、产业经营等全方位发展。到了2017年，天娱广告更是走出"马栏山"，布局华中、华南、华东、北方、西南五大区；专门成立公司产品部门，建立"产品研发—优化包装—产品输出—产品引进"机制，携"芒果文化产业公司"名片走向全国。

【案例分析】

一、经典案例：坚守、转型与突围

远超 20 亿的经营体量，40% 年均增长，210+ 媒体合作资源，服务遍布 7 大行业，400+ 合作客户，每年 8 档电视剧植入营销，累积执行 1000+ 场大型城市公关活动。从"马栏山"的广告代理，励精图治十年发展，天娱广告是以怎样的品牌策略，锻造出"中国实效整合传播与跨界营销运营商"？通过下面几个天娱广告成功的案例，来理解从马栏山到大中华的天娱广告的品牌建立。

（一）综艺植入：坚守阵地，创新升级

在中国省级卫视的竞争态势中，综艺节目一直是各大卫视竞争的重中之重。而对于湖南卫视而言，其综艺节目不仅在数量、质量上颇具优势，更有多档节目引领着中国电视娱乐潮流。从早期的《快乐大本营》《玫瑰之约》到引领中国真人秀的《超级女声》，从之后的《天天向上》到引领亲子类节目的《爸爸去哪儿》，湖南卫视的综艺节目在取得爆炸式影响力的同时，也给包括冠名、贴片等各种形式的植入广告品牌带来巨大的广告效应。可以说，对于广告代理公司而言，只要能够代理到湖南卫视重点综艺节目，离成功就已经不远了。

然而，天娱广告并没有将自己局限在这样狭隘的观念中，而是提出了"站在巨人肩膀上，看得更远，走得更稳"的口号，针对每一档综艺节目的特点进行整合，"花式组合"进行综艺营销，取得了优异的成绩。

《中餐厅》是湖南卫视推出的青春合伙人经营体验节目，由黄晓明、周冬雨、张亮、靳梦佳担任固定主持。节目由 5 位青春合伙人通过 20 天时间经营一家位于泰国象岛的中餐厅，并且每期邀请嘉宾作为帮工出现，在中餐厅内做出中国的味道。节目第一季于 2017 年 7 月 22 日起每周六晚 22:00 在湖南卫视首播，芒果 TV、腾讯视频联合独播，于 2017 年 9 月 30 日收官。2017 年 11 月 29 日，节目获得中国泛娱乐指数盛典 2016-2017 年度最具价值电视综艺奖。

数据显示，《中餐厅》成为 2017 年综艺市场收视最高的一档创新型节目。节目连续 11 期稳坐收视宝座，全国城域网平均收视高达 1.28；在网络平台上成绩同样优异，在芒果 TV 和腾讯视频累积播放高达 25 亿多次，平均播放量达 1.1 亿，单集最高播放量 2.4 亿；微博话题阅读量高达 22.3 亿，讨论量 176 万，衍生 30 个子话题，总计 25.5 亿次阅读量，48.5 万次讨论量。

在超强的视频传播力强势霸屏的基础上，冠名品牌"立白"成为 2017 年黑马综艺植入的典范。极具热议话题与网友的热情关注，立白品牌曝光 260 亿次，节目中随处可见、可听的品牌权益展现，助力立白构建了一个完整的立白绿色健康营销综合体，成为家喻户晓的"现象级"立白（图 1-1）。

图1-1 《中餐厅》视频截图中的立白品牌形象

立白与《中餐厅》合作的成功，离不开天娱广告精心为品牌制作的"花式"组合拳综艺营销。合作之初，天娱广告就结合品牌的定位与特色、节目的性质与爆点，设置"绿色健康担当"的品牌概念，高度契合品牌。除了节目中多次出现的品牌形象以外，还通过情感诠释来进行绿色营销，树立"绿色健康"的品牌形象。

与此同时，多元化的植入提高了品牌的记忆度。天娱广告在节目中通过台词、产品露出、动画包装、字幕包装等方式，为品牌在节目中合理添加戏份，让整段情节围绕产品展开，充分利用场景向观众展露品牌植入的"十八般武艺"，成为最有力度、最有传播价值的"节目内广告"（图1-2）。

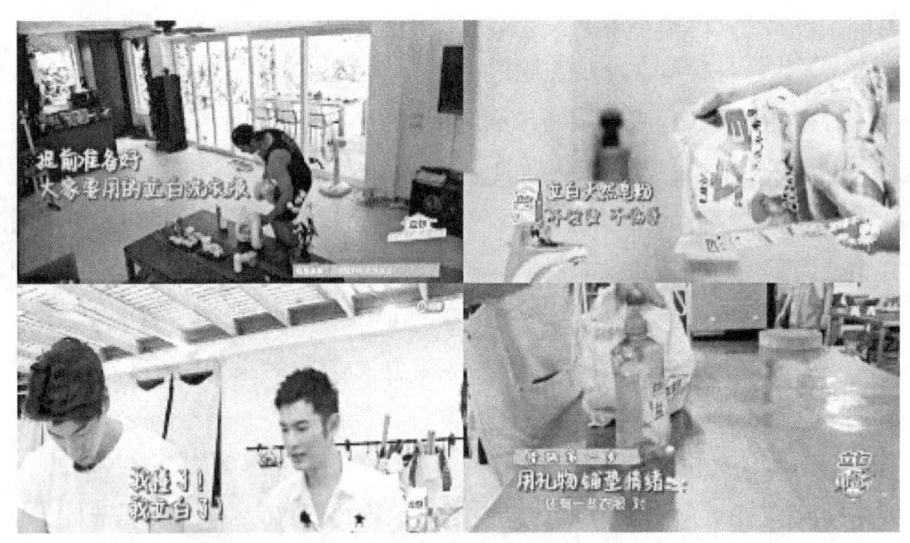

图1-2 《中餐厅》视频截图中的立白品牌形象

特别在互联网传播时代，天娱广告特别注意线上线下联动，塑造延伸话题。通过联动线上社交平台，整合官方账号、微博与KOL（Key Opinion Leader 关键意见领袖）资源，借助节目收视率和热点话题，与消费者实现多角度沟通，从而产生了强烈的品牌心智关联。

正是因为天娱广告在传统的综艺植入中，进行了精心的设计和策划，才使得立白《中餐厅》的植入有了新的意义，传播效果也更加明显。除此之外，天娱广告对于综艺植入的深耕细作，体现在几乎所有节目之上。

抖音 APP 是一款音乐创意短视频社交软件，是一个专注年轻人的 15 秒音乐短视频社区。用户可以通过这款软件选择歌曲，拍摄 15 秒的音乐短视频，形成自己的作品。在短视频的竞争中，抖音因其出色的广告推广，取得了不错的成绩。

在与天娱广告的合作中，抖音选择了湖南卫视最具品牌价值的王牌节目进行内容的"跨屏植入"。现象级综艺节目爆笑植入，精准覆盖 85 后至 95 后直播群体，运用节目为品牌背书，嘉宾为产品卖力站台；以侵入式的节目体验，激发观众的好奇心和参与感；再通过明星参与和主持人的花式口播、抖音达人的精彩表演，使得品牌理念产生洗脑级的推广。节目播出后，超高的话题性受到抖音 APP 目标受众群体的热烈关注，抖音 APP 的百度指数迅猛增长，在 APP Store 摄影摄像类榜单中稳居前三，将其目标受众群体转化成实在的下载量。为此，业界有人称："当抖音遇上芒果，APP 深度植入品牌综艺的正确方式被开启。"

《我是歌手》（"I am a Singer"）是湖南卫视从韩国 MBC 引进推出的歌唱真人秀节目，主打明星歌手的竞技。节目已经成为湖南卫视另一档王牌季播综艺节目。在取代立白成为第四季《我是歌手》的冠名品牌之后，金典在天娱广告的策划下，走出了一条"高端契合品牌"的现象级植入（图 1-3）。

图 1-3　金典与《我是歌手》合作视频截图

基于《我是歌手》与金典价值观的契合，主打中高端人群、"天赐好奶"的金典，与以中产阶级为主要受众人群、"天籁之音"的节目精准对接。借着《我是歌手》的强大影响力，"金典我是歌手"微博账号粉丝高达 267 万，子话题 #天籁之音天赐好奶# 也达到了 3 亿的阅读量和 25 万+的讨论。铺天盖地的热门话题与网友热情关注参与所带来的红利，以及节目中随处可见的品牌权益展现，使得金典有机奶成为品牌价值家喻户晓的现象级牛奶品牌。

《爸爸去哪儿》同样是湖南卫视从韩国 MBC 电视台引进的亲子户外真人秀节目，至今已播出 5 季，成为中国亲子类真人秀节目的典范。在《爸爸去哪儿》第三季中，节目充分诠释品牌情感，成就了伊利广告史上的天幕植入，构建一个完整的伊利牧场专场营销综合体，品牌曝光 240 亿次，创造单一话题记录，超越同期热点世界杯、好声音，单日话题最高 1.6 亿。

更进一步的是，天娱广告结合伊利品牌理念，精心策划亲子娱乐营销，延续合作影响，建构了"节目内容——社会关系——商品销售"整合营销链，为伊利提供独一无二的核爆点，形成《爸爸去哪儿》与QQ星的强关联，巩固品牌在国内乳品行业的领导地位。

（二）剧集植入：产业探索，拓展转型

和综艺节目一样，电视剧的播出同样是省级卫视竞争的主要阵地。而一直坚持独播化、差异化竞争策略的湖南卫视，相继打造了以"金鹰独播剧场"为核心的日播剧场矩阵，并首先在国内创造了"周播"的概念，"钻石独播剧场""青春进行时"等周播剧场很快成为国内周播剧最大的播出平台。与湖南卫视、天娱广告进行合作的各大品牌，也都在各式"大IP"的爆款电视剧播出的影响下，获得了极大的品牌收益（图1-4）。

图1-4 湖南卫视周播剧场合作品牌

在做好电视剧广告营销的基础上，天娱广告一方面积极应对上级主管部门对于电视剧广告投放的限制，另一方面也不满足于"冠名""植入"的基本手法，对于电视剧的广告运营，创新思路打造花样组合，开启联动思维、跨界思维，不再局限于"代理公司"，努力进行市场的拓展与模式转型，探索产业发展的新可能。

《寻找爱的冒险》是2016年在湖南卫视"青春进行时"剧场播出的都市悬疑电视剧。和大部分湖南卫视播出的电视剧一样，《寻找爱的冒险》也取得了不错的收视成绩。"云南丽江·老君山景区"，是世界自然遗产"三江并流"的八大片区之一。老君山主峰"金丝玉峰"位于中部的金丝厂，海拔4515米，被历代史家称为"滇省众山之祖"，因传说太上老君曾在此炼丹而得名。丰富的高山植被，珍稀动植物，众多的冰蚀湖，奇异的丹霞地貌和纳西族、白族、傈僳族、普米族、彝族等各民族多姿多彩的民风

抖音APP是一款音乐创意短视频社交软件，是一个专注年轻人的15秒音乐短视频社区。用户可以通过这款软件选择歌曲，拍摄15秒的音乐短视频，形成自己的作品。在短视频的竞争中，抖音因其出色的广告推广，取得了不错的成绩。

在与天娱广告的合作中，抖音选择了湖南卫视最具品牌价值的王牌节目进行内容的"跨屏植入"。现象级综艺节目爆笑植入，精准覆盖85后至95后直播群体，运用节目为品牌背书，嘉宾为产品卖力站台；以侵入式的节目体验，激发观众的好奇心和参与感；再通过明星参与和主持人的花式口播、抖音达人的精彩表演，使得品牌理念产生洗脑级的推广。节目播出后，超高的话题性受到抖音APP目标受众群体的热烈关注，抖音APP的百度指数迅猛增长，在APP Store摄影摄像类榜单中稳居前三，将其目标受众群体转化成实在的下载量。为此，业界有人称："当抖音遇上芒果，APP深度植入品牌综艺的正确方式被开启。"

《我是歌手》（"I am a Singer"）是湖南卫视从韩国MBC引进推出的歌唱真人秀节目，主打明星歌手的竞技。节目已经成为湖南卫视另一档王牌季播综艺节目。在取代立白成为第四季《我是歌手》的冠名品牌之后，金典在天娱广告的策划下，走出了一条"高端契合品牌"的现象级植入（图1-3）。

图1-3　金典与《我是歌手》合作视频截图

基于《我是歌手》与金典价值观的契合，主打中高端人群、"天赐好奶"的金典，与以中产阶级为主要受众人群、"天籁之音"的节目精准对接。借着《我是歌手》的强大影响力，"金典我是歌手"微博账号粉丝高达267万，子话题#天籁之音天赐好奶#也达到了3亿的阅读量和25万+的讨论。铺天盖地的热门话题与网友热情关注参与所带来的红利，以及节目中随处可见的品牌权益展现，使得金典有机奶成为品牌价值家喻户晓的现象级牛奶品牌。

《爸爸去哪儿》同样是湖南卫视从韩国MBC电视台引进的亲子户外真人秀节目，至今已播出5季，成为中国亲子类真人秀节目的典范。在《爸爸去哪儿》第三季中，节目充分诠释品牌情感，成就了伊利广告史上的天幕植入，构建一个完整的伊利牧场专场营销综合体，品牌曝光240亿次，创造单一话题记录，超越同期热点世界杯、好声音，单日话题最高1.6亿。

更进一步的是，天娱广告结合伊利品牌理念，精心策划亲子娱乐营销，延续合作影响，建构了"节目内容——社会关系——商品销售"整合营销链，为伊利提供独一无二的核爆点，形成《爸爸去哪儿》与QQ星的强关联，巩固品牌在国内乳品行业的领导地位。

（二）剧集植入：产业探索，拓展转型

和综艺节目一样，电视剧的播出同样是省级卫视竞争的主要阵地。而一直坚持独播化、差异化竞争策略的湖南卫视，相继打造了以"金鹰独播剧场"为核心的日播剧场矩阵，并首先在国内创造了"周播"的概念，"钻石独播剧场""青春进行时"等周播剧场很快成为国内周播剧最大的播出平台。与湖南卫视、天娱广告进行合作的各大品牌，也都在各式"大IP"的爆款电视剧播出的影响下，获得了极大的品牌收益（图1-4）。

图1-4 湖南卫视周播剧场合作品牌

在做好电视剧广告营销的基础上，天娱广告一方面积极应对上级主管部门对于电视剧广告投放的限制，另一方面也不满足于"冠名""植入"的基本手法，对于电视剧的广告运营，创新思路打造花样组合，开启联动思维、跨界思维，不再局限于"代理公司"，努力进行市场的拓展与模式转型，探索产业发展的新可能。

《寻找爱的冒险》是2016年在湖南卫视"青春进行时"剧场播出的都市悬疑电视剧。和大部分湖南卫视播出的电视剧一样，《寻找爱的冒险》也取得了不错的收视成绩。"云南丽江·老君山景区"，是世界自然遗产"三江并流"的八大片区之一。老君山主峰"金丝玉峰"位于中部的金丝厂，海拔4515米，被历代史家称为"滇省众山之祖"，因传说太上老君曾在此炼丹而得名。丰富的高山植被，珍稀动植物，众多的冰蚀湖，奇异的丹霞地貌和纳西族、白族、傈僳族、普米族、彝族等各民族多姿多彩的民风

民俗，构成了老君山景区极具观赏价值和科学考察价值的独特景观。老君山景区是《寻找爱的冒险》最主要的取景地，大多数的镜头拍摄于此。

在天娱广告的策划下，"云南丽江·老君山景区"整合营销植入到《寻找爱的冒险》中，采用"品牌曝光+内容营销"的策略，将丽江老君山景区深度植入"青春进行时"剧场热播剧中，双平台——湖南卫视、芒果TV网台联动播出实现人气导流，并通过新闻、微信、微博、论坛等多渠道推广，使老君山景区与《寻找爱的冒险》形成强关联，通过捆绑宣传，保证娱乐性的同时，以景区风景、人文、特殊挑战项目三大元素的推荐，全面提升景区的知名度，促进景区客流量的增加。

电视剧热播之后，丽江老君山景区的百度搜索结果增长60%，被百度新闻首页推荐，成为热搜头条；微博话题#爱在丽江老君山#，阅读量213.4万，讨论量3761。在此基础上，丽江老君山景区被粉丝追捧入选"2016年国内十大景点排行榜"，景区客流量得到200%的增长。更有意思的是，品牌与电视剧的合作，不仅让大量旅游爱好者开始关注丽江老君山，更有不少奇幻探险剧组将其视为重要的拍摄基地。

这样的合作，开创了景区宣传推广新模式，成为景区推广效仿的典范。更为重要的是，这也成为天娱广告走出电视主阵地，将业务拓展到各个行业，开启产业转型的重要探索。

类似的营销还包括御泥坊与《十五年等候候鸟》的全程商务运营。通过线上植入、线下营销的组合，天娱广告打造出教科书一般的植入典范。通过网台联动营销、商务内容全程运营、创新多元化组合植入、IP资源共享联合推广、线下活动衍生开发等，为品牌知名度的推广助力巨大。特别是和电视剧情节高度契合的"告白季"话题营销，用"暗恋"这样受众群体心理接受度超高的、有温度的"话题"来进行营销，直接激活市场，促进销售（图1-5）。

图1-5　御泥坊与《十五年等候候鸟》合作

(三)多元营销：拓展行业，实现突围

在以湖南卫视及湖南广电各地方频道为阵地的基础上，天娱广告坚持深挖自身的能力，坚持原创，坚持品牌传播价值，努力拓展业务范围，实现产业转型。除了传统的广告代理业务外，天娱广告在地产营销、项目推广、城市营销等多个领域，以一个个成功的案例，树立着天娱广告自身的品牌形象。

在地产营销领域，天娱广告坚持"立体化、娱乐化、定制化"的思路，借助湖南卫视的平台和品牌优势，致力打造"楼盘综艺经济"。

在与湖南长沙当地的楼盘"明昇壹城"合作时，天娱广告以"强势原创IP定制"的策略，以湖南广电金牌制作团队，策划优质原创节目模式，利用湖南广电电视频道与芒果TV双网双台渠道播出，开启了"地产+电视"的跨界共赢模式（图1-6）。

图1-6 "明昇壹城"地产营销

这档电视节目就是《壹城之战·女王CEO》。作为一档全新的女主播商战真人秀节目，湖南广电最知名的十位女主播在节目中化身总裁CEO，完成各种形式商业任务的比拼，并且在比拼中决出胜负。节目每期淘汰一位女主播，最终诞生总冠军，登上女王CEO冠军宝座。10大女主播同场竞技，吸引了大量当地公众的关注。高达10%的播出平台湖南娱乐频道市网最高收视份额、8场品牌定制的专场节目、9.27亿次品牌曝光率、50家核心媒体全程无缝配合品牌发声，造成了高收视、高口碑的节目效果，全力助推品牌升级。在天娱广告的助力之下，明昇壹城2016年销售近30亿元，多次蝉联长沙楼市月度冠军。

在项目运作上，天娱广告坚持细节为王，创新为本。"云中之城"游乐体验项目正是天娱广告独立运作的一个成功的"集客利器"，成为"行走的黄金广告"。

"云中之城"项目是由天娱广告独家引进俄罗斯军工气膜技术进行二次开发打造的全国首个交互式气膜结构，由俄罗斯顶级艺术大师与国内顶尖策划大师匠心打造的一个专供孩子游乐的亲子互动乐园（图1-7）。乐园包含圣格里特海、棉花糖台地、拉芙山、风暴瀑布等四大主题场景，是国内首个模拟真实天气变化，营造真实风雨体验的游乐项目。在开放期间，湖南娱乐频道多档节目，包括《我是大赢家》《321动起来》

《芒果超级家》《星姐选举》《完美拍档》《志在必得》等都在云中之城举办线下活动，将其打造成长沙市民热烈关注的热点话题。

图1-7 "云中之城"外景

更能凸显天娱广告项目运作能力的是，"云中之城"项目快速迁移、轮换场地的特点，以及其气膜外部预留的巨幅、可更换式的广告位，使项目成为"行走的招牌"。而当项目落地于人流聚集地时，黄金地段与创意外观的结合，形成无与伦比的广告传播效果。项目周边还可同步搭建展位，实现"带着品牌商玩转城市"的目的。

通过专业、精准、定制化的服务，对城市、景区等进行包装，实现"让每个人记住一座城"，精准诉求多元解决之道的城市营销，需要广告公司强大的策划能力和执行能力。天娱广告也一直致力于成为"城市营销践行者"，打造明星级城市名片。隆里古城、岳阳南湖、怀化通道，一个个成功的案例，也使天娱广告的品牌得以树立。

2016年，在贵州隆里古城，天娱广告采用"品牌发声+艺术盛典+区域联动+矩阵传播"的方式，通过"旅游+文化"，推出"首届中国（隆里）国际新媒体艺术节"，打造一场高曝光度、高参与度的文旅活动。活动期间，共计接待游客13.72万人次，隆里古城景区接待游客6.82万人次，同比增长189%，县城平均客房入住率高达98%。活动不仅实现隆里古城的全域旅游推广，更是为隆里古城树立了一张更具时代意义的崭新名片。

在和岳阳南湖展开三年战略合作之后，天娱广告就致力于打通产业升级链条。首次活动天娱广告就借助其品牌优势，以"三栖南湖巅峰对决"为主题，瞄准核心受众，邀请中南五省高校中的运动员在岳阳南湖开展了海陆空三栖竞技比赛，并由湖南娱乐频道、湖南公关频道连续7天高强度循环播放宣传片，"娱乐大直播"节目2小时直播（图1-8）。高效的宣传推广，使活动当天覆盖人数达440万，直播平台最高在线

35564人观看,总观看人次达116000余次。"旅游产业+健康运动产业+文化创意产业"的全面升级,实现了岳阳南湖品牌品质的提升,新的旅游地标、旅游名片由此诞生。

图1-8 "三栖南湖巅峰对决"项目

在与怀化通道的合作中,天娱广告紧紧抓住"民族文化"这一亮点和特色,打造了"让世界侗听——2017湖南省怀化通道·侗族大戊梁歌会",以侗族民俗文化盛事,带动全域旅游发展。通告"歌王炒作事件""大戊梁歌会"两大活动的高效执行,以三省联动、跨界合作、台网互动、跨境资源整合、互动传播为策略,通过晚会的形式推广旅游,创造了一场全球范围内知名媒体发声,不断掀起话题浪潮的高规格、高关注度、影响力巨大的文化推城活动。活动覆盖2亿人次,一度登上各渠道热搜榜,抢占多家媒体头条;活动期间,接待旅客5.72万人次,五一期间接待人次达10.14万人次,同比增长120%,实现极佳的品牌推广效果。

二、成因分析:从"马栏山"到"芒果生态圈"

一个又一个成功的案例不断积累,使得天娱广告不断发展壮大。十年时间的发展,依托湖南广电优势资源,天娱广告实现了从3000万到20亿的指数级增长,快速崛起成为现象级"娱乐产品系统化运营机构";五大区域的战略布局,使天娱广告实现了从"马栏山"到"大中华"的扩张。在天娱广告活动成功的背后,是从其管理层到具体的广告业务人员不断努力的结果,同时也是天娱广告成熟的品牌战略必然产生的结果。

从案例来分析,天娱广告的品牌战略获得成功的原因,主要有以下几个方面:

(一)品牌决策——综合性广告公司定位

作为中国省级卫视巨无霸湖南卫视的广告代理公司,从创建之初,天娱广告就拥有包括湖南卫视在内的多个频道和品牌栏目的资源,并因此获得了大量国内一线品牌客户资源。换一个角度而言,天娱广告只要做好代理公司的本职工作,就已经发展很好了。然而,它并没有安于现状,而是对自身的品牌决策做了一个科学合理又有开创精神的定位——成为一家大型的综合性广告公司。

为此,天娱广告给自身的品牌定位为"中国实效整合传播与跨界营销运营商",

突出自身的"芒果属性"(湖南卫视优质资源)、"营销属性"(做中国广告娱乐营销领跑者)、"文化属性"(电视湘军跨界整合),依托于已有的优质资源做好品牌服务,如立白与《中餐厅》、抖音APP与《快乐大本营》;做好跨级营销,如丽江老君山与独播剧场;拓展业务,开拓地产营销、项目推广、城市营销等多个领域。

(二)品牌模式——整合与跨界

在品牌模式的选择上,确立了"天娱广告"的单一品牌,同时构建了8层内容服务体系来支持品牌的发展。从现象级综艺节目的合作到影视剧商务的全程运营,从芒果文旅产业中的城市运营到汽车、体育、展览、健康等多行业的IP定制,从高度市场化的内容研发构建视频体系到公关、活动、策划在内的品牌全案营销推广,从全媒体精准推广运营到文化爆款事件营销,天娱广告以电视为根本,不断拓展业务,通过整合与跨界,在广告行业的大多数领域不断实现着"天娱广告"品牌的树立。

(三)品牌识别——"芒果生态圈"的重要构成

在品牌识别上,天娱广告坚持了湖南广电集团一直以来的定位,将"娱乐"的标识深深地植入受众与客户心中。以湖南卫视,特别是湖南卫视各档综艺、影视剧及其艺人为核心,利用芒果TV、金鹰卡通两大平台,构建了包括湖南广电旗下地面频道、广播电台、户外广告、地方门户网站矩阵、芒果自媒体联盟、广电大型晚会、广电原创节目生产、广电艺人及网红资源在内的9大战略资源体系,为客户提供着"芒果生态圈"所有的现象级IP资源,多维度助推客户的同时,也给自己烙上深刻的、独具标识度的"芒果"形象。

(四)品牌延伸规划——七大行业、五大区域

在广告代理业务之外,不断拓展品牌延伸规划,是天娱广告品牌战略又一成功因素所在。在精准围绕客户需求整合资源研发产品的同时,天娱广告开拓媒体经营、广告代理、活动营销、节目定制、产业经营多重业态,并将广告、城市文旅、汽车、展览、亲子、健康、体育七大产业作为重点运营方向,在业务层面对品牌进行延伸。

与此同时,天娱广告走出"马栏山",布局华中、华南、华东、北方、西南五大区域,并相继成立产品部门,建立"产品研发—优化包装—产品输出—产品引进"机制,将"芒果文化产业公司"名片推向全国,构建地域层面的品牌延伸体系。

(五)品牌管理——5A管理、深耕内容

品牌管理上的出色表现,也是天娱广告品牌战略成功的体现。为更好地完成品牌战略目标,天娱广告构建了包括卫视产品运营部、娱乐广告部、影视剧植入部、内容IP运营部、芒果文旅事业部、品牌战略部、新媒体运营部、产业运营部8大精英团队并科学管理,紧贴市场解决之道,时刻备战各种业务。

而为更好地完成内容,天娱广告从客户需求出发,构建5A级专业服务流程,以结果为导向,确保每一步传播都执行到位。5A级专业服务流程是指:第一步数据采集,

深度市场调研，充分研究消费者，研究品牌，并对策略进行科学论证；第二步策略制定，进行品牌诉求分析，市场诊断分析，制定品牌行为策略；第三步资源匹配，选择平台，选择载体，实现资源精准匹配和传播渠道最优化，并根据品牌特色制定传播内容，定制节目或活动，并开展跨媒体、跨频道交叉推广策略；第四步内容定制，全面开展线上投放执行与线下公关执行；第五步效果把控，及时进行线上传播效果监督反馈和线下活动效果反馈，以便及时调整。

（六）品牌远景

"打造核心产品，走出马栏山。"从最初的品牌战略定位，到现在取得一定的成绩，天娱广告并没有将自己局限在现有的业绩中，而是不断开拓创新，以湖南广电的优质资源为核心，以客户诉求和市场需求为导向，强化品牌个性，深掘品牌亮点，打造线上、线下及终端三位一体的立体传播模式，整合匹配的媒介资源，构建立体传播架构，创意具备高参与度和传播度的活动主题和形式，同时为客户提供品牌建设和营销建议，每一个品牌量身定制专属的整合传播全案，有效提升品牌知名度和美誉度，增强消费者及目标人群与品牌的互动和对品牌诉求的理解。

【知识链接】品牌与品牌战略

一、品牌与品牌战略

"品牌"一词来源于古斯堪的那维亚语 brandr（燃烧），最初是指生产者燃烧印章烙印到产品。广义而言，"品牌"是一种无形资产，在人们的意识当中占据一定位置并独特、有区别的综合反映。而在营销学上，"品牌是销售者向购买者长期提供的一组特定的特点、利益和服务（现代营销学之父科特勒的定义）"。从广告学的角度简单地讲，品牌是指消费者对产品及产品系列的认知程度。具体而言，品牌是人们对一个企业及其产品、售后服务、文化价值的一种综合的评价和认知，能够体现出企业和商品的综合品质。同时，当品牌被市场认可并接受后，才产生其市场价值。

对于品牌的重视，使得品牌战略成为企业发展中必不可少的核心一环。所谓品牌战略，就是指公司将品牌作为核心竞争力，以获取差别利润与价值的企业经营战略。品牌战略是企业实现快速发展的必要条件。品牌战略要求企业以建立品牌、树立企业文化为核心，通过一系列策略在目标受众群体心目中建立品牌的关联识别。只有在战略上胜出的企业，才能够在销售层级有持续增量，在市场层级有品牌资产累计，在企业层级有新的资本形成。

品牌战略和我们常听到的"品牌营销""品牌策略"有着一定的差别。品牌营销，是通过市场营销使客户形成对企业品牌和产品的认知过程，是企业要想不断获得和保持竞争优势，必须构建的高品位营销理念；而品牌策略是一系列能够产生品牌积累的企业管理与市场营销方法，包括4P与品牌识别在内的所有要素。品牌战略居于更高的层次，指导整个企业的品牌构建过程；品牌营销则是实现品牌战略过程中在营销层面，特别是营销理念层面的过程；品牌策略是更为具体的品牌构建实施环节。品牌战略为根本，品牌营销为理念，品牌策略为执行，三者相互配合，共同完成企业的品牌构建。

在科技高度发达、信息快速传播的今天，传统的企业竞争的要素极其容易被模仿并超越，而品牌一旦树立，其所能产生的价值具有极高的不可复制性。对于企业而言，做好品牌战略，是进一步制定品牌营销、实施品牌策略的基础，也是深入研究消费者内心世界与购买驱动力、所处行业整体特征与竞争品牌的品牌价值，做好企业识别系统，树立企业文化，最终构建品牌的重中之重。

二、品牌战略的内容

一般而言，品牌战略包括六大层面的内容，主要是指品牌化决策、品牌模式选择、品牌识别界定、品牌延伸规划、品牌管理规划与品牌远景设立。

1. 品牌化决策。 这是指企业在创立品牌之初就应该解决好的品牌的属性问题。不同的品牌属性就会有不同的品牌营销与品牌策略，也决定着企业的发展方向。以天娱广告为例，如果最初的定位就是做好湖南广电的广告代理，那么也就没有今天成功的天娱广告了。

2. 品牌模式选择。 这是指品牌的结构问题。在企业发展中，是选择单一品牌还是多元化品牌。湖南广电集团在创立时选择了多元化的品牌模式，于是就有了湖南卫视、芒果TV、天娱娱乐、天娱广告等多个品牌；而天娱广告作为独立的企业，则选择了单一的综合性品牌模式。

3. 品牌识别界定，也就是我们常说的企业识别系统（CIS）的创建。 它从品牌的理念识别、行为识别与符号识别三个方面规范了品牌的思想、行为、外表等内外涵义，其中包括以品牌的核心价值为中心的核心识别和以品牌承诺、品牌个性等元素组成的基本识别。

4. 品牌延伸规划。 这是对于品牌未来发展领域的清晰界定，明确品牌将会在哪些领域、行业发展与延伸，以谋求品牌价值的最大化。从广告代理公司到综合性广告公司，涉足全国5大区域7大行业，就是天娱广告的延伸规划。

5. 品牌管理规划。 这是从组织机构与管理机制上为品牌建设而做的高层规划。在此基础上，明确品牌发展各阶段的目标与衡量指标。

6. 品牌远景。 这是对品牌的现存价值、未来前景和信念准则的界定，也就是要回答"品牌今天是什么？""明天是什么？""如何实现从今天到明天？"这三个重要的品牌发展问题。

三、品牌战略的发展沿革

在商业社会来临之前以及刚刚进入商业社会的最初阶段，市场处于供不应求的状态，企业是不需要品牌战略的。尽可能多的、尽可能节省成本地生产出产品是企业经营的核心。而伴随着社会化大生产的不断发展与商业社会的日趋成熟，市场竞争带来的供过于求，造成企业销售压力增大，对于品牌战略的要求就十分迫切。因此，品牌战略进入第一个阶段。其代表是劳斯·瑞夫斯提出的独特销售主张（USP）理论。这种品牌战略方法强调将产品本身独特的卖点传播出去，借助一个强有力的卖点，就可以最快最好地销售，并建立起自己有独特个性的品牌。

然而，随着科技与社会的不断进步，竞争对手很快模仿并给自身带来更大压力，从产品本身出发找出差异日益困难。到了20世纪60年代，消费者慢慢不像以往那样在乎产品功能性。由此，品牌战略进入新的阶段。大卫·奥格威提出了品牌形象战略，即重视消费者对于品牌感性价值的需要，将企业的战略转移到差异化的品牌传播上来，通过优秀的广告、宣传、营销手段建立独特的、具有感性价值的品牌形象。

与之前的发展过程一样，当人类社会进入信息爆炸、媒体高速发达的阶段之后，相似或者相互干扰的各类品牌形象给消费者带来很大压力，建立独特清晰的品牌形象更加困难。到了20世纪70年代，杰克·特劳特和阿尔·里斯提出了定位理论，解决了这一营销难题。定位理论是指消费者在购买某类别或特性商品时，更多地优先选择该类别或特性商品的代表品牌；企业经营要由市场转向消费者心智，致力于让品牌在消费者的心中占据某个类别或特性的定位，让消费者产生相关需求成为其首选。

定位理论经过一段时间的发展，企业慢慢形成了各自的品牌战略。包括战略选择、制度安排、文化塑造、模式设计、品牌管理等在内的诸多品牌战略要素慢慢发展成熟并形成整体，品牌战略进入成熟阶段，并被几乎所有企业所采用。

【拓展思考与实训】

1. 如何整合品牌的所有资源去制定品牌战略？
2. 在新媒体时代，新的媒体机构能够从湖南卫视这种传统媒体机构中学到什么？

[案例二

居住自由主义：小猪短租的品牌主张

居住自由主义

拓展资源

【品牌故事】

小猪隶属北京快跑信息科技有限公司,是中国住房分享经济领域的第一品牌。2012年8月小猪短租正式诞生。猪在中国人的认知中是天然有亲切感的动物,又与"住"谐音,表明公司着眼于住宿领域。小猪以实践分享经济为使命,旨在为房东和房客搭建一个诚信、有保障的在线沟通和交易平台,并通过财产、人身安全保障方案及身份识别等机制建立绿色平台生态系统,有效地将房东的闲置资源通过分享充分利用并发挥最大价值,同时加强房东和房客间的社交关系及交互,为旅游、求学、求职、就医、聚会、出差等出行人群提供更具性价比、更有家庭氛围且更有人情味的住宿选择。"居住自由主义"是小猪的品牌口号。当前,小猪房源覆盖全国322个城市及海外48个城市,包括公寓、普通民宅、家庭旅馆、客栈、主题房、海景房等不同类型的优质房源20万套,每日有1500个新房源在小猪平台发布。2017年8月,小猪入选2017最具成长性消费品牌Top50。2017年11月小猪完成1.2亿美元的E轮融资。

【案例背景】

近年来,源于美国的共享经济在中国落地开花。中共十八届五中全会确立了"创新、协调、绿色、开放、共享"的"十三五"时期发展理念,2015年夏季达沃斯论坛提出通过分享、协作方式搞创新创业,大力发展我国的分享经济。分享经济即为共享经济,作为互联网下的"新经济""新商业"形态,共享经济涉及出行领域、空间领域,还包括共享资金价值、共享知识和教育、共享医疗和健康等经济、社会、文化领域的方方面面。共享经济,一般是指以获得一定报酬为主要目的,基于陌生人且存在物品使用权暂时转移的一种新的经济模式。共享经济的主要模式是由第三方创建一个互联网平台,连接商品或服务的需求方、供给方,个体借助这些平台,交换闲置物品,分享自己的知识、经验,或者向企业、某个创新项目筹集资金。互联网平台则通过移动LBS应用、动态算法与定价、双方互评体系等一系列机制,使得供给与需求方进行交易。共享经济其本质是整合线下的闲散物品、劳动力、教育、医疗资源等。共享经济发展速度和规模增长很快,2014年全球市场规模已达到150亿美元,据普华永道预测2025年市场规模可达3350亿美元,每年复合增长率高达36%。

共享经济在中国的快速发展得益于中国生产力的显著提高,中国社会整体资源有很大的富足,无论是房、车这类"重"资产,还是驾驶、摄影这类"软"技能,都有了充分乃至过剩的供给,这为中国全面推进共享经济创造了物质基础。小猪的发展一定程度上迎合了一线城市人们的需求。小猪更像一个垂直化的房源网站,其中一个原因就是其上游资源越来越丰富:部分城市生活成本太高,年轻一代选择合租来缓解压力,这给短租市场带来了一定的重叠空间。其次,近年一些城市的民房建造,慢慢向单间靠拢,这些房源对于短租网站来说是非常好的资源,他们可通过承包方式赚取差价。另外,部分人的"投资用房"交易遭受限制,购房者手中的房屋不能变现,他们也会选择以租养贷来解决相应的问题。

【案例分析】

一、以情为核心的初期品牌定位

随着消费社会进入物质极大丰富的时代,中国消费者的旅行消费趋势从景点观光式消费升级为体验式消费。住宿领域也是如此,逐渐从以前围绕睡觉为核心刚需的最大化满足发展为今天围绕房客感受的互动提供。因此,当别人认为国内缺乏足够的信用体系去支撑分享经济模式下的短租生意的时候,小猪在成立初期便模仿了国外最知名的短租行业的开创性品牌Airbnb的产品、业务运营流程和为用户提供区别于传统酒店的、具有人情味的社交住宿体验这一品牌定位。Airbnb是一家美国短租网站,其英文全称为"Air Bed and Breakfast",意译为"空中食宿"。Airbnb不开设实体酒店,也不管理酒店,只做两端——鼓励私人、机构把自己的闲置房屋以短期租赁信息放到其网上,同时让短期度假旅游者通过其网站或者移动APP来选择自己中意的独家居舍,Airbnb作为社交平台在每笔成交的订单中收取提成。小猪借鉴了Airbnb短租平台的业务模式,并且创始人认为分享经济是个人行为与个人资源的叠加,小猪本质上不是连接房子,连接的是人,让人真正参与进来分享,分享经济才会蓬勃发展。只有连接个人和个人的房子,而非整栋房子的时候,住宿多样性才会真正迸发出来。因此,小猪做分享经济的核心,就是闲置的房间加上个人的引领和他对陌生人的热情。这样产生出来的房源是没有资产负债表的,不像酒店有租金、人力的成本,这些房源是闲置的资源、时间的再利用。既然做的是连接人与人的事情,那打造人与人之间的信任感首先是这个模式得以健康发展的根基所在,也是所有短租平台存在的根本。

为符合这一品牌定位,小猪的早期广告注重了与Airbnb和国内的其他短租网站的差异化。国外的房子普遍都特别大,内部陈设都特别好,Airbnb把主要宣传力放到了奇特的房屋上,比如废旧的飞机改造的短租房,整个岛上只有一间的短租房等,塑造新奇成为主要的宣传主题。它的广告美得无与伦比,通过一个火车在手工的沙盘中的穿梭,展示短租奇妙之旅。但是国人冒险精神并不高,奇妙之旅对于中国人来说缺乏吸引力,而且中国的短租房源,缺少Airbnb的品质和特点,直接照搬Airbnb广告,可能会水土不服。国内的其他短租网站,例如途家,以干净高端的公寓为主,在宣传中更多的是展示房屋的宾馆化特质。在这种情况下,小猪短租如何进行广告诉求?如果单纯像途家那样诉求好品质的旅途,大多数国人会去选择星级宾馆,仅以房屋内部陈设好去塑造一个品牌，也有可能会让消费者在日后的消费过程中产生心理落差，从而影响对品牌的认知。于是，小猪从具有人情味的社交住宿体验的品牌定位出发，以"情"作为品牌广告的内容核心。人情味是个比较朴素的观点，这个品牌口号给人以亲和力，从而吸引受众去体验小猪。即便房屋没有宾馆好，即便房屋没有Airbnb新奇，但是有情在，将会成为一种全新的住宿方式，塑造出一种全新的需求。2015年小猪电视广告《下一站，住谁家》（图2-1）便以一位二十多岁女孩的视角，讲述了一段温馨的异乡之旅：女孩拉着行李来到一个陌生的城市，打开一扇陌生的房门，迎接她的是短租房房东阿姨的微笑和热情接待。文案进一步描述：她给我准备了丰盛的晚餐/带着这个城市浓浓的味道/她把卧室收拾得很干净很温馨/她耐心听我讲解一路上的故事/她总会带给我小惊喜/让我被暖暖的幸福包围/更多的是在我觉察不到的时候/其实我们并不认识，她只是我短租房的房东。在这个品牌广告中，冰冷的住宅变成温暖的家，房东再不仅仅只是一个房屋所有者，而是一个朋友、一个长辈，短租的经历也成为人与人之间缘分的交织点、感情的交织点。

图2-1 《下一站，住谁家》

另一个小猪与700Bike合作联手推出的"城市漂流"活动，则通过住进当地人家，游走城市街巷，进一步冲破传统住宿、出行的限制，让用户直接、诗意地深度体味一座城市，为人与城市的互动增添无穷的想象力。

首先，在活动预热阶段，小猪广告文案宣称："没有一栋房子是内向的，没有一辆车子是懒惰的/它们期待很久了——来一场城市漂流/你将怎样满足这心愿？"营销方向从"房子"本身升级到"城市文化"。接下来，在北京、上海、广州、成都四城启动为期一个月的房客招募："找到好玩小猪房东，让ta请你免费住宿。"好玩的小猪房东包括擅长插花、烘焙的生活美学家，一架单车勇闯欧罗巴的专业骑手，背包旅行十余年、用镜头丈量世界的资深旅行大师，拍纪录片的王小山，写书的黄佟佟……小猪房东为每位房客绘制了特色路线：从琉璃厂到国子监，感受老北京的大气醇和；从天府广场到宽窄巷子，感受成都的悠闲洒脱；从珠江新城到下渡路，感受广州的生猛鲜活；从打浦桥到田子坊，感受上海滩的精致优雅。城市漂流客不仅可以体验土著居民眼中最道地的城市生活，还有机会获得由小猪提供的价值2800元的出行住宿基金。在传播方面，小猪以目标受众活跃的社会化平台为传播阵地（图2-2），传达"小猪短租——做有人情味的住宿"的品牌认知，增进品牌亲近感。同时，整合web和移动端资源，为品牌及活动创造更多的沟通触点。

图 2-2 微信宣传图文

二、体验营销与 IP 营销推动品牌成长

（一）体验营销

用户即媒体。这种营销方式已经在近年来的一些品牌传播中慢慢得到证实，也成为未来营销的趋势。小猪正是这种营销方式的尝试者。身为一个民宿短租预订平台，小猪意识到用户之间最常见也最广泛的接触点是房源，越来越多的人厌倦了千篇一律的酒店房间，开始寻找世界各地有着不同表情的民宿。毕竟，旅行这种"买经历买体验"的产品，遇上一座有故事的房子或屋主，比睡一万次 King Size 大床要有更多的意义。小猪将运营与营销有机结合起来，接连进行个性住宿空间打造的项目，既是优化用户体验的运营手段，也是营销手段。每推出一处特色房源，就是在讲述一个故事，小猪的故事不只停留在嘴上，而是实实在在可以体验的。例如，小猪在西安极美的古观音禅寺推出寺庙卧房，在重庆打造天主教堂居室，在全国多处地方还有别具匠心的绿皮火车房、森林木屋、星空房……个性空间的打造，丰富了小猪的特色房源，一次次地让目标用户群眼前一亮，随之引发用户热议，住客蜂拥而至。而每一次入住经历，又成为用户值得说的故事，获得良好体验的用户成了小猪在社交媒体上的代言人。这种非传统的营销方式，从优化用户体验开始，以销售量与传播效果双双得到提升结束，将"居住自由主义"的品牌理念树立起来，可谓出奇制胜。

◆ 名人房东计划

有一种房子，叫"别人家"。"别人家"满满都是房屋主人的个人印记，它以主人最喜爱的形式存在。"别人家"可能在山林里，可能面朝大海，你可能碰到各种奇怪的主人，让你的旅途新奇又温馨。更何况这些"别人家"甚至是名人家。当前，名人是颇具影响力的意见领袖，也是最常见的品牌形象符号，小猪也尝试与自带粉丝的网络红人、体育、文学、艺术等领域的网络大 V 合作，从 2015 年开始推出了一系列令人憧憬的特色房源。例如，住进作家古清生神农架的深山小屋。古清生作品有《味蕾上的南方》《食在江湖》《徘徊的鱼》《金丝猴部落——探秘神农架》等，涉足美食文化研究、人文地理考察等领域。2015 年 9 月他在神农架的家上线小猪，向人们展现一位作家在深山的生活，同时也为向往自然的都市人提供了一个住宿好去处。再例如，住进前女排国手薛明的花店。花店住宿也是小猪精心打造的特色事件。房东薛明本身也很有话题点，是女排里面数一数二的国手，运动员转型后开花店本身就是一个新闻事件，且她还涉足共享经济联手小猪进行花店住宿，就更令人想体验一番。这些名人房源自带流量，而且合作的大 V 气质独特，立刻为小猪树立了人文艺术的品牌形象。

◆ 事件营销与特色住宿的完美结合

愚人节超逼真太空房源上线，将想象进行到底。2015 年 4 月 1 日愚人节当天小猪官网上线了一套"宇宙房"（图 2-3），以每晚不到一万元的价格出租入住国际空间站的资格。消息传开时天文爱好者几度沸腾，虽然是在愚人节这个敏感的时间点，但由于之前很多航天类新闻爆出了人类可移民其他星球的消息，加上 NASA 中文等媒体类账号转发营造的逼真效果，让很多人信以为真选择点击预订。虽然在预订页面弹出来时一切答案都会揭晓，但小猪着实给了人们一次梦的权利。

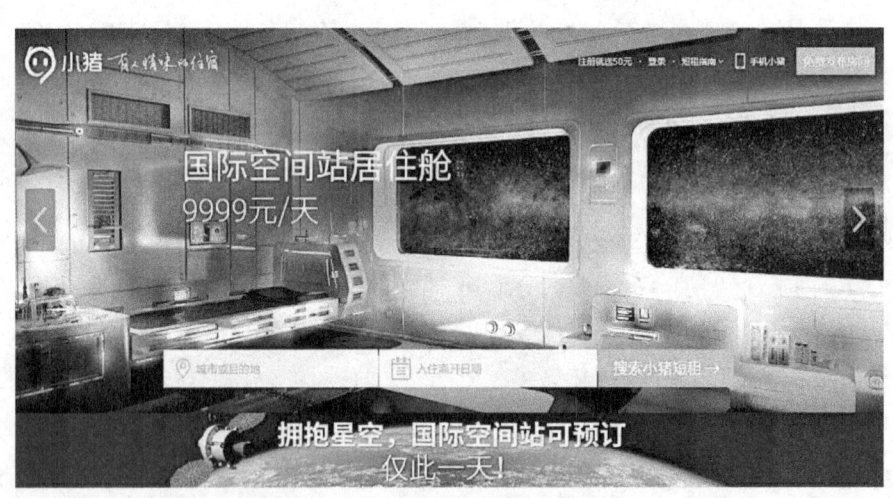

图 2-3　小猪短租宇宙房源网页宣传

实实在在满足用户需求，推出白领午睡房车。午睡是所有白领一年四季都要攻克的难题，夏季尤困。小猪根据白领午睡难的情况，推出了"午间脱困计划"（图 2-4），将房车内部改造成了卧室，免费接白领午睡。五月下旬，小猪的"移动卧室"出现在了三里屯、建外 soho、望京 soho 等北京"中午特困"重灾区，打着中午随叫随到、随到随睡的旗号，引发众人围观。幸运获得午睡资格的白领，小猪直接将移动卧室开到其公司楼下，在别人睡工位和沙发的时候，体验者可以在小猪的移动卧室里小憩，从情怀到关怀，完美落地。

图 2-4 "午间脱困计划"活动现场

打造西湖"水上客厅",在水上也能感受家的温馨(图 2-5)。显然,小猪在一系列住的创意后还意犹未尽,在端午节来临之际,小猪在杭州西湖上推出了"水上客厅"。何为"水上客厅"?就是能让住户在水上也能感受到家的温馨。最是一年风光旖旎时,西湖成为人们泛舟的好去处,游客可以在小猪官网选择预订画舫与摇橹两种方式,画舫较大,适合 5-10 人多人乘坐;摇橹怡情,两三人共乘刚好。画舫内部装饰古香古色,地毯、木质桌椅、纱幔、茶具一应俱全,上好龙井及糕点可免费食用;此外还有一个精心设计的书房,如果你在西湖上来了兴致,大可挥毫泼墨;船尾会有专业琴师弹奏古筝,更神奇的是,小猪还贴心准备了白娘子和许仙的衣服给租客使用,细节处可见用心。

图 2-5 西湖"水上客厅"主题房

住进剧场,打造最有"戏"的住宿方式。2016 年,小猪和北京鼓楼西剧场联手,推出剧场卧房,住进戏里成为可能。鼓楼西剧场是文艺青年们在鼓楼地区的心头肉,它原本是全总文工团的排练厅,占地面积 760 平方米,拥有自己的排练厅、咖啡厅和书吧,葛优曾经在这里排练过话剧《西望长安》,赖声川导演的话剧《绝不付账》也曾在这里彩排过。住宿空间在二楼排练厅,大概有 80 平米,白天演员们在这里排练,互相飚戏,夜晚来临,熄了灯整个剧场都是你的,住进剧场既能看戏又能真正地体会文艺情怀。剧场卧房第一个房客是知名编剧、《奇葩说》辩手鹦鹉史航。史航在"90后"年轻一代中拥有爆棚的人气,其固定与符号化个人形象:棉麻民服、礼帽、圆框眼镜,纸扇,一点小胡须,一口玲珑语,令史航有了更多文艺范儿的象征意义。2016年9月24日当天,鹦鹉史航身着睡衣,从卧室步入舞台中央,向观众讲述先锋戏剧的往事。各个视频网站同步这一真人体验秀,极大吸引了受众的眼球。

◆城市之光与乡村美宿,兼顾城市与乡村的主题计划

爱书之人犹在,书店却日渐经营困难。在这样的背景下,"城市之光"书店住宿计划成为小猪的重点推广项目。"在城市的夜晚点亮一盏阅读的灯",是城市之光项目名称的由来。2016年小猪在全国九个城市精选的十几家书店房源集体上线,将人文书店打造成可居住的空间。其创意来源于实体书店作为建构城市文化生态的有机个体所承载的多用途的公共空间的含义。小猪选择的书店各具特色,其住宿空间也风格迥异。如果你是个背包客,可以选择直接在北京的单向空间书店,南京二楼南书房、城墙肚子里的国际青年城市书房,西安的回音公园概念书店,泉州的风雅颂书局,武汉的文泽尔私人图书馆里"安营扎寨";如果你是个文艺青年,可以选择扬州边城书店里的古琴房,厦门港头公益图书馆(图2-6),苏州的作文博物馆书店,抑或上海的Mephisto二手书店美美地"睡拥书城"。小猪旨在通过"城市之光"计划,进一步开发书店的空间,让书店可以在夜晚成为爱书人的归宿,实实在在地为背包客、爱书人提供便利。同时,也将额外捐赠出其订单额10%等值的金额用于支持人文书店的生存和发展。

图2-6 小猪"城市之光"书店住宿计划厦门港头公益图书馆房源

2016年4月23日,为配合"世界读书日"推出的"体验师书店过夜"活动,更是吸引了众多书友的参与。小猪联合@微博读书发起#今晚我要睡书店#活动,招

募体验师于4月23日读书日当晚睡在书店（图2-7）。小猪和微博读书在微博上发布信息称：①转发本微博说出你的所在城市和想睡书店的理由，就有机会成为体验师；②加话题＃今晚我要睡书店＃发微博，晒出你的睡前读物，并@小猪短租网@微博读书，就有机会拿阅读大奖！这一举动立刻博得书友好感，一波热议持续展开。书友间的热议，不仅传播了小猪的品牌，更是直接转化成销售订单。很多书店当地的书友，在小猪上预订、入住了书店，甚至有的人为了体验书店住宿，专门计划了一次旅行。

图2-7 微博"今晚我要睡书店"活动页面

2016年5月20日，小猪牵手建筑师，启动"乡村美宿"计划。在"乡村美宿"计划中，小猪打造"新乡村桃花源"，让普通人入住大师的建筑艺术作品。通过"乡村美宿"计划联合建筑师、设计师发现与再造乡村之美，村庄旧有的闲置蔬菜大棚被设计成了"创意大棚"，可以承接举办各类会议或者聚会活动。从小猪App上看到，这些民宿既可以整租也可以分租，性价比最高的房间468元一晚，最高的是价格6000元的三层民宿"花觅"。

（二）IP营销

2016年12月19日小猪联手腾讯视频趁《鬼吹灯之精绝古城》热映之际，打造"鬼吹灯"主题房（图2-8），将胡八一、Shirley杨与王胖子在《鬼吹灯之精绝古城》中经历的场景与惊悚元素搬入现实生活中，让粉丝获得身临其境的体验。打开小猪"北京"城市页，搜索关键词"鬼吹灯"（或者"胡八一"），就可预订"摸金校尉胡八一的家"。位于演乐胡同的四合院，被装扮成主人公胡八一的住房，充满20世纪80年代气息，富含盗墓探险风格，"鬼洞"、昆仑神木、女王石棺等剧中经典元素均有体现：打开大门，迎接你的是洞窟效果的甬道，甬道尽头是一个诡异的怪兽浮雕，创意来源于小说中"鬼洞"中的场景。在院子的中间，矗立着雕刻着诡异图像的石柱，石柱的顶端刻着一个巨大的石眼，四周有八根粗链与周围房子的房顶相连，形成一个类似于八卦的形状，这就是原著里的昆仑神木。而后就能进入精绝女王石棺密室，密室的正中间摆放着石棺，需要破解机关才能进入两侧卧室。值得一提的是，小猪鬼吹灯主题房不仅在蚂蜂窝上进行促销，还将鬼吹灯主题房定位于探险空间，绘制了专门的探险攻略地图，房客可以召集三五小伙伴一起探险。

图 2-8 "鬼吹灯" 主题房

"鬼吹灯"主题房并不是小猪第一次使用 IP 营销。早在 2015 年六一《哆啦 A 梦》电影上映时，小猪就还原了大雄的卧室：纯日式的榻榻米，任意门、时光机、竹蜻蜓、哆啦 A 梦人物玩偶，让人一打开门就回想到过去的童真岁月（图 2-9）。2016 年 9 月，《星际迷航 3：超越星辰》在中国上映之际，小猪联手电影投资方阿里影业，又打造一个充满科幻色彩的星际迷航主题空间，将电影主题元素搬到了线下，万千星际迷大呼过瘾。

图 2-9 哆啦 A 梦主题房及其宣传网页

同样的方法也被用于艺术主题房领域。小猪还曾联手阿里巴巴集团旗下IP交易平台阿里鱼，在北京、上海、广州推出国内首个梵高IP博物馆，主题房中的所有衍生商品均来自阿里零售平台Top商家，选取元素也多为梵高黄金时期久负盛名的代表画作。这场住进梵高画里的梦境之旅，让很多人真正感受到生活的艺术之美。

管理学家汤姆·彼得斯说：顾客就是重要的创新来源。小猪IP营销的成功，从产品创新开发层面而言，是洞察了粉丝从影视剧观感到现实真实体验的需求。从推广层面而言，通过各种热门IP作为引爆点，小猪联合腾讯视频、房主、设计师、马蜂窝等多方进行联合营销，并通过主题房（房源即广告）、影视植入、社群、社交话题打造、体验与互动多管齐下。IP营销不只是小猪的一种营销方式，而是成为深入品牌基因的思维方式。

（三）品牌更名，战略扩张

从2016年起，小猪品牌建设进入了一个新的阶段。小猪在四周岁生日时正式推出小猪形象（图2-10），代言小猪App，成为分享经济使者。IP形象正式出炉，标志着小猪品牌形象的加强。这只外表亲切、友善、快乐的"小猪"肩负起传播分享经济理念的使命。小猪形象以小猪logo为基础，有着圆圆的脑袋、方形身体、椭圆鼻子，粉色的颜色十分可爱。小猪形象有助于展现分享经济社交属性，加深用户连接。据小猪方面透露，围绕小猪形象，今后将与服饰、家居品牌展开跨界合作，每个季度为其换上潮流服饰，还会推出一系列衍生品。

图2-10 小猪形象

2016年6月16日，小猪短租更名为"小猪"，去掉"短租"一词。这意味着小猪凭分享基因杀入了整个住宿市场甚至更广的领域。其实，以短租业务起家的小猪早已越界。数据显示，小猪正从一个解决出行住宿非标需求的平台升级为满足新中产阶级多样化住宿需求的平台，成为海归回国实习住宿首选，甚至成为电影学院学生们的拍片取景地。价格超千元的大house变得越来越多，聚会、度假、团建等个性化需求被释放……在此背景下，小猪进行了更名，以新口号"居住自由主义"代替原来的"有人情味的住宿"。从产品角度来看，"居住自由主义"指小猪房源覆盖更多的城市、区域，更多有意思的人，更多的房型。房客可自由按照居住意愿，选择喜欢的房子和房东；房东也多了一种自由的选择，不必成为酒店的一部分就能做起"家庭旅馆"的生意。另一方面，"居住自由主义"又指用户认可小猪不断探索的精神，选择小猪来制订出行计划。此次品牌口号的变更在于希望引导用户体味分享经济的本源，体会住宿空间的分享之美以及分享善意、关怀、情趣、创意、设计之美。

从人情味到居住自由主义，是一个不断洞察用户的过程。小猪经过大量的用户分析发现，人情味背后的真实使用动机是因为这个平台释放了用户内心对居住自由的一种需求。"小猪创造了一个更广泛的连接，带来资源更自由配给的可能。把住宿从中心化和标准化的工业模式的束缚中解脱出来，还住宿以自由的可能，让人和人的连接更自由地发生，给用户一种随时随地、不受拘束的自由感。"因此，小猪在配合品牌更名推出的广告中，不断传递自由的概念。例如《舞台篇》："我今年 27 岁 / 该睡的我差不多都睡过了 / 我睡过五家咖啡馆，三家书店 / 两个博物馆，六个摄影棚 / 今天，是剧场舞台 / 世界那么大 / 我想去 睡睡 / 睡遍这个世界的自由 / 小猪 居住自由主义。"《屋顶篇》塑造了一个爱摇滚爱狗的文艺青年："摇滚是我生命中第二重要的东西 / 第一 是波波 / 波波最大的梦想是 / 像电影里一样 / 和我一起在屋顶上散步看风景 / 我住地下室 没有屋顶 / 什么也看不见 / 今天 来 波波 / 这是我们的宫殿 / 在屋顶上散步的自由 / 小猪 居住自由主义"。

小猪更名是为了战略扩张。更名主要基于两个原因，即对未来品牌的考虑以及把"自由居住主义"定位为小猪平台战略的愿景。分享经济将是后互联网时代的主体经济形式，对现在所有经济模式都将产生冲击，短租只是分享经济住宿领域里很小的一部分。2017 年 4 月，小猪上线了商旅业务。相较于旅游群体，商务出差群体不仅总体人数与其相近，同时他们往返于一线城市的频率更高，重复性也更高，小猪通过对国内商务出差、旅游度假等人群的出行写照，并针对了国内酒店无厨房不能做饭、无阳台不能洗晒衣服、空间小导致不能开团体会议等痛点，推出了一组极具对比性的平面广告（图 2-11），在北上广深等一线城市的地铁站和公共车站大量投放，试图抢占商旅市场。此外，针对差旅人士提供发票、24 小时全天候入住保障、先行赔付等标准化服务。同时小猪还着手推广智能门锁、连接管家平台、提升实拍服务等业务以及小猪管家保洁服务。

图 2-11 《民宿短租，就找小猪》广告

未来，小猪可以围绕旅游场景提供衍生服务，比如本地旅游门票、租车、保险等；迅速崛起的出境游新场景中也有更多服务类型待发掘。另一方面，小猪可以通过民宿交易平台长期沉淀下来的用户消费数据引领民宿平台的迭代更新，提升用户体验。比

如,可以通过大数据挖掘各地民宿的价格洼地或降价资讯,并推送给有潜在需求的用户;还可以基于用户画像,做个性化推荐,推送"打动你的旅行目的地"的民宿,辅助用户更好地做出行决策。当然,目前小猪还处在去中心化进程中,品牌扩张战略才刚刚起步。

【知识链接】

一、体验营销与品牌体验

体验营销是站在消费者的感官、情感、思考、行动和联想五个方面,重新定义、设计营销的一种思考方式。这种思考方式突破传统上"理性消费者"的假设,认为消费者消费时是理性与感性兼具的,除了包含知识、智力、思考等理性因素以外,还包含感官、情感、情绪等感性因素。《体验营销》作者伯恩德·H.施密特将不同的体验形式称为战略体验模块,并将其分为五种类型:知觉体验、思维体验、行为体验、情感体验、关系体验五种类型,即战略体验模块。体验营销者将体验这一全新的营销理念运用到品牌中,创造出个性化、互动的营销方式——品牌体验。品牌在表面上是企业产品和服务的标志,代表着一定的质量和功能,深层次上则是人们心理和精神层面诉求的诠释,可以作为一种独特的体验载体。品牌体验的最终目的就是要使品牌与消费者结成某种关系,必须对消费者有深刻了解,建立与消费者的自我观念和生活方式的联系。

二、IP营销

IP英文注解为"Intellectual Property",即知识财产。IP既是产品,又是内容,可以是文学作品、漫画、动画、电影、话剧、游戏、快消品,甚至只是一个概念或一个网络热词,但只要有足够人气,就可以衍生为电影、电视、游戏、音乐、动漫、文学、周边创意等各种产品和附加收益。如今IP已成为一个现象级营销概念,它的定义被扩展为:能够凭自身吸引力,挣脱单一平台束缚,在多个平台上获得流量、关注,进行分发整合的内容,衍生成各种产品及附加收益,从而成为企业营销重要的内容资源与平台。一个强大的IP能让消费者清晰识别并唤起品牌联想,进而促进消费者对其产品及衍生品的需求,占有了IP就占有话语权、制空权。品牌借势IP资源开展多元营销传播、拓展多元市场,IP营销也成了当下最火爆的营销方式之一。

【拓展思考与实训】

请任意选择一个城市,延续小猪短租的品牌调性,为其策划一个营销推广方案。

案例三

互联网 + 新密码：小罐茶的品牌创新

拓展资源

【品牌故事】

北京小罐茶业有限公司创立于2014年，是互联网思维、体验经济下应运而生的一家现代茶商。创始人杜国楹从2012年6月开始，带着没有茶业专业知识的团队，历时3年，行程40多万公里，走遍中国茶叶所有核心产区，以"做中国好茶、做好中国茶"为理念，寻找八大名茶的八位泰斗级制茶大师（非物质文化遗产项目制作技艺传承人），联合打造出标准化生产，铝罐充氮独立包装，一罐一泡的"小罐茶"，以创新的产品，树立中国高端茶的标杆，期望"让中国茶重新走向世界"。2015年9月，小罐茶在没有任何广告和宣传的情况下，在济南、重庆、北京开设三家实体店，三个月单店销量达30万。2017年12月，正式上市不满两年的小罐茶，已经在全国开了300多家店，零售额突破10亿，并在黄山投资15亿兴建了现代化智能工厂，成为目前国内唯一一个全品类高端中国茶品牌，开启了中国茶叶的品牌创新之路。

【案例背景】

中国是茶叶的故乡，这是世界人民的共识。2016年全国茶叶产量241万吨，居世界第一，占世界总产量的46.06%；出口茶叶34.2万吨，排名世界第三。但是中国茶叶市场也存在一些问题，如茶叶市场分散，单位规模弱小，整体零售市场总量小；茶叶标准化程度低，缺少品牌化经营。中国茶企行业中一直流传着一句话："中国7万茶企抵不过一个英国立顿。"从消费者层面来看，有调查显示，即开型茶饮料消费人口中，60.9%是29岁以下的青年人，调查对象中30岁以下不经常喝茶和极少喝茶的比例都在55%-65%之间。中国茶叶种类众多，多以散茶销售方式为主，品质参差不齐，在选购的过程中消费者无所适从，加之传统冲泡方式程序复杂，因此"繁、奢、土、老、乱、事儿"成为大多数普通消费者对茶的认知。国内的茶叶多是作为农产品或文化产品的茶，而作为消费者存在的茶品牌，是一个巨大的空白。另一方面，青年白领群体中亚健康状态人数不断增加，饮品健康属性的需求日益增加，而在消费观念和消费意愿上，更倾向于消费有品牌基础和品质保证的、易于随身携带与取用的、时尚化和年轻化的茶叶产品。这一点从喜茶HEY TEA的流行可见一斑。

茶文化是中华重要的传统文化之一，茶也是传承中华文化的重要载体。两千多年前，沿着茶马古道，中国茶由我国西南出发，通过马帮送到亚欧各国。唐代以来，茶与茶文化成为古今丝绸之路上最重要的商贸物资和文化力量之一。目前我国旨在依赖"丝绸之路"经济、人文、商贸的千年传承，借助既有的、行之有效的区域合作平台，建立政治互信、经济互惠、深化合作，并培育新的经济增长点，以实现中国与一带一路沿线国家的共同发展。习近平主席在致2017年在杭州举办的首届中国国际茶叶博览会的贺信中说道:"中国是茶的故乡。茶叶深深融入中国人生活,成为传承中华文化的重要载体。从古代丝绸之路、茶马古道、茶船古道,到今天丝绸之路经济带、21世纪海上丝绸之路,茶穿越历史、跨越国界,深受世界各国人民喜爱。"茶和茶文化已成为联结"一带一路"沿线国家与地区的桥梁和纽带,承载着经济文化交流的外交使命。在这一战略背景下,我国茶叶产业迎来了良好的发展机遇,同时也对茶企产品结构、经营模式、文化内涵等提出了更高的新要求。

【案例分析】

2016年7月,央视播出了一个时长三分钟的茶叶广告(图3-1)。广告中一个男中音用平实的语言开场:"说起茶,每个人都熟悉。在中国叫得上来的历史名茶,可能有几百种。喝到名茶很容易,但要想喝到真正的好茶,却不那么容易。"简单的几句话道出了普通消费者在茶叶消费中存在的普遍问题。接下来的广告画面中黑色背景上出现了"小罐茶"、产品及LOGO"小罐茶 大师作"等信息,引起人们的好奇。之后伴随悠扬的民族山歌和如诗如画的茶山风景,广告中的男主角——来自小罐茶产品中心的徐海玉(现任北京小罐茶业有限公司副总裁),讲述了小罐茶的诞生过程:

徐海玉:我叫徐海玉,我是小罐茶产品中心的。我们花了三年半的时间,走遍中国茶叶所有核心产区,找齐了八位大师,做成了小罐茶,为的就是让消费者喝到真正的好茶。这八位大师来自八款名茶的原产地,传承了正宗的制茶技艺。在黄山,我们找到了黄山毛峰的国家非遗传承人谢四十。

谢四十:我一辈子就是跟茶打交道,黄山毛峰不要讲50公里了,就是10公里都有区别。小罐茶就是用我们富溪生产的黄山毛峰,都是主杆的芽头,量很少,一天只能采个二三两。

徐海玉:为了做出正宗的大红袍,我们找到了大红袍非遗传承人王顺明老师。

王顺明:武夷山最有特色的茶,无非不过大红袍。做一泡好的茶,很重要的是功夫。从粗制到精制,你没有一个环节可以怠慢。最后一关,焙火,就说我们小罐茶大红袍吧,我焙12个小时火,12个小时我就要翻24遍,这里面的功夫要花多少下去。

徐海玉:普洱茶的发酵特别重要,所以我们找到了普洱茶终身成就大师邹老。

邹老(邹炳良):制作普洱茶温度湿度很重要,勐海的气候年平均气温18度左右,温度湿度比较适合普洱茶发酵。我做茶六十年了,小罐茶要求的质量相当严,既是名山茶,又是古树茶。

徐海玉:用三年半时间,我们找齐了八位大师。我们这些大师,他们有跟我们共同的理想和信念。如果能让大家喝一口,竖个大拇指,我想这所有的付出都是值得的。(画面分别呈现出另外几位大师——铁观音制作技艺传承人魏月德、福鼎白茶制作技

艺传承人林振传、西湖龙井茶手工炒制技能大师戚国伟、茉莉花茶制作技艺传承人林乃荣、云南滇红制作技艺传承人张成仁）

最后广告画面中八位大师集体亮相，画外音"八位大师敬你一杯中国好茶""小罐茶 大师做"。

图 3-1　小罐茶《寻茶之旅》广告

从此，作为中国茶企后起之秀的小罐茶，一炮而红。

其实，作为茶叶的故乡，中国具有实力的茶企并不少，标准化生产与品牌意识也早已有之。中国茶叶流通协会公布的"2016年度中国茶叶行业综合实力百强企业"中，中国茶叶有限公司位居榜首。这家成立于1949年的公司，是新中国成立后首家由中央批准成立的全国性专业总公司，集茶叶种植、生产、加工、研发、销售、文化推广于一体，在福建、云南、广西、湖南、浙江等地建有多家大中型生产企业和原料基地，如今是世界500强之一中粮集团有限公司成员企业，拥有8家茶叶子公司，创造了"中茶""猴王""蝴蝶""海堤"等多个畅销海内外的知名品牌，涵盖绿茶、红茶、白茶、黑茶、花茶、乌龙茶等多个种类。然而大多数普通消费者可能对这些品牌并不了解。如今，"酒香不怕巷子深"的年代早已远去，广告作为产品推广的有效手段已经与消费者的生活无缝融合，传统媒体和新媒体上各类产品广告数不胜数，但茶叶广告却并不多见。正式上市不到两年的小罐茶为何能在一夜之间得到广泛关注，搅动中国茶业市场呢？

一、以用户体验思维做产品

作为中国传统行业，茶行业一直面临着一种尴尬局面，即有品类无品牌。消费者知道不同的茶叶种类，如西湖龙井、普洱茶、大红袍等，但没有一个高知名度的中国茶品牌。从产业链来看，全国茶叶种植区域较多，从种植、采购到加工、销售，各个环节极为分散。即便是同一种类的茶，地理气候不同，采摘时间不同，加工工艺不同，储藏工艺不同等，都会带来品质差异。由于品种和工艺的复杂性，对消费者来说，中国茶的消费带有很强的专业性，行业信息的不透明使得普通消费者由于知识不对称，很难判断茶的优劣，买到满意的茶品。

另一方面，茶企专卖店和茶叶销售市场是茶叶销售终端的主要形式，这些场所的形象大多是古色古香的传统风格，专业的茶案、茶具和茶师，凸显着中国茶的文化韵味，却无形中拉大了与普通消费者，尤其是年轻消费者的距离。传统茶叶以散装、袋装、盒装等为主，包装规格一般较大，导致消费者购买后在使用和储存上都很不便利，影响了用户使用体验。这是中国传统茶业的问题，也是创新的机会。

产品是品牌的根基，是能够供给给市场，被人们使用和消费，并能满足人们某种需求的任何东西。面对消费者的痛点，小罐茶的产品策略是做"加减法"。

（一）减去复杂，打造标准化产品

对于不懂行业的消费者，面临的选择太多等于没有选择，所以面对繁杂的茶叶市场才会出现选择困难。因此，小罐茶做减法，减去更多的选择，缩小选择范围，把重量、工艺、价格、包装进行统一，打造标准化产品，解决消费者选择焦虑，把复杂的茶简单地呈现给消费者。

其一，小罐茶在众多茶叶种类中选择了整体份额比较高的八大主流名茶——普洱茶、大红袍、西湖龙井、乌龙茶、黄山毛峰、茉莉花茶、福鼎白茶、滇红茶，既让产品简化、聚焦，也能满足大多数消费者的需求（图3-2）。

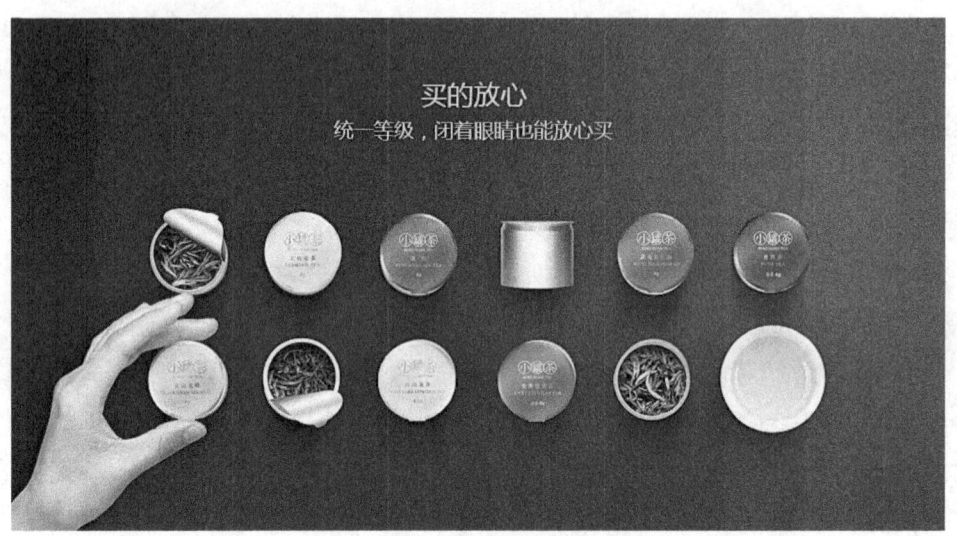

图 3-2 小罐茶产品系列

其二，与这八类茶叶中制茶技艺代表性传承人合作，从产品原材料到加工工艺，实现品质等级标准化，让消费者能够简单、便捷地喝到大师作品，消除消费者品质鉴别的难题。

其三，统一价格。传统的茶叶是没有清晰的价格标签的，一袋相同规格的茶叶，价格可能从几十到几万不等，商家一家一价是普遍现象。但不同种类的茶叶因为产地、采摘标准和加工工艺，价格不可能完全统一，所以小罐茶的策略是，在坚持同类茶叶一个标准的基础上，实现同品类的价格统一。

其四，统一命名。茶叶市场的很多产品会因采摘时间、工艺、储存时间等的差异采取不同的名字，给消费者识别带来了一定的困难。小罐茶采取单一产品品牌策略，所有产品都使用一个品牌名称，即"小罐茶"，以包装颜色区分不同种类的茶叶，企业品牌也是产品品牌，让小罐茶更简单。

最后，建立严苛的品质管控体系。小罐茶以国家标准为基础，以严于国家标准的企业标准作为小罐茶的产品品质标准，从原料的采摘到毛茶的挑选，直至灌装完成，都要经过一道道人工和机器的严格筛选。比如，市面上普通的白毫银针每公斤一般是36000条到40000条，小罐茶的白毫银针每公斤不能超过30000条，这就意味着小罐茶的白毫银针非常肥壮。再以洁净度为例，小罐茶的标准是：一百公斤的茶叶，最多允许茶类杂质（如茶叶梗等）不超过40个，非茶类杂质1个都不可以有，保证每一罐都是精挑细选的上乘佳品。

（二）加上统一包装，增强产品识别性、现代性和使用体验

今天消费者的话语权越来越强，产品的口碑至关重要，而影响口碑的重要因素是用户体验。从2012年开始，小罐茶携手日本著名工业设计师神原秀夫共同打造产品包装，耗时两年，历经13稿，才确定了小罐包装，解决了包装容易破碎的问题，也保持了茶叶的形状。小罐采用食品级铝材，铝膜密封，安全环保；采用充氮保鲜技术，确保茶叶从封装到入口最大程度上还原中国原叶茶的色、香、味、形；一罐一泡，让手不再沾茶（图3-3）。这些细节的设计，让中国茶的颜值变得更漂亮，更符合现代人的审美，兼具实用价值和美学价值，打造出极致的消费体验。正如小罐茶负责包装的产品经理所说，"包装是产品功能和用户体验密不可分的一部分，不仅要美观，更要注重实用性。在中国当下茶包装过于简易与豪华

图 3-3 小罐茶包装

堆砌之间，我们为好茶寻找最为适度的包装，以便最大程度地保护茶叶的色香味形不被破坏，同时做到保护环境、提升用户的使用体验。"

（三）加专属茶具，创新附加产品

从普通的玻璃杯到专业的功夫茶具，中国消费者的茶具只是类别化的工具，茶与茶具是使用搭档，但两者的设计和生产多是分离的。小罐茶根据喝茶的不同场景，将茶具设计为单人自饮茶杯长官杯、自饮或多人使用的行政套装、较为专业的功夫套装、单人使用的旅行泡茶杯，还有适合差旅使用的真皮便携包，可以将小罐茶叶置于其中随身携带（图3-4）。每一种茶具都以完美的细节给消费者超乎想象的体验。如单人自饮长官杯，包括杯身、杯盖和滤网三个部分，选用骨质瓷材质，高密漏孔陶瓷滤芯与杯身浑然一体，尽显尊贵品质的同时，出水快、清洗也容易。行政套装和功夫套装

在综合借鉴传统茶具造型精髓的基础上大胆创新，而且配有专属包装皮盒，使茶具更便携、更简单，符合现代生活习惯。小罐茶的所有茶具，不仅在外形上有所创新，更重要的是，它重新设计了饮茶的体验，茶具与茶相与为一。

图 3-4 小罐茶具

产品一般包括五个层次，即核心产品、基本产品、期望产品、附加产品和潜在产品。其中核心产品是产品的核心利益，是向消费者提供的基本效用和利益，也就是产品能为消费者解决的问题；基本产品是产品的实体，是产品的基本形式，包含品质、商标、包装等特征；期望产品是消费者采购产品时期望的一系列属性和条件；附加产品是产品包含的附加服务和利益；潜在产品预示着该产品最终可能的所有增加和改变。小罐茶本着化繁就简的原则，坚持做中国好茶，为消费者提供符合其"喝好茶"需求的核心产品；用现代化观念创新基本产品形态，赋予产品高品质、简便、时尚的属性；将茶具作为产品有机组成部分，打造附加产品；2017年推出两款新品——杜西铨大师的台湾高山乌龙和苏聪富大师的冻顶乌龙，中秋节推出只送不卖的茶月饼，2018新年红罐装，以及不同类型的拼装促销款等，都展示出小罐茶潜在产品的巨大空间（图3-5）。

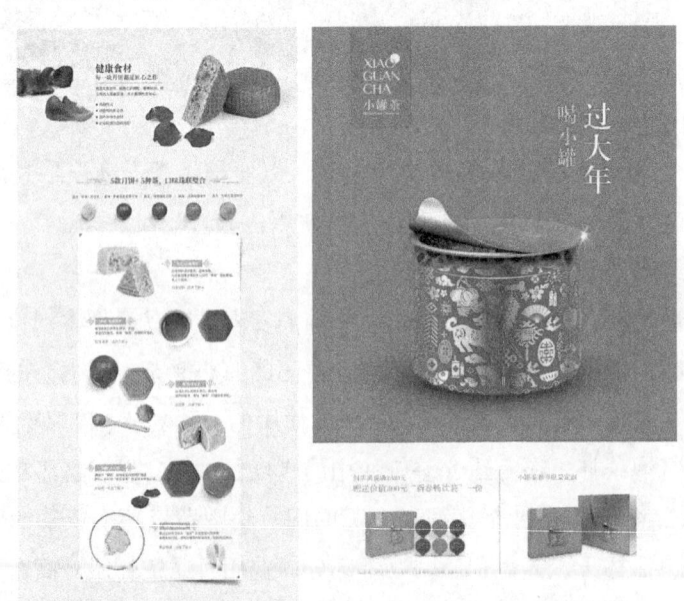

图 3-5 小罐茶月饼和 2018 新年装

二、以消费品思维做营销

小罐茶创始人杜国楹曾说过:"市面上的茶,有两个极端:一种是农产品思维做茶,只有品类,没有品牌,导致产品没有标准,消费者很难选择。一种是文化思维做茶,将茶做成了文化产品,高高在上,不接地气。"他认为,"茶首先应该是一个消费品,应该以消费品的思维去开发茶产品,要为消费者降低消费好茶的门槛,让消费者无需懂茶,也能简单方便地喝到真正的好茶。"消费品是用来满足人们物质和文化生活需要的社会产品,是消费者有偿获得的。在消费品营销中,必须解决几个基础且关键的问题:消费者是谁(Who)、购买什么(What)、为什么购买(Why)、哪里购买(Where)、什么时候购买(When)、如何购买(How),即了解消费者购买行为的6大要素(5W1H)。在如今"酒香也怕巷子深"的时代,产品和品牌形象不仅靠做,还要巧妙去说,去传播。

(一)缩小消费者范围,锁定高端消费人群

传统的茶叶市场中,一个茶企或一个销售店铺常常会有各类档次茶叶,以吸引不同消费者。但事实上,一个消费品,不可能所有的消费者都是你的目标客户,所以小罐茶减去了对更多目标客户的选择,锁定在30岁以上的中高端消费群。2018年1月26日,小罐茶微信公众号发布了一篇文章《高大上?白富美?来看看小罐茶的消费者都是谁?》,内容显示小罐茶用户男性偏多(51%),但与女性(49%)差别并不太大;用户年龄以25-35岁居多,比预想的目标客户还要年轻一些;以出租车和私家车为主要出行方式,城市化特征明显,生活节奏快且生活品质高;对旅行、健康、汽车、理财等方面的信息偏好度较高。可见小罐茶的目标客户是年轻的高收入群体,整体质量较高。小罐茶的广告《总裁篇》就通过大众传媒向社会告知谁是其目标消费者(图3-6)。广告中私人飞机、高档汽车、总统套房、董事长办公室、会客厅,各种简约大气的场所中以男主角独白加画外音的方式,介绍了小罐茶的产品特性,突出其适用场景定位"总裁办公室待客茶",传达"我们从不随波逐流,因为我们就是主流"的小罐茶精神。

图3-6 小罐茶《总裁篇》广告

(二)情理结合,用广告强化产品概念

小罐茶以创新的理念、思维和产品打破了传统茶业市场,也带来了种种质疑。作为一种新事物,强化目标消费者的正确认知至关重要。小罐茶推出了多个主题广告,

从不同角度引导消费者的认知。作为开篇之作的《寻茶之旅》篇,讲述了小罐茶的诞生过程;《总裁篇》展示了小罐茶的产品和品牌定位;《一壶有晴雨》专门介绍小罐茶具;《小罐篇》则是介绍了小罐茶包装铝质小罐的设计理念和过程。此外,每一款茶都有一个90秒左右或3分钟的视频,由其制作大师较为详细地讲解此款茶的原料选择、制作工艺、饮用体验等。这些广告基本都采用情理交融的诉求方式,既充分展现了产品的核心信息,也传递出小罐茶在品质、细节上的标准和坚持,让消费者充分认识小罐茶是什么,为什么值得购买,不断强化其对"小罐茶 大师做"这一产品概念的认知,有效提升目标消费者的产品认同度。

(三)线下+线上,体验+消费

小罐茶立志通过创新让不喜欢喝茶的年轻人爱上中国茶,让古老的中国茶现代化、国际化,那么如何吸引年轻消费者?体验是王道。所以小罐茶在正式上市之前,在没有任何广告和宣传的情况下,先开设了三家实体店,邀请苹果体验店御用设计师 Tim Kobe 打造全新体验店 Tea Store:入口处透明巨幅玻璃旋转门营造了通天通地的建筑感,奢侈品标配的陈列展柜与 LED 显示屏升华了感官体验,多维度地颠覆了传统茶叶店在消费者心中的刻板印象。店内整体环境被划分为茶库、茶吧和大屏信息显示三个部分,看茶、选茶、闻茶、品茶、买茶区域合理分割。其中,茶吧区域的设计既有西方酒吧吧台的年轻自在,也有日本板前料理的严谨细致,采用高脚椅和木质案几让时尚与仪式感完美融合。看、听、触、嗅、尝,小罐茶 Tea Store 通过空间层次和五感体验,实现了人与茶、人与空间的个性化互动,让购买变得愉悦和享受(图3-7)。

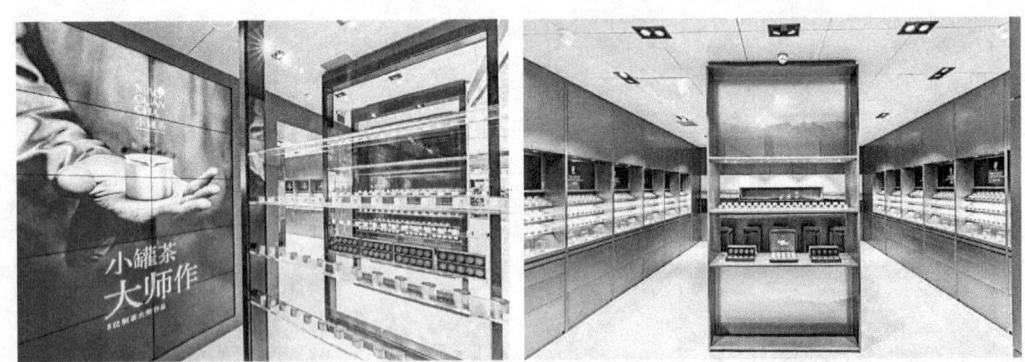

图 3-7 小罐茶体验店 Tea Store

此外,小罐茶也开通了官方微信和官方微博,保持与消费者的线上互动,并在官网上设置了"在线商店",同时开设京东旗舰店、天猫旗舰店,适应客户网上购物的需求。与逻辑思维、滴滴打车、一条等互联网平台合作,以直播、预售、展销会等多种线上线下渠道推广产品和品牌。

(四)场景化传播,引导小罐生活

茶,不仅是一种产品,更是一种生活方式。过去,什么样的人、什么时节、喝什么茶、如何喝是个复杂的专业性问题，小罐茶基于对茶和生活的深入洞察，通过产品消费的场景化细分，让这些问题不再成为困扰。

比如，在其官网首页，设置了"看看哪一款小罐茶适合您？"互动版块，有"您喜欢喝的茶是？""您的个人体质是？""您喝茶的季节是？""您喝茶的时间是？"四个问题，系统会根据消费者的选择为其推荐适合的产品，如选择午后喝茶，则会推荐西湖龙井、大红袍和清香铁观音，并对茶类、冲泡水温、茶性、适合季节、建议冲泡次数等进行说明，非常人性化。

中秋佳节推出"享团圆 小罐茶"活动，以"感恩生命中最重要的人"为主题，针对需要感恩的不同对象——父母、领导、商业伙伴，提出适合的喝茶方案，如父亲——大红袍，因为大红袍讲究"口中有三变，杯中有三香"，霸气的口感，醇厚的滋味让人怀念父亲深沉的爱，宽严相济；男性商业伙伴——福鼎白茶，白毫银针中的太姥银针，外形挺直如针，满披白毫，滋味甘甜，内含物质会随着时间转化增加，就像选择合作伙伴，看似简单，实则需要各方面条件的磨合，最终形成最平和的力量。

新春之际，小罐茶又细分出多种场景，如"拜年贺岁""礼赠客户""年会庆功""新婚定情""佐餐伴侣""聊天助攻""暖身秘方""访友好礼"等。其官方微信2018年2月5日的《有茶才叫中国年：春节一天的茶生活》一文中，模拟还原了春节期间大家与茶朝夕相处一天的典型生活场景：7:00AM-8:00AM，滇红茶——早餐搭配一杯红茶，促进血液循环，活力满满；12:00AM-1:00PM，普洱茶——丰盛的午餐过后，一人一杯普洱茶，去油解腻；1:00PM-3:00PM，茉莉花茶——看电视，唠家常，各色干果加上糕点，来一杯茉莉花茶，满室生香；10:00PM-11:00PM，小罐红茶——喝一杯牛奶加红茶调制而成的奶茶，助睡安眠。

除此之外，小罐茶具的设计也应和了喝茶的不同场景——自饮、招待、差旅。

每一种场景与产品的匹配，都是一种用心、精心的设计，让小罐茶与生活完美融合。

三、以文化思维做品牌

品牌忠诚可以说是品牌建设的终极目标，而消费者对品牌的选择和忠诚是建立在深刻的文化内涵和精神内涵上的。品牌文化是品牌在经营中逐渐形成的文化积淀，代表着一种价值观、一种品味、一种格调、一种时尚、一种生活方式，反映着消费者对其在精神上产生的认同、共鸣。小罐茶的使命是"做中国好茶，做好中国茶"，让中国茶叶与茶文化重新走向世界。为此小罐茶打破中国茶文化的枷锁，与现代生活方式充分融合，让茶文化与音乐、餐饮、旅行、艺术、设计之间不断跨界合作，融入到主流人群的生活场景中，多角度展现中国茶的独特魅力（图3-8）。

图 3-8 小罐茶的文化活动

◆与严歌苓新著《芳华》衍生 IP 推出联名限量珍藏版茉莉花茶"时代芳华 茶墨相依",第一次尝试与当代最优秀的女性文学大师合作推出跨界作品。

◆策划"寻找春天礼"活动,邀请著名时尚摄影和影像艺术家刘嘉南、墙艺术创始人兼执行董事苏晏、当代艺术家陈文波、中餐菜品设计师段誉等 8 位在各自领域成就卓著的生活艺术家,共赴如诗如画的黄山丰乐湖畔,体验采茶、制茶。并于"第二届墙报艺术家"颁奖典礼上推出与陈文波合作的定制款小罐茶·黄山毛峰、甜点"龙井春居"绿茶冰淇淋、"小罐星球"餐桌装饰等多个小罐茶创意作品,把艺术鲜活地融入到每一天的日常。

◆携手中外五大星厨,举行了一场别开生面的美食品鉴会,用小罐茶搭配珍贵的食材,拓展"茶+美食"的无限可能。

◆独家冠名 CCTV-2 财经频道的《厨王争霸》春节档,打造美食与茶的绝妙 CP。

◆携手人气畅销书作家小桥老树及其全新力作《奋斗者——侯沧海商路笔记》,举办"小罐茶·茶气书香"创业故事分享会,与文学阅读跨界,让"茶气"与"书香"默契相连,引领并不断探索现代人"以茶为媒"的生活方式。

◆携手音乐教父罗大佑发布新专辑《家Ⅲ》,举办新专辑赏听尊享会,共同关注回归家庭的意义。

◆作为 2017 年全球外交官中国文化之夜的指定礼茶,设计了现场茶饮、非遗制茶文化展示、最"香"《茉莉花》的节目演出等系列活动,打造中国茶新名片。

小罐茶的文化跨界透射着其高端、知性、情怀、艺术、执着、创新、自信等品牌精神基因,在品牌与消费者进行深层次心灵沟通的同时,也赋予古老的中国茶全新的形象和生命力,塑造着"现代派中国茶"的品牌形象。

小罐茶作为中国茶行业的创新企业,自面世以来从产品到包装设计乃至运营理念不断推陈出新:化繁为简解决消费者痛点;以消费品思维开创了茶企产业链协同发展的先河,升级茶行业产业链;另辟蹊径,将饮料行业通行的铝材包装引入到茶行业,引领茶行业的"罐装"升级;坚持精品主义,专注细节,以"线上+线下"双渠道深耕茶叶消费市场;以国际化的视野设计消费体验,打造科技感与时尚感并存的线下体验店Tea Store。小罐茶以创新为核,通过一个个以"茶"为中心的生活方式解决方案,打造中国式品质生活,建立起好茶认知标准,以时代的视角,用现代化的表达传递传统文化,在茶领域建立了一个新的消费点,让中国茶以新的姿态走向世界。

2017年,小罐茶荣获了2017 TRACKER创新大会"年度消费升级创新潜力奖",展示了其独特的创新密码收获的成果。正如小罐茶市场中心总经理梅江所说:"小罐茶最大的意义在于打开了茶行业同行的思维,让大家看到传统中国茶也可以有创新的做法,而且这种创新,是消费者所认可的。这种认可将激励更多的中国茶企产生更多创新,从而迎来中国茶行业的一次巨大升级。"

【知识链接】

一、产品的品牌策略

产品的品牌策略一般有三种类型:

第一,单一产品品牌策略,即一个企业的所有产品都使用一个品牌名称,品牌既是企业品牌也是产品品牌。单一品牌策略有利于企业节约促销费用,有利于新产品开拓市场,也有利于品牌成长。但是不足之处在于当某一产品出现问题时,整个品牌的形象都可能受到影响,如佳能、海尔、飞利浦等。

第二,多产品品牌策略,即企业根据不同的目标市场使用多个品牌的策略。这样可以细分市场,提高市场占有率,降低市场风险,满足不同消费者的需求,并在一定程度上实现企业资源共享。但同时也会带来成本增加、资源浪费和管理难度等问题。

第三,主副品牌策略,是以已经在市场上取得成功的品牌为主要驱动力,再对新产品和具有战略意义的产品取一个代号来彰显超越一般产品的优点和个性。每一个品牌在拥有统一品牌名称的同时,又分别拥有自己的名字,如"雀巢宝路薄荷糖"。这样可以让人感受到新产品的问世,创造全新的卖点,也可以反哺主品牌,拓展主品牌联想,注入新鲜感。

二、用户体验

体验是人们在特定的时间、地点和环境条件下的一种情绪或者情感上的感受,具有情境性、差异性、持续性、独特性和创新性等特征。用户体验(User Experience,UX或UE)是指用户使用产品(包括物质产品和非物质产品)或者享用服务的过程中建立起来的心理感受,涉及人与产品、程序或者系统交互过程中的所有方面。营销学家贝恩特·施密特通过"人脑模块分析"和心理社会学研究了消费者的体验,提出了感官、情感、思考、行为、关联五大体验体系。感官体验是诉诸于视觉、听觉、触觉、味觉和嗅觉的体验;情感体验是顾客内心的感觉和情感创造;思考体验是顾客创造认知和解决问题的体验;行为体验是影响身体体验、生活方式并与消费者产生活动的体验;关联体验则包括感官、情感、思考,以及行动体验的很多方面。体验设计要求产品创新能够给人带来更加开放性和互动性的感受,实现人的自主性。产品作为"道具"和媒介,给予使用者更互动和更独特的体验,以获取充分的、人性化的体验价值。品牌通过塑造独特的形象和文化,建立系统的品牌识别系统,给消费者带来不同的形象、联想和文化体验,增强品牌的影响力,提升品牌的美誉度和忠诚度。

三、品牌体验

品牌体验是由品牌设计、品牌识别、包装、沟通和环境等和品牌相关的刺激物激发的主观、内部的消费者的反应(包括感官、情感和认知)和行为反应。品牌体验涉及从搜集信息到现场选购,从消费商品或服务到消费后的感受等各个环节。

【拓展思考与实训】

1. 品牌创新的核心是什么?
2. 试结合小罐茶及其他品牌案例,谈谈品牌如何保持创新创造力?

案例四

有趣且温暖：三只松鼠的品牌塑造

拓展资源

【品牌故事】

安徽三只松鼠电子商务有限公司，是一家定位于纯互联网食品品牌的企业，主打非过度加工的坚果、干果、茶叶等森林系产品，寻找生于原产地的新鲜原果进行基本加工，为消费者提供绿色健康的休闲食品。

2012年6月19日，三只松鼠在天猫商城上线运营，短短2个月内便成为坚果类目销量冠军。2013年，三只松鼠发布了主打茶叶产品的"松鼠小美"子品牌，并荣获"全国坚果炒货营销十强企业"及创业邦"2013年中国年度创新成长企业100强"。2014年继"松鼠小美"之后，三只松鼠公司又发布了"松鼠小贱"休闲零食品牌，并推出了松鼠动漫，以配合三只松鼠的品牌宣传。2014年11月，三只松鼠荣获安徽十大优秀电商品牌。2016年12月，三只松鼠公司年销售额高达55亿元，成为食品电商第一品牌。目前，三只松鼠公司旗下拥有一个主品牌——三只松鼠，三个平行品牌——松鼠小酷的果园、松鼠小贱零食铺、松鼠小美美茶铺，共九个系列的休闲食品；拥有天猫商城、京东商城、苏宁易购、1号店、当当网、拍拍等多家网上直销店。截至2016年末，三只松鼠公司不再是纯互联网食品企业，制定了"去电商化"战略，注重线下实体门店的发展。线上网络平台店铺和线下实体直营店共同发展的模式，为企业带来更多机遇。

【案例背景】

三只松鼠是"互联网+"风口上的创客。近年来，在京东和淘宝等电商的竞争压力下，苏宁、国美等连锁电器大卖场向O2O模式转型；国内最大的打车软件滴滴打车利用移动互联网已深刻地改变了人们的出行打车方式；余额宝、支付宝等互联网金融平台的出现搅动金融等垄断行业"一池春水"。从21世纪初的信息化带动工业化，到信息化与工业化双向带动、深度融合，再到"互联网+"，互联网与传统产业的关系出现深刻变化。"互联网+"不是传统行业和互联网的简单结合，而是利用互联网作为生产要素对传统行业进行革命性再造。过去，无论信息化带动工业化还是深度融合，都是"+互联网"概念，即传统产业是主体，互联网只具有工具价值。工具具有被动性，工具的价值只有被利用了才得以体现。随着互联网加速从生活生产工具向生产要素转变，互联网与传统产业的融合将更紧密。

随着"互联网+"计划的不断完善以及我国国民收入水平与消费能力不断提升，电子商务迎来前所未有的发展契机。2010年仅有3%的私人消费源自线上，至2015年中国网络购物者总数将近翻了三倍，达到了4.1亿，预计到2020年，网络购物规模将达到约1.9万亿美元，42%的私人消费增长将来自于网络消费。消费者对休闲食品的需求也逐渐增多，休闲食品网上零售额节节攀升。2014年休闲食品网上零售额为 2.79 亿，2016 年为 5.02 万亿元，预测至 2020 年将会达到 11.63 万亿元。《中国线上零食消费趋势报告》指出，泛 90 后女性是绝对的零食消费主力人群，在所有零食品类中，女性最喜欢饼干糕点、蜜饯果干和坚果炒货。

休闲食品类市场前景广阔，使得各食品类电商纷纷涌现。食品电商行业不同于其他行业，其政策、资金、技术三大决定性门槛并没有太过苛刻的要求，在资本充足的条件下，很快可以扩大市场占有份额。但是食品电商行业内部竞争激烈，既受到同类企业带来的威胁，企业本身对产品品质把控、价格波动幅度、促销策略、售后服务等各个环节均会影响企业的发展进程，这就需要企业制定出恰当的营销策略，不仅要满足消费者的现实需求，更是要在商品服务和品牌推广方面有所建树，只有这样才能实现企业的最终目标。三只松鼠公司凭借代工模式、自建产品质量管控体系以及创新的互联网思维，在短短五年的时间里，使产品市场份额不断攀升，其产品定位、品牌树立、营销手段都成为该企业在诸多同类企业中脱颖而出的关键。

【案例分析】

在电商同质化竞争中，零食品牌三只松鼠以卖萌为符号，以萌萌的品牌形象、温暖细致的情感体验、萌趣互动的品牌传播方式塑造了既萌又暖的松鼠文化，完成了卖坚果到卖萌文化的转变。

一、卡通形象与"森林系"品牌定位

品牌所提供的功能性价值和情感性价值构成了品牌核心价值，而随着产品的同质化和竞争的白热化，产品的性能、质量、款式等外在功能因素已经不存在巨大的差异。所以，企业应针对自身商品服务和目标消费者的消费特点，通过塑造差异化的品牌名称、商标、整体形象、文化氛围等方式，驱动消费者去识别、认同、记住、喜欢乃至爱上一个品牌。

三只松鼠的品牌名称生动好记、易传播、辨识度很高。看过三只松鼠的人，都被三只色彩鲜艳，鲜活可爱的小松鼠所吸引。松鼠最爱吃什么？自然是树林中的新鲜坚果，品牌名称三只松鼠由此而来。品牌 logo 卡通可爱，每只都有自己的名字，涵盖了当下"80 / 90 后"中几大人群的典型性格。松鼠小贱，又贱又萌，略带屌丝气质，符合当下社会屌丝文化人群的心态；松鼠小酷，技术宅一枚，喜欢发明创作，积极向上，对一切新奇的事情都充满兴趣，迎合当下宅男心理；松鼠小美，美丽柔情，典型的双鱼座性格，是年轻女性的典型代表。

品牌形象设计在视觉上也展示了品牌的个性，品牌 logo 采用了最亲民的卡通形象，富有感染力和亲和力，用拟人化的方式讲述企业的核心价值观。logo 整体呈现三角趋

势，图形下边缘有圆润的弧度，象征稳固而和谐的发展。小美张开双手，寓意拥抱和爱戴每一位主人；小酷紧握拳头，象征品牌拥有强大的团队和力量；小贱手势向上，象征青春活力和永不止步勇往直前的态度。

三只松鼠品牌定位于"森林系"。很多消费者听到三只松鼠，首先脑海里浮现的就是大森林中的松树和松果的清香，以及生命、自然、健康、新鲜，因而对该品牌名称的印象深刻。品牌定位于"森林系"还有着现实的考虑。在三只松鼠创立之前，全网坚果类产品基本以炒货为主，没有一家专注做袋装坚果类食品的企业。但作为一个垂直类电商品牌，三只松鼠如果靠单品类只能占有一部分市场，更何况坚果品类同质化很高。因此三只松鼠看准了袋装坚果细分品类，将品牌定位于多品类互联网森林食品，主要是坚果。"互联网森林食品"的品牌定位有助于多品类运作，拓展市场。同时，三只松鼠还不断以各种手段强化这一定位。比如，在天猫旗舰店首页的"全网坚果领导品牌"等将企业归于品类领导者的字眼；宣传口号从最初"认准这个大头"的朗朗上口，到"松鼠小美，就是好喝""全世界的零食将被我承包"的品牌个性鲜明，这些都是三只松鼠形成品牌印记的一种表现。

二、独具特色的品牌文化

商品种类的不断丰富，使得消费者眼界也在不断提升，撇开商品的实用性不说，"卖萌"作为一种经济学现象，为全球的诸多企业创造了巨额的利润。以撒娇卖萌的口吻称呼消费者为主人是属于三只松鼠的原创。三只松鼠通过产品卖萌、客服卖萌、网站卖萌等手段塑造了独具特色的品牌文化，通过寻找富有营销魔力的萌点、加强与消费者互动、细致周到的服务等方面的努力，有效提高了品牌忠诚度，增加了传播效果，提升了价值空间。

第一，产品卖萌。不可否认，三只松鼠卖的不仅仅是坚果，还提供了极致的细节服务体验，其用户体验已经深入到了产品端，站在用户的角度认真思考用户从接到包裹到使用产品中的每一个环节都会做什么？需要什么？需求之外还能为用户提供什么？比如为契合三只松鼠定位于"森林系"的森林食品这一概念，三只松鼠设计了与众不同的包装箱"鼠小箱"（图4-1），"鼠小箱"具有动漫色彩，突出松鼠形象，包装箱外面写着"主人，开启包装前仔细检查噢""超级感谢为松鼠星球运送美食的快递哥哥们，你们辛苦了，如果您也想尝尝美食，就快快来松鼠家吧"。在包裹递出的第一时间，三只松鼠会发信息给消费者："主人，鼠小箱已穿戴整齐，快马加鞭向您狂奔而来哦，耐心等下哟。"这些天然萌呆、轻松俏皮风格的语言，增加了品牌的亲和力。"鼠小箱"时尚质感的双层包装内还配备了提供各种辅食工具，如开箱器、吃坚果的工具、扔果壳的纸袋、擦手湿巾等。三只松鼠还时常变换送给消费者的产品包装袋和体验品，例如抽奖卡片、新品试用、微杂志等，给人非常用心的感觉。

图 4-1　三只松鼠森林大礼包外包装

第二，客服卖萌。卖萌作为有趣的存在，是"可爱"对受众的打动和吸引。三只松鼠的总经理章燎原推出"客服十二招"，要求客服人员"做一只讨人喜欢的松鼠"，公司的客服部叫"全球主人满意中心"；客服与客人沟通时，一改过去淘宝称消费者"亲"的做法，化身萌宠"鼠小儿""鼠小妮""鼠小弟"，改称消费者为"主人"："主人，您有什么需要？"扮演为"主人"服务的松鼠，撒娇、卖萌，甚至乞求消费者购买商品："嘘，主人，快点我！快点我！你想吃的，松鼠家都有哦！"三只松鼠还不满足于简单的卖萌，基于80、90后互联网用户群体的定位，特意将位于销售链前端的售前客服根据客服的性格与个人偏好进行分组，以适应消费者的各种口味。想听高端大气上档次、奔放洋气有内涵的话题，可以找小清新文艺组松鼠接待；热衷各种段子，则由丧心病狂组负责招待。昵称和对话让消费者感受到品牌的情感，使"主人"在亲昵的叫声中越来越享受松鼠们撒娇卖萌的服务，将消费者与客服之间的关系转化为主人与宠物之间的温暖关系，增加了消费者购物的趣味性。

第三，网站卖萌。有人说互联网是一秒钟效应，浏览三只松鼠官方旗舰店消费者会发现该店几乎每款产品都配有精心设计的故事和相关养眼、萌趣的图（图4-2）。从看见三只呆萌吉祥物"松鼠小美""松鼠小贱""松鼠小酷"开始，消费者仿佛不仅是在购物，而且是要开始一段"松鼠王国"的动漫之旅。在网站功能中，松鼠家不断优化网店布局，将品牌特色和舆论热点结合起来，比如围绕"世界森林日"，策划了"地球环保行动"主题设计。

图 4-2　三只松鼠官方网站欢迎页面

三、品牌传播
(一) 社会化媒体传播

三只松鼠的品牌传播将互联网思维发挥得淋漓尽致，最大程度地运用了互联网的交互性，利用"两微一端"进行品牌的社会化媒体传播。

第一，微博营销。三只松鼠通过智能分析找准相关粉丝，将微博广告的投放人群定为：电商账号（1号店、京东、天猫等）、官微自有相关账号、零食相关账号、吃货相关账号、动漫相关账号等。实现对指定账号的广告精准投放，并通过账号互动排名持续优化。设计优惠和转发送奖品活动，并借助#不玩虚才是真狂欢#话题，通过微博向目标用户精准定向推广，并鼓励转发，吸引尽可能多的粉丝参与。在常规推广基础上，为粉丝提供三只松鼠优惠券赢取攻略，既有趣又有利，极大地激发了粉丝参与热情。在三只松鼠官方微博上还有为"主人"定制头像的活动，由"松鼠萌工厂"为幸运粉丝私人订制松鼠头像，只有幸运的粉丝才可以获得头像。

第二，微信营销。三只松鼠一共开通了六个微信公众号：松鼠小酷、松鼠小贱、松鼠小美、三只松鼠、松鼠主人服务中心以及一个会员服务号"松鼠星球"（图4-3）。这六个账号中，三只松鼠是母账号，承担着最大而全的功能，在母账号之外，松鼠小美、松鼠小酷、松鼠小贱这三个子账号分别都有独立的风格和栏目，由固定的运营人员负责。尽管各有各的玩法，但微信账号共同点是活泼，具有品牌特色。

图4-3 三只松鼠各微信公众平台

"松鼠小美"公众号的特色是电台栏目《松鼠树洞》。借树洞概念鼓励粉丝用语音倾诉自己的心事或秘密。运营者小美每期会根据一个主题制作电台节目。例如《同桌的你》《你不慢下来，要怎么快乐》……可萌可贱，可忧伤可治愈。《松鼠树洞》是目前三只松鼠最受欢迎的栏目之一，自制音频节目月播放量能超过1万。除了松鼠小美公众号，《松鼠树洞》同时也在三只松鼠母账号以及荔枝FM、啪啪等音频App中上线，试图覆盖更多用户。

除了《松鼠树洞》，三只松鼠公众号另一个受欢迎的栏目是《ins图片精选》。这是一个鼓励instagram用户上传三只松鼠形象或体验品的照片，三只松鼠再收集好这些图片分享给微信用户。如果图片足够养眼足够呆萌,用户会下载来作为壁纸,这对三只松鼠的品牌传播也有不小的功劳。美图之外,三只松鼠的另一个子账号"松鼠小酷"做的是鼓励用户贡献美文。这个还不是很成熟的账号,目前试图做成一个电子微杂志《松鼠志》,每期推送固定的栏目,例如《定格》是推荐影音书的栏目,《流光》则是由用户投稿做成的声音节目。

(二)热播电视剧植入广告

目前广告植入影视作品的方式大致有场景植入、对白植入、道具植入、情节植入等。三只松鼠则综合运用多种形式。2016年三只松鼠品牌先后在《欢乐颂》《小丈夫》《柠檬初上》《好先生》四部都市题材中投放了植入广告,不仅产品作为道具频繁出镜,还出现了大量提及三只松鼠的对白(图4-4)。三只松鼠吉祥物、抱枕等周边产品也贯穿电视剧,让观众在欣赏剧情的同时也沉浸在品牌的包围中。由于四部剧播出时间交替重叠,三只松鼠成功"霸屏",实现互联网品牌在传统媒体平台的"逆袭"。

图 4-4 三只松鼠天猫店对植入影视剧的宣传页面

1. 剧情关联应用场景,凸显产品属性

品牌在进行植入前,都需要对自身的产品和品牌属性有一个清晰的梳理,明确产品有哪些功能,通过产品、品牌能引发怎样的联想。在此基础上,再在剧本中寻找可以与之有机结合的剧情。三只松鼠正好有一款核桃仁产品,核桃仁的"补脑"功能正好和《小别离》中考生家的学习场景完美契合,通过剧情充分展示产品属性。

三只松鼠还把产品植入韩剧。见惯了韩剧中植入口红、气垫BB霜、衣服、手机和汽车,但当看到《W两个世界》韩剧女主角打开冰箱吃起了三只松鼠(图4-5),很多受众还是吃了一惊。微博上输入"W两个世界+三只松鼠"的搜索结果整整50页。

与国内影视剧相比，韩剧的受众面窄，但广告的投放更精准，也更有冲突感，韩剧播放后，社交媒体的品牌关注指数大幅提升。

图4-5　三只松鼠在韩剧《W两个世界》的品牌植入

2. 产品与角色绑定，加深品牌记忆

除了从剧情角度寻找产品属性的植入机会之外，三只松鼠还从角色直接入手，深度绑定剧中人物。三只松鼠瞄准了爱吃零食的年轻人，设置的场景让她们有代入感，根据剧情选择适合的角色和消费场景。

张小宇是《小别离》剧中个性最为鲜明的角色之一，而这个角色有一个非常重要的标签——吃货。一个美味的零食品牌和一个可爱的吃货角色，这样的搭配可谓"天造地设"。于是，在《小别离》中，几乎张小宇出现的每一个场景，都为三只松鼠的曝光提供了良好的机会。例如剧中三个小伙伴一起聊天吐槽，张小宇为安慰其中一个女孩琴琴，给她吃三只松鼠的核桃仁，却又只顾着自己吃，忽略了同伴，这一细节不仅深化了其"憨懂小吃货"的形象，也成功吸引到观众们的注意。又如张小宇和方朵朵谈论出国读书的问题，朵朵给小宇出谋划策时，小宇还不忘亲手给朵朵剥夏威夷果吃——虽然此处并没有出现三只松鼠的产品包装，但此时，观众已完全熟知张小宇和三只松鼠捆绑出镜的"套路"，可想而知，这夏威夷果自然是三只松鼠家的了。在电视剧《欢乐颂》中，杨紫饰演的邱莹莹也是个典型的"吃货"，在被前男友欺骗后，邱莹莹化悲愤为食欲，怒吃几袋坚果。当22楼五美被困电梯情况十分紧急时，邱莹莹还可以若无其事地拿出零食，并发出声音"有我最喜欢吃的三只松鼠"。通过与角色的深度绑定，三只松鼠获得了不少合理出镜的机会。

3. 品牌周边植入

三只松鼠拥有"人格化"品牌卡通形象及大量品牌周边产品，并将其大量运用到电视植入广告中，成功将品牌形象与剧中人物情感有机嫁接，与消费者多了一份情感沟通。例如《小别离》采用了产品＋公仔＋抱枕＋大公仔快递员的方式，朵朵写卷子写累了的时候，会对着三只松鼠的小玩偶抱怨、倾诉；朵朵睡觉也会抱着松鼠抱枕；为张小宇派送三只松鼠大礼包的快递员穿着松鼠玩偶的服装，头大进不了门，萌萌哒的快递员令人印象深刻。黄磊海清在演夫妻对手戏时，松鼠抱枕起到穿针引线的作用："鼠老板，是否考虑要开一个线下美甲店了？"

4. 剧外借势联合推广

早在电视剧播出前，三只松鼠就预料到《小别离》为网络带来的话题量是爆炸性的，因此冠名小别离相关微博话题，进行联合营销（图4-6）。随着电视剧的播出，由三只松鼠冠名的微博话题#电视剧小别离#收获了6.9亿阅读，51.9万讨论。随着电视剧口碑的持续发酵以及大结局的来临，三只松鼠趁势推出中秋团圆《小别离》限量联名款月饼（图4-7）："每一次别离，都是为了下一次更好的相聚，每一次团聚，都有松鼠小团圆。"

图4-6　三只松鼠冠名电视剧《小别离》微博　　图4-7　三只松鼠天猫旗舰店为《小别离》限量联名款月饼宣传

其实在大量投放影视剧植入广告之前，三只松鼠也曾在淘宝站外尝试过投放网络和电视广告，投放传统媒体广告近亿元。然而，传统媒体广告不像在淘宝站内广告能通过后台测算转换率，销量增长也不明显。因此，三只松鼠调整了品牌传播方式，加大了影视剧植入广告的预算。为了评估电视剧的植入价值，三只松鼠建立了信息库，搜集了2013年至今每年收视率前30的电视剧，列出了导演、编剧、演员、出品公司、类型、是否小说改编等各项信息，通过给演员、导演、出品公司、编剧划分评级进行预判。电视剧契合目标人群和高收视率是三只松鼠植入效果的前提保证。《欢乐颂》《小丈夫》《柠檬初上》《好先生》四部剧同为都市题材，观众构成大致趋同——以女性、60后至80后，高中及以上教育程度的观众为主，这与三只松鼠的主力消费人群吻合。截至2016年9月，仅《欢乐颂》《好先生》的视频网站播放总量，就已经超过300亿次收看。单媒介投放回报率来看，这是一般广告投放不能企及的。

四、品牌维护：严控质量与大数据挖掘

首先，维护高品质产品质量和服务。三只松鼠坚持三道检验严守食品安全关，即原料检验、过程品控、出厂检验，建立产品信息可追溯系统。三只松鼠是国内首家食品可追溯化的食品电商企业。其自有APP"松鼠星球"是一款智能的专属于三只松鼠

的查询工具，通过这款 APP 可追溯码查找到手中坚果的"前世今生"。消费者不仅可以查到从出厂前的拣货、打包信息，更可以通过此款 APP 查询每包坚果的原料采购及加工环节，甚至包括消费者与哪个客服沟通，聊了些什么，让消费者了解到三只松鼠购物过程中的每一个程序，放心消费。

其次，三只松鼠还利用互联网大数据进行数据挖掘，充分了解消费者行为及其需求，改进商品质量与服务。互联网时代最大的特点是数据海量和数据碎片化，客户在网络上一般会产生信息、行为、关系三个层面的数据，这些数据散落在不同的平台、不同的沟通介质中。三只松鼠通过大数据工具来识别筛选目标用户，包括消费者购买的客单价，二次购买频率，购买的产品是什么，购买产品中打折商品的比例，第几次购买等。通过大数据工具来分析消费者行为信息，对结果快速做出反应，改进产品特性，这也是线上企业相较于传统企业的优势所在，能有效收集最新的消费者数据信息并作出精准的分析，再据此来设计产品，迎合目标网购人群。大数据的收集和挖掘，为三只松鼠带来了极高的口碑和二次购买率。

此外，三只松鼠定期会组织一些与消费者的互动，邀请消费者参与既加强了与消费者的情感交流，也让每一个消费者化身为三只松鼠中的一员，有种"反客为主"的体验。诸如：成立吃货评定委员会由消费者测评食品的质量，提出改良意见；在微博、微信等社交平台展开消费者希望得到什么礼品等话题讨论。

五、实施品牌延伸战略

就零售行业来看，消费群体趋于年轻化，且产品越来越同质化。从对产品的使用功能和情感功能的两方面来分析，情感需求大于产品本身的需求。对于有些"松鼠粉丝"来说，对三只松鼠衍生品的期待已经超出了三只松鼠的产品价值。现在松鼠周边扩大到毛绒玩偶、拖鞋、抱枕、水杯，小到口罩、指甲钳、回形针、口罩等生活周边必需品（图 4-8）。

图 4-8　三只松鼠品牌周边衍生品

三只松鼠公司顺应娱乐经济的浪潮进行战略升级，制定了"去电商化"战略，通过动漫、电影、游戏、APP 开发、UI 设计，将单纯的三只松鼠品牌延伸到多个产业。

2014年4月，三只松鼠成立了一家全资子公司——松鼠萌工场动漫文化有限公司。2016年5月份的电商大会上，三只松鼠携手功夫动漫打造三只松鼠动画大片，"用动漫来维系用户情感，做没有痕迹的营销。"三只松鼠想要打造的品牌，不只是过去大家所认知的坚果和零食的三只松鼠，而是能够为人们创造更有价值，也更有趣味和内涵的形象，具有互动性、沟通性、参与性与分享性，是一个有生命力的人格化品牌。公司从三只松鼠本身形象出发，打造IP动漫全产业链。迄今，三只松鼠已经推出了《萌贱三国》《奋斗吧！松鼠小贱》《都市系列》《松树剧场系列》《贱客刺秦》等多部以卖萌耍贱为主要风格的动漫作品（图4-9），将粉丝转变成消费者，扩大品牌知名度。同时还推出了《松鼠小日常》《三只松鼠之鸣泣的月光》两部漫画以及《三只松鼠之欢乐地球行》童话故事绘本。未来，三只松鼠将大力拓展线下投食店、松鼠小镇，用做强IP的方式展示属于自己的松鼠文化。

图4-9 三只松鼠投资拍摄的动画片《贱萌三国》

【知识链接】

一、品牌文化

品牌文化指通过赋予品牌深刻而丰富的文化内涵，建立鲜明的品牌定位，并充分利用各种强有效的内外部传播途径形成消费者对品牌在精神上的高度认同，创造品牌信仰，最终形成强烈的品牌忠诚。品牌文化的核心是文化内涵，具体而言是其蕴涵的深刻的价值内涵和情感内涵，也就是品牌所凝炼的价值观念、生活态度、审美情趣、个性修养、时尚品位、情感诉求等精神象征。通过品牌文化的塑造，消费者形成潜在的文化认同和情感眷恋。品牌文化的塑造有助于培养品牌忠诚，是重要的品牌壁垒。

二、品牌维护

品牌维护是指企业针对外部环境的变化给品牌带来的影响所进行的维护品牌形象、保持品牌的市场地位和品牌价值的一系列活动的统称。品牌发展经过形成期与成长期后，就进入了成熟期，相应地，这一阶段企业应采取品牌维护战略，在具体的营销活动中采取一系列维护品牌形象、保护品牌市场地位的行动，例如顺应市场变化，迎合消费者需求；保护产品质量，维护品牌形象，以及品牌的再定位。

三、品牌延伸

品牌延伸指利用现有品牌进入新的产品类别，推出新产品。品牌延伸从表面上看是扩展了新的产品或产品组合，实际上从品牌内涵的角度还包含有品牌情感诉求的扩展。目前常用的品牌延伸策略有：在产品线上增加高端产品生产线，使商品进入高端市场或是在产品线中增加较低档次的产品，利用高端产品声誉向下延伸。另一种是产业平行延伸，一般适应于具有相同（或相近）的目标市场和销售渠道，相近的形象特征的产品领域；这样一方面有利于新产品的行销，另一方面有利于品牌形象的巩固。

【拓展思考与实训】

当前市场环境变化多端，面对更加挑剔的消费者，衰减的平台红利，变多变强的竞争对手，三只松鼠应从哪些方面提升品牌的竞争力？

案例五

"超吉+":共生营销助力王老吉品牌资产

拓展资源

【品牌故事】

凉茶是广东、广西地区的一种由中草药熬制、具有清热祛湿功效的"药茶"。在众多老字号凉茶中，王老吉最为著名，堪称凉茶始祖。在民间上百年前就有"王老吉，称第一，解热气，防百疾"的民谣。

王老吉创始人是广东鹤山医人王泽邦，小名"阿吉"。他从一位救他的神秘道长处获赠凉茶秘方，后于1828年到广州市十三行路靖远街开铺售卖"吉叔"凉茶，因其配方合理，价格公道而远近闻名。据《广州西关古仔》记载，1839年，林则徐在广东禁烟，整日奔波劳累，不幸中暑困热，咽痛咳嗽。随从人员请来名医开方，不见效果，病况日渐加重。后来有人慕名找到王泽邦，药到果然病除。于是，林则徐登门答谢，他对王泽邦说："你姓王，小名阿吉，为人行医老老实实，药廉效佳，你的凉茶今后就叫'王老吉'好了。"随即送来一个葫芦状的大铜壶，上面刻有"王老吉"三个金字。王老吉曾有不成文的店规，凡是有病的人到店中喝凉茶，一概不收分文。羊城百姓因而传有一句百年口头禅——"老老实实王老吉，清热解毒祛暑湿"。1840年，王老吉首创凉茶包，以"前店后坊"的形式，同时出售凉茶粉和凉茶包，方便顾客携带出门远行，使得王老吉风靡一时，供不应求。1852年，清朝咸丰皇帝特召王泽邦进京制备凉茶为文武百官防疫除疾，好评如潮。半年后王泽邦被赐封为太医院令，荣归故里，王老吉凉茶更加声名大振，坊间民谣称"常饮王老吉，饿死百家医"。1885年，在第一家凉茶铺开设半个世纪后，王老吉凉茶铺已经超过百余家，热卖于广州的大街小巷，并盛于粤、桂、沪、湘等地区，甚至海外。1925年王老吉凉茶包还参加英国伦敦展览会，成为最早走向世界的民族品牌之一。

1956年公私合营时期，王老吉与其他8家历史悠久的中药厂合组"王老吉联合制药厂"，国家按照合营政策以购买方式承接广州王老吉所有生产资料。此后，曾先后改名广州中药九厂、羊城药厂。1992年11月，广州羊城药业股份有限公司成立。同年推出盒装"王老吉"及罐装"王老吉"凉茶，成为国内最早的凉茶植物饮料。2012年"王老吉"品牌价值已达到1080亿。2006年王老吉凉茶进入首批国家级非物质文化遗产名录，2014年作为中华老字号的代表，王老吉荣获"全球历史最悠久的凉茶品牌"吉尼斯世界纪录，2017、2018连续两年获中国品牌力指数凉茶行业第一名。全球定位之父、营销大师艾·里斯曾说，王老吉是中国唯一一个在历史长度、行业的地位和影响力方面可以与可口可乐媲美的饮料品牌，是真正的中国的可口可乐。

【案例背景】

1995年，广药集团授权香港鸿道集团旗下加多宝集团在一定期限内生产经营红色罐装和红色瓶装王老吉，绿色盒装王老吉则由广药集团经营。2000年双方第二次签署合同，约定鸿道集团对王老吉商标的租赁期限至2010年5月2日到期。2002年又通过补充协议，将王老吉商标租期延长至2020年。2011年4月，广药集团向中国国际经济贸易仲裁委员会提出仲裁申请，要求鸿道集团停止使用"王老吉"商标，理由是2001年至2003年期间，时任广药集团总经理李益民在累计收取了鸿道集团控制人陈鸿道300万元贿赂的情况下，新签署的商标授权延续到2020年的补充协议应该无效，所以根据早前的租约给加多宝的王老吉商标授权是在2010年5月到期。由此，广药集团和鸿道集团的"商标案"拉开帷幕。之后双方官司不断，商标广告侵权、不正当竞争以及商品装潢权侵权等一场接着一场，消耗了双方大量的人力、物力、财力，造成了消费者品牌认知的混乱，致使王老吉品牌美誉度大大受损。

在加多宝公司经营期间，通过精准定位与有效的营销策略，"红罐王老吉"凉茶迅速拓展至全国，年销售额从2002年的1.8亿元突飞猛进至2011年的160多亿元，成为国内家喻户晓的凉茶品牌。2012年5月广药集团收回商标之后，在生产、人才、渠道、推广等经验均不足的情况下，如何实现"王老吉"这个百年老字号品牌焕新增值，持续凉茶产品的市场奇迹，让中国凉茶文化不断传承和发展，是摆在其面前现实又严峻的问题。

在这种境况下，广药集团同年5月公布了王老吉凉茶发展规划"136发展方略"，即围绕着把王老吉从民族品牌打造成世界品牌这一目标，通过产品经营、资本运营和虚拟创盈三种发展路径，从人才、科技、品牌、资源、标准和国际化六大战略对王老吉进行立体打造。其中在品牌战略上，广药集团将通过整合营销、资源聚焦、终端推广等手段，进一步保持和提升王老吉第一品牌影响力，稳固凉茶饮料第一品牌的地位，并建造全球规模最大、内涵最丰富的凉茶博物馆，将凉茶文化向全国乃至全球输出。王老吉通过内部人才重组和外部特薪招聘的方式，在短时间内完成了专业团队建设，并迅速全面展开招商和销售布点工作；与食品巨头统一、银鹭、惠尔康集团等30多家食品企业签署生产合作协议。2012年9月份基本完成全国范围内铺货，2013年实现了150亿元的目标，2014年初王老吉在全国31个省市商超、批发、小店等渠道铺货率均达85%，餐饮渠道达到60%。

不到两年的时间，王老吉在凉茶市场上创造了惊人的营销奇迹，在中国质量协会发布的《2013年度食品行业（茶饮料）消费者满意度调查分析报告》中被评为最令消费者满意的茶饮料，成为当之无愧的"凉茶王"。但一个品牌，究其实质是价值、文化与个性的综合体，承载着消费者的认知和信任，而品牌核心价值是品牌资产的主体部分，能让消费者明确、清晰地识别并记住品牌的利益点和个性，是驱动消费者认同、喜欢一个品牌的重要力量。

【案例分析】

一、"品字形"战略提升品牌实力

在"136发展方略"的规划指导下，2014年3月4日王老吉发布"品字形"发展战略，在时尚、文化、科技三大板块进行战略部署，提升品牌实力。

（一）广告先行，强化品牌定位

广告语具有简洁有力、易读易记易传播的特点，是品牌核心价值的重要体现，其变更往往反映着品牌战略核心与营销策略的转变。2012年5月21日"136发展方略"发布当天，广药集团也首次公布了红罐王老吉的新广告语"凉茶就喝王老吉"（图5-1）。该广告语强化了王老吉的产品属性，在当时的情形下，有助于引导消费者进行品牌识别。但与之前"怕上火就喝王老吉"相比，新广告语弱化了"怕上火"这个区隔其他饮料产品的核心竞争点，对品牌的核心价值传播不够有力，于是广药集团在发布"品字形"战略的同时也正式对外公布了王老吉新的广告语"不是所有的红罐凉茶都是正宗王老吉。186年，独家秘方，怕上火，认准正宗王老吉"（图5-1），3月5日王老吉最新广告就占据了全国各大平面媒体头版。

图5-1 2014年王老吉新广告

作为"品字形"战略的首个动作，更新后的广告语同时强调"怕上火"和"正宗"，将防上火的产品利益点和凉茶真正领导者的行业地位更紧密结合，并进一步强化王老吉作为凉茶代名词这一消费者心智，凸显产品的"正宗"品质，加深与同类产品的品牌区隔，强化王老吉"正宗"的品牌形象，提高了品牌认知度，也深化了消费者对王老吉品牌历史与品牌文化的自然联想，为其后续品牌运作开了个好头。

（二）娱乐、体育、影视三管齐下，塑造品牌时尚个性

王老吉的"品字形"战略中，在时尚方面致力于在娱乐、体育、影视三大方面，挖掘品牌与社会流行文化之间的内在联系，契合当下消费者追逐个性的心理，与新生代消费者深度互动，创造好玩、好看的消费体验。

娱乐方面，2014年3月独家冠名湖北卫视喜剧真人秀节目《我为喜剧狂》。在合

作过程中,海选赛期间王老吉推出"为梦想加吉"的传播主题,结合各学员的梦想和追梦的故事,通过微博、微信等媒体引导消费者大声说出自己的梦想;淘汰赛环节,从"让梦想成长"的角度出发,展示学员们在喜剧狂舞台上的成长历程,以此鼓励广大消费者坚持梦想;组内学员对决阶段,从"梦想支持者"的角度,呈现学员们在追梦途中相互支持、共同成长的故事,并发起"感谢梦想支持者"的微博活动,呼吁消费者在追梦途中,别忘了感谢那些曾经帮助过你、给过你力量的人。作为独家冠名商,王老吉也在内容上与节目巧妙结合,通过拜师专用茶、节目道具、定制小品、节目宣传片植入等多种形式传播产品特性与品牌形象,将王老吉传递快乐、正能量的品牌价值与《我为喜剧狂》传递乐观豁达的节目理念有机融合。此外,王老吉还推出一系列"凉茶就喝王老吉,喜剧就看喜剧狂"线下优惠活动,让消费者实现欢乐+实惠双重收获。

体育方面,2014年3月初,王老吉携手腾讯,成为2014年世界杯战略合作伙伴与世界杯竞猜官方合作伙伴,王老吉凉茶也成为腾讯世界杯官方指定饮品。合作期间双方共同打造"2014年世界杯竞猜"活动以及"新闻早十点"的TIPS弹窗,推出"吉情巴西 开罐有奖"王老吉·腾讯世界杯竞赛纪念装,制作了电视广告《桑巴篇》,打通了王老吉的产品、销售终端、腾讯的PC与无线互动平台,腾讯新闻客户端、竞猜APP和微信平台,形成了一个消费者活动参与链(图5-2),在紧密流畅的过程中将品牌元素和移动端跨平台社交分享深度融合,有力彰显了王老吉"时尚、青春"的品牌形象。据统计,精彩活动人数达到1800万,创下世界杯类营销活动的一个神话。

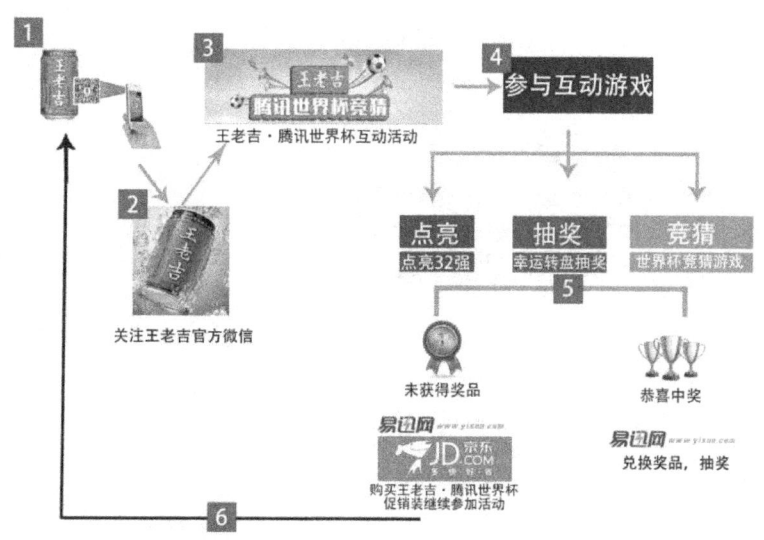

图5-2 2014王老吉·腾讯世界杯360度营销矩阵

2014年3月底至6月初,王老吉发起了"超级无限,吉时狂欢"超"吉"杯全国高校五人足球狂欢节,全国19个地区200余所高校超过6000支球队参与竞技,为巴西世界杯激情预热。除了足球比赛,狂欢节还包括"中国足球发展历程高校巡展""全国大学生艺术彩绘足球设计大赛""高校足球宝贝评选"等多项活动,向大学生传递积极快乐、拼搏向上、勇于追求梦想的态度与文化。

影视方面，2013年王老吉就携手优酷土豆，跨界制作微电影《倾世之恋》，讲述王老吉人为理想、为事业奋斗不息的故事。2014年王老吉首次涉足大银幕，牵手电影《亲爱的》，将娱乐的元素带到凉茶的行业中。《亲爱的》是2014年出品的一部"打拐题材"电影，由陈可辛执导，张冀编剧，黄渤、佟大为、郝蕾、张译等主演，主要讲述以田文军为首的一群失去孩子的父母寻找孩子以及养育被拐孩子的农村妇女李红琴如何为夺取孩子做抗争的故事。在电影中，王老吉的身影频频出现，且与影片角色的生活环境十分相符，将品牌信息巧妙融入其中，显眼但不突兀，与影片的融合度非常高（图5-3）。

图5-3 影片《亲爱的》中王老吉部分植入广告

图5-4 王老吉影院微信扫码活动

王老吉在合作上也不是简单的植入，而是把整个植入延伸成一场完整全面的互动体验：在电影开映前夕，与电影官方微博积极互动；联手微信，推出罐身条形码扫描互动功能（图5-4）；在王老吉公众平台上开展"亲爱的，一起来点亮广州塔"活动，赢取双人免费电影票。一系列营销手段，打造了一次有体系有层次的"立体化"大电影营销，有效传达了王老吉亲情、团聚的品牌理念。

（微信扫描王老吉罐身上的条形码，参与微信中"亲爱的，一起来点亮广州塔吧！"点亮广州塔，赢取电影票活动，即有机会赢取电影《亲爱的》影票2张。如果在10月1日前有超过100万人次参与点亮广州塔活动，王老吉将在10月1日晚现场点亮广州塔，参与互动人数达到508万。）

此外，王老吉还通过赞助邓紫棋世界巡回演唱会、举办2014"魔法传吉"大型路演、赞助公益体育等各类活动，奏响"品字形"战略的"时尚"凯歌。

（三）文化为根，提升品牌价值

截至2018年上半年王老吉已出口至海外60个国家和地区，有超千万个终端网点，年销量达到 200 多亿，占据凉茶行业 7 成的市场份额。作为中国百年老字号，王老吉已不仅仅是凉茶的代名词，更是民族品牌的代表，是一个民族精神、文化、情怀、气节的象征。从 2012 年王老吉就专注于对中华民族的"吉"文化的发掘与传播，在深挖品牌历史、产品特性与中国文化特点的基础上，凝练出独特的"吉"文化，先后建立了王老吉中华"吉"文化研究院、王老吉凉茶博物馆、3D 全景数字凉茶博物馆，举办王老吉凉茶文化节、王老吉凉茶文化全球巡回展等，向全球推广中国"吉"文化，引领中国凉茶走向世界。此外，王老吉借势《舌尖上的中国2》，携手原创班底，与爱奇艺联合推出王老吉专题微纪录片《舌尖上的平衡》，传播高峰期百度搜索高达 1700 多万条。该片通过一个广州川菜馆的故事，讲到辣菜的文化历史，再由吃辣易上火引出能在味觉与健康两者之间的平衡载体——凉茶，让消费者在品味饮食文化的同时，见证王老吉正宗凉茶的历史、传承与发展。

在营销领域，2013 年王老吉就将"吉文化"与品牌文化相结合，推出了"吉时分享"年度营销战略，通过卡通形象"小吉"，"吉时分享"系列微电影，"吉时语"系列漫画（图 5-5），将王老吉与"吉庆时刻"绑定，利用大众饮品的特性，王老吉将"分享"的概念融入其中，成功打造了"吉时分享"营销概念，倡导"积极乐观，分享快乐"的生活态度，让王老吉品牌理念渗透到消费者心中，引发消费者积极的品牌联想，提升了品牌识别度和美誉度。

图 5-5　王老吉"吉时语"漫画《流行语篇》

2014 年 12 月，王老吉将中国民俗传统文化中的"福禄寿喜财"及"吉文化"的"吉"，分别以拟人的创意形式设计并融入王老吉罐身，推出了一套六款 2015 新春吉祥罐，并在京东商城独家发布。借着吉祥罐的热潮，王老吉创新打造移动端 H5 互动游戏——超吉脸，制作属于自己的萌神吉脸照。创新包装演绎了全新"时尚中国风"，也为"吉文化"注入独特的时尚感。2015 年春节期间，王老吉凉茶电商渠道销量增加了 2200%。

（四）科技发力，推进产品和品牌创新升级

产品是品牌依存的基础，良好的产品品质是消费者品牌选择的重要影响因素，也

是品牌持久发展的根基。2014年9月，王老吉发布了基因条形码技术鉴定体系。该体系存储了7种王老吉常用中药材及其混伪品的DNA条形码参考序列，以及1024条王老吉七味药材及其混伪品ITS2序列和psbA-trnH序列，从源头上就能确保王老吉原材料的准确正宗，这是世界上首次将DNA鉴定技术应用于植物饮料的原材料鉴定。从最初的水碗凉茶，到凉茶包、凉茶粉、凉茶颗粒，再到盒装、罐装；从2008年国内首家"凉茶重点工程技术研发中心"到2010年入选国家"863计划"，再到2012年凉茶国家标准研究项目、2013年国际凉茶标准研究，王老吉一直致力于科技研发，助力产品创新，以优良品质保障消费者的品牌忠诚，为其从民族品牌到世界品牌的飞跃奠定了坚实的基础。

"品字形"战略阶段可以说是"超吉+"1.0和2.0阶段，期间王老吉品牌营销的重点从与消费者进行互动，打造贯穿线下线上的营销O2O闭环，到注重整合强势平台实现跨界合作，如新春吉祥罐的电商合作。随着移动互联网的快速发展，营销与传播生态都发生了巨变，大数据营销、场景营销、IP营销消费者的体验成为品牌营销的重中之重。于是王老吉提出了"超吉+"战略，基于大数据驱动王老吉生产经营，致力于打造王老吉凉茶生态圈。

二、"超吉+3.0"打造凉茶生态圈，推动品牌升级

2015年5月，王老吉启动"超吉+"战略。该战略基于移动互联网的用户个性化体验，以用户参与为核心，打造平等、开放的定制化商业模式。"超吉+"不仅延续了"品字形"战略时尚、文化、科技三大要素，更是互联网思维下品牌和营销理念的全面升级，意味着王老吉品牌营销从"品字形"阶段的1.2、2.0，进入了"超吉+"3.0时代。

（一）以罐为媒，打造超级媒介

"超吉+"，即"互联网+怕上火+王老吉"，包含三层含义，首先就是超级媒介。据统计，王老吉凉茶2014年销量达到200亿，售卖出约60亿罐王老吉。产品即媒介，60亿罐王老吉本身就是超级媒介，王老吉将罐身对外开放，成为超高频次的品牌曝光媒介。

打造超级媒介的第一战，便是推出2015年夏季越热越爱态度罐（图5-6），开启2015年夏季主题营销。王老吉越热越爱态度罐一套8款，对经典红色罐身进行了美化包装，使之更加年轻化、国际化。针对凉茶重度用户，特别是年轻群体进行了人群细分，罐身包装上分别有"越热越爱火锅""越热越爱广场舞""越热越爱夜猫子""越热越爱出去玩""越热越爱抱抱""越热越爱噪音""越热越爱晒太阳""越热越爱出汗"，针对夜猫子等8个核心人群进行情感沟通营销。王老吉通过对当前年轻群体的生活习惯与态度的深度标签化定制，用时尚年轻的形式，鼓励大家不必"怕上火"，尽情享受夏季生活。

图 5-6 王老吉"越热越爱态度罐"

为了让消费者更深刻地感受"越热越爱"的态度,王老吉在全国各地推出 mini 秀、路演等多种线下体验活动,将"越热越爱"主张融入与消费者的互动中,实现了目标用户从线上"围观"到线下"参与"的角色转变。截至 2015 年 7 月,5 亿态度罐比计划提前两个月全部售罄。

(二)以罐身条形码为入口,打造超吉入口和超级平台

"超吉 +"另一层含义就是超级入口、超级平台:以王老吉罐身条形码为入口,以每年 60 亿罐消费为流量基础,基于移动互联网打造的互动和服务平台。这个平台主要连接电商入口、内容通道和互动服务三大部分,实现电商购买、美食分享、吐槽交流、游戏互动、定制化服务等功能。以罐身为超级入口得以实现的基础是王老吉的"一罐一码"技术。这项技术使得每一罐王老吉都有独特的身份证,通过扫码识别后,消费者可以实现会员卡相同的积分、兑换、优惠等功能。"越热越爱态度罐"活动期间,消费者就可通过罐身条形码入口,享受王老吉送出的价值 2 亿元的红包,包括京东、苏宁易购、唯品会、优酷和爱奇艺等消费红包。

(三)跨界合作,打造超级联盟

超吉 + 平台上,融合了微信、支付宝、京东、苏宁易购、优酷、爱奇艺等王老吉庞大的合作伙伴,为用户提供无限种增值服务。如 2015 年 6 月,王老吉与《盗墓笔记》的全网独播平台爱奇艺达成战略合作,通过买断《盗墓》PC 端及移动端的前贴片、定制先导片和主人公角色定妆海报(图 5-7)、推出《那些年热到让我们上火的盗墓笔记》H5 等多种方式,让"越热越爱王老吉"成为那个夏季的热门话题,产品"防上火"的功能诉求深入人心。2015 年"双 11"期间,王老吉又联合大电影《万万没想到》和天猫聚划算电商平台,推出了首个定制罐"王老吉万万吉祥罐",把叫兽易小星、白客、小爱、子墨、本煜和孔连顺的 Q 版形象设计在罐体上,更有因万万而红的网络流行语"安静美男子""升职加薪赢娶白富美"等,为粉丝消费者进行私人订制。借助于这些联盟伙伴,不仅满足了用户体验和个性化需求,实现线上线下流量的转化,更是收获凉茶消费大数据,为"超吉 +"战略下一步奠定基础。

图 5-7 王老吉《盗墓笔记》定制海报

（从左至右海报文案：让我脸颊发热的不是天真，而是"无邪"；我不是谁的配角，我是自己的主角；冬暖夏凉的除了空调，也可能是胖纸。）

超吉+融合了超级媒介、超级入口、超级平台、超级联盟和庞大消费者用户，最终形成以凉茶消费为基础，以用户体验为核心，以参与性互动及定制化服务为支撑的超级生态圈。2015年夏季，越热越爱王老吉互动活动曝光量35亿次，活动页面总浏览超2000万人次，活动参与人数超832万，通过王老吉罐身条形码总互动人数达200万。

三、超吉+4.0，大数据驱动品牌定制化

2016年4月，王老吉启动了"超吉+4.0"战略，旨在利用大数据，开展以用户为中心的企业和企业、企业和平台之间的共生营销，推动王老吉品牌再上一个台阶。

（一）"视觉码"营销，搭建凉茶大数据平台

2016年4月7日，由王老吉与阿里巴巴、西山居强强联合推出的武侠罐（图5-8），首批共计1亿罐正式面世，这是王老吉"超吉+"4.0战略的最新代表作。武侠罐首次使用全球最小的二维码——"视觉码"技术，将"可变二维码"印刻在易拉罐拉环内侧，升级"一罐一码"。以武侠罐为载体发起的"横扫拉环淘大礼"活动中，用

图 5-8 王老吉武侠罐

户通过手机淘宝扫一扫拉环上的视觉码，即可参与互动，获得游戏礼包及购物券。打开才能扫码，有效保障了消费率和扫码率，最大化增强消费者个性化服务体验，让品牌与消费者的连接和互动变得更为便捷，同时也收集到消费者个性化数据，掌握核心竞争资源。值得一提的是，手机淘宝的扫码率，正是阿里巴巴极关心的重点。

（二）深化定制化服务，玩转场景营销

王老吉与全球大数据公司微码邓白氏合作，通过精准的数据分析挖掘消费者真实的购物习惯、消费判断，定制相应功能化需求的产品。消费者在王老吉罐身扫码后，线上平台将提供周边美食、景区门票等信息，将产品、信息、生活、用户等交织在一起，形成鲜活的消费场景。

2016年10月，王老吉锁定都市白领，推出无糖、低糖凉茶，开拓健康下午茶消费场景（图5-9）。

图5-9　王老吉无糖、低糖"twins"凉茶

（三）整合营销实现内容共生，强化品牌内涵

2016年末，王老吉独家冠名《我们十七岁》，通过产品、品牌的深度植入，营造"沉浸式"的用户场景，如将传播与节目中的情节与场景设置相串联、将带有品牌寓意的"吉不吉"游戏环节贯穿整档节目，嘉宾在用餐或游戏失败时也随时饮用王老吉，设置春节品牌专场等。节目中每制造一次经典的上火场景嘉宾都会喝王老吉，自然地为"怕上火喝王老吉"做无形的个人背书，形成一次次"真人广告"的场景化营销。另外，在节目播出时段，王老吉利用"超级+"4.0平台打造"边看边扫罐边赢大礼"的互动活动，消费者只需通过扫描王老吉罐身二维码"视觉码"，即可参与有奖游戏互动。《我们十七岁》的播出时段跨越了整个春节档，涵盖春运、元旦、春节、元宵节等重要时刻，王老吉一系列举措不断强化了"过吉祥年 喝王老吉"品牌理念。

2017年的《明日之子》、2018年的《这！就是歌唱·对唱季》，王老吉与多档深受新生代喜爱的综艺节目联手，以内容共生为合作理念与模式，定制、浸入、线上线下深度互动，将身处不同场景、平台、时空、需求的人群联结在一起，拉近了品牌与消费者的距离并增强了用户的黏性，与节目和受众实现共生共赢。这正是"超吉+4.0"的核心思想，即坚持以用户为本，在大数据的驱动下，构建企业和企业、企业和平台之间的共生营销系统，为凉茶用户提供更丰富、更具个性化的服务，打造凉茶超级生态圈。

从"超吉+"1.0到4.0，王老吉深耕年轻消费市场，以"时尚、文化、科技"三管齐下，娴熟运用互联网思维，以文化为魂、产品为媒、营销为术，通过跨界营销、整合营销、场景营销、粉丝营销等多种方式，将产品、品牌、消费者与合作方紧密连接、深度融合,将价格的竞争转为产品品质和品牌体验的竞争,不断深化品牌内涵,提升品牌价值,开创了王老吉凉茶品牌资产新时代。

【知识链接】

一、品牌资产

(一)品牌资产概念

品牌资产(Brand Equity)的概念于20世纪80年代提出,是市场营销领域最受关注的概念之一。学者们对品牌资产的界定主要有三个视角:财务、市场、消费者。

从财务角度看,品牌资产是为了评估企业的品牌价值,以便为企业并购或清算提供依据,因此Bonner和Nelson最早于1985年提出品牌资产是一种无形资产,通过品牌名称来体现;Simon和Sullivan(1993)认为品牌资产是企业未来现金流量折现的递增量。

从市场角度看,美国市场科学协会指出,品牌资产是指企业合作者、员工、消费者等利益相关者对品牌的态度和行为,这些将给品牌带来比竞争对手更多销售额和更丰厚的利润。也有学者认为品牌资产是产品或服务中包含的附加价值。

从消费者角度看,Keller认为品牌资产是消费者基于自己的品牌知识而对品牌营销活动所做的差异性反应。美国市场营销研究院将品牌资产定义为购买品牌的顾客、渠道成员及母公司产生的一组联想和行为,它使得品牌可以获取比没有品牌时更大规模或更大边际的利润,以及优于竞争者的一种强有力、持续及差异化的优势。美国品牌资产委员会将品牌资产定义为具有资产的品牌提供给消费者"一种自我拥有的、可以信赖的、相关的、独特的"承诺。

目前从消费者角度理解的品牌资产概念得到较为普遍的认同,因为如果品牌对于消费者没有价值,那么对于投资者、生产商和经销商而言也失去了价值。

(二)品牌资产模型

对品牌资产研究模型也较多,例如美国品牌专家大卫·艾格在1991年提出的"五星"模型——包括品牌联想、品牌知名度、品质认知度、品牌忠诚以及其他品牌专有资产。美国学者凯文·莱恩·凯勒(Kevin Lane Keller)1993年提出CBBE模型(Customer-Based Brand Equity),指出品牌资产包括四个不同层面:品牌识别、品牌内涵、品牌反应和品牌关系。这四个层面是有一定逻辑关系的,先建立品牌识别,然后创建品牌内涵,接着引导正确的品牌反应,最后缔造品牌与消费者关系。该模型是一个基于消费者关系的比较具有代表性的品牌资产模型。Blackstone 1995年提出的品牌关系模型,从消费者和企业(品牌)关系的角度研究了品牌资产的构成要素,认为品牌资产分为定量的资产(即品牌价值)和定性的资产(即品牌意义),将品牌关系界定为"客观品牌（品牌形象）与主观品牌（品牌态度）的互动",形成了品牌资产的互动的观点。

二、共生营销

(一)共生营销的含义

共生营销起源于生物学中的"共生"思想和概念。"共生"(symbiosis)源自希腊语，由德国真菌学家德贝里(Anton de Bary)在1879年提出，指的是"不同种属的生物按照某种物质联系共同生活"。它是在保持各自特性的基础上实现相互合作、相互促进。1966年美国管理学家艾德勒(Adel)在《哈弗商业评论》上发表了一篇题目为《共生营销》("Sgmbiotie Marketing")的文章，最早提出共生营销的概念。他指出，共生营销就是两个或两个以上的企业通过分享市场营销中的资源，达到降低成本、提高效率、增强市场竞争力的营销策略。

(二)共生营销主要形式

共生营销的主要形式有：①共享资源，即通过共享企业之间互补性资源实现合作，如王老吉与影视作品、电商平台之间的合作；②共同生产，通过共生企业之间技术和生产方面的协作，共同从事某项生产活动，如王老吉与阿里巴巴在"视觉码"上的合作；③共同提供产品或服务，即共生企业通过联合提供"一揽子"服务，给用户带来便捷优惠的消费体验，如王老吉与京东、天猫聚划算的合作；④共同促销，即双方在互惠互利的基础上共同采取一系列促销方式，在王老吉与影视作品的合作中充分体现了这种形式；以及共同销售、共同研发产品、共同创办新企业等多种形式。

共生营销是一种创新型营销策略，以用户价值为导向构建企业核心能力，倡导的是一种把用户利益放在首位，在实现用户受益，让用户完全满意的同时使企业受益，达到用户与企业"双赢"。它以契约为纽带，通过企业间价值链各环节的合作获取竞争优势，实现双赢。王老吉"超吉+"战略正是秉承以用户为本，将合作方的优势资源充分共享，并注重将用户体验贯穿始终，使得王老吉品牌认知度、美誉度与忠诚度不断提升，有效拓展了市场份额，增加了品牌溢价。

【拓展思考与实训】

1. 如何理解品牌与消费者之间的共生关系？
2. 王老吉共生营销对其他品牌有什么启示和借鉴之处？

案例六

"玩都广州"：
定位一座城市

拓展资源

【品牌故事】

创立于1988年的万达集团,于2017年位列《财富》世界500强企业第380名,现已形成商业、文化、网络、金融四大产业集团,成为世界一流跨国企业。旗下的万达商业是全球最大的不动产企业,万达文化集团是中国最大的文化企业,万达网络科技集团是中国唯一的实业+互联网大型开放型平台公司,万达金融集团则重点发力传统金融。

大道至简,砥砺前行。从创建之初的区域性地产公司,到世界一流跨国企业,岁月年轮镌刻着王健林和万达集团的前进印迹。从大连万达足球队7夺"甲A"冠军为企业打开知名度,到收购西甲豪门马德里竞技成为世界级品牌;从万达影视制作公司初建涉足文化领域,到并购全球第二大影院公司"美国AMC"形成全球电影布局,30年间,万达已然成为中国民族企业的一面旗帜。

【案例背景】

在地产领域卓越的品牌营销策略,为万达的成功奠定坚实的基础。在许多教科书版的营销策略中,除冠名、公益等之外,话题营销一直是万达集团营销策略中最具研究价值的一种方式。

2018年全面落成的广州万达城策划了一场声势浩大的话题营销——定位一座城市。广州万达城是近年来万达集团的重点项目,在其官方网站上,万达城是"万达文化产业集大成者","是万达集团凭借多年在商业、文化、旅游产业积累的丰富经验,世界创新的首个特大型文化旅游商业综合项目,具有项目创意世界唯一、设计团队大师组合、万达拥有知识产权三大特点","包括超大型万达茂、大型室外主题公园、酒店群、大型舞台秀、酒吧街等内容,是万达集团将全球优秀的商业地产开发模式通过研究比对,赋予项目具有特色的文化内涵,同时将旅游、观光功能结合起来的巨无霸型商业消费王国"。

作为一个投资逾200亿以上的超大型项目,营销效果的优劣至关重要。面对如此大的压力,广州万达城与广州凡奇广告有限公司一起创造了"定位一座城市"的话题营销,让所有人眼前一亮。

【案例分析】

一、话题的创意与设置

在话题营销中,话题本身的创意质量、与人们关注点的相关程度以及对于媒体的吸引力度对于营销活动的成功展开具有至关重要的意义。话题营销理论中著名的"F4模式",就是指话题营销中的话题选择,应聚焦品牌提升,产生明显的传播力。因此,找到最具传播性的话题,就成为话题营销成功的第一步。

作为投资数百亿的广州万达城,其定位是以"玩乐王国"为主的巨无霸型商业消费王国,目的是"全面改变广州的旅游格局,成为全世界游客到广州来的必游之地"。

与此同时,广州的城市属性中,刚好有很多和"玩"有关的内容。广州作为历史文化名城,底蕴丰厚,是海上丝绸之路的发祥地,同样也是岭南地区的政治、经济和文化中心。黄埔军校、五羊雕塑、三元里、光孝寺、南越王墓等文化景点,白云山、麓湖、增城温泉等自然景点,天河城、王府井百货、中华广场等商业中心,小蛮腰、星海音乐厅、沙湾小镇、花都万达文化城、长隆生态游乐园等主题乐园。广州简直就是"玩"的天堂。

由此,"好玩"成了创意策划的核心诉求。如何将广州万达城的"好玩"释放出来,并能切合品牌定位,最大限度地传播品牌,成为本次策略的重点。

话题需要口口相传方能产生强大的传播力。对于项目的目标受众——广州市民而言,最能切中他们关注的话题,就是广州近年来的城市印象改观。在"北上广深"四大一线城市中,广州无疑是最低调的,甚至是将要被"抛弃"的。这一点,广州市民更是感同身受。因此,抓住能够让人产生共鸣的情绪宣泄点,是话题能够成功的另一重要因素。

吸引媒体的关注,特别是新媒体上普通民众的关注,对于话题营销最终传播效果的产生意义重大。新闻是最好的传播,话题的新闻属性非常重要。话题的创意设计以及话题营销过程中的媒体策略,能够吸引各类媒体主动报道,聚集广州乃至全国的目光,强势霸屏,同样是成功的重要因素。

基于此,广州万达城和广州凡奇广告有限公司一起创造的"定位一座城市"的"玩都广州"的话题营销,以一个前所未有的玩法让所有人眼前一亮,获得了巨大的成功。

二、话题的展开与执行

话题的持续展开与顺利推进需要详尽的前期策划与计划,确保整个话题营销的各个步骤不偏离主题,并能相互配合、相互促进,实现传播效果的累加。在确定了"玩都广州"的话题之后,策划团队设计了非常完善的实施方案并有效执行,在细节层面也尽可能做到极致。

◆第一阶段:制造话题,引发悬念

经过前期周密的创意、策划之后,2017年2月15日,《南方都市报》的一则整版悬念广告(图6-1)引起了几乎所有广州市民的关注,一时间成为街头巷尾人们茶余饭后重要的话题。

在报广中,"DI 都,北京""MO 都,上海""？都,广州"的字眼十分醒目,并在极短的时间内引发广州市民的心理共鸣———一直以来,作为老牌资深一线城市,广州的城市形象在外界看来,已经和"北上深"拉开距离,甚至新的一线城市说法中的"北上深杭"竟将广州排除在外。与此同时,与"DI 都北京""MO 都上海"相比,"日渐退出一线城市行列"的广州,也缺乏准确、识别度高、独具特色与魅力的城市定位。

因此,当《南方都市报》"广州应该叫什么都"的悬念报广高调为城市"征名"时,立即引起全城热议。

图 6-1　悬念报广引发话题

广州市民,甚至是很多外地人纷纷拿出手机扫描二维码,自发参与讨论,并在微信朋友圈、微博、群聊等渠道转发争论,争前恐后地为广州起名。据《南方都市报》统计,包括"南都""花都""妖都""食都"等各类名称在内,12 小时内征集了 2000 多条建议。

在《南方都市报》的悬念报广引爆话题、线上热烈讨论话题的同时,很快户外广告也全面上线(图 6-2)。在广州天河城、珠江新城等人流量巨大的城市地标场所,多个巨屏 LED 户外广告展现在人们面前,将话题的热度进一步提高,几乎成为当日广州市民唯一的话题,更是引起全国各地的普遍关注。

图 6-2　户外广告夺取眼球

在整个"玩都广州"话题制造的环节中,创意团队的成功之处在于:第一,"？都,广州",称"这个问题让广州人想了很久",并通过与"DI 都北京""MO 广州"的对比来引发广州市民一线城市的心理认同,再用"爱广州"的噱头引发话题的讨论,从而极大地制造悬念,最大限度地将话题的讨论度提高。第二,户外广告的及时跟进,是本次话题营销得以取得巨大成功的重要因素。"大形象在户外",当广州城内人流量最大的几个场所出现户外广告时,话题本身所引发的悬念达到最高峰。

◆第二阶段：答案揭晓，引爆话题

对于"玩都广州"话题营销而言，制造"？都广州"的悬念仅仅是起点，"玩都"的概念才是话题的核心和爆点，同时也是为接下来的品牌推广做得最为重要的铺垫。因此，策划团队并没有让广州市民和全国人民等太久，在第二天就及时揭晓了悬念。

2月16日的《南方都市报》再次抛下一颗"重磅炸弹"，在第一时间揭晓了"？都广州"的答案——"玩都广州"（图6-3）！悬念的揭晓，使得话题再次引爆，讨论仅仅一天的"？都广州"的话题，很快转向了对于"玩都"概念的争论。

图6-3 报广揭秘："玩都广州"

"玩都广州"的答案揭晓后，很快被各类媒体关注。腾讯、网易、新浪等门户网站，《南方都市报》《羊城晚报》、新浪广东、新闻晨报等主流媒体的微博公号，"并读""网易新闻"等APP客户端争相报道，许多微博"大V"主动背书，相关新媒体报道的阅读量几乎全部超过10万+，话题的关注度达到前所未有的高度（图6-4）。

图6-4 媒体争相报道

话题的持续引爆很快也吸引了很多主流媒体的主动报道，使"玩都广州"的概念在全国范围内引起"围观"。特别是一直以来和广州并称"北上广"的北京和上海，甚至开始与广州"隔空呛声"。上海东方卫视专门为此做了专题栏目（图6-5），央视网也转载了相关文章。

图6-5 东方卫视主动报道

铺天盖地的报道使得话题不断升温，户外媒体继前一天攻占广州人流最大的黄金位置后，再次全面铺开（图6-6），让"玩都广州"在线上"刷屏"之后，在线下依然充斥在城市的每个角落。

图6-6 户外广告再次出击

线下户外广告持续推动话题的不断升温。回到线上,作为最具娱乐精神的广大网民终于按捺不住,纷纷在BBS、微博、微信等各种平台上,用"P图""表情包""小视频"等形式,表达对"玩都"的理解(图6-7)。光明网专门发文《"玩都体"刷爆广州社交圈,已被网友玩坏》,称"一直被叫嚣即将跌出一线城市的广州,打出'玩都广州'的广告叫板'北上广',强势回归一线城市"。

图6-7 "玩都体"玩转新媒体

话题的引爆更是被各种品牌纷纷借势,发声"撑玩都",一方面利用"玩都"的概念来宣传自己的产品与品牌,另一方面也使"玩都广州"话题的讨论不断升级,整个话题的讨论达到顶峰。

及时揭晓答案,对于话题的引爆有着十分重要的作用。首先,作为最初爆出话题的媒体,《南方都市报》作为一份日报,其出版周期是一天一份。在第一天接收到"?都广州"的悬念并开始热烈讨论的广州市民,势必会有在第二天的《南方都市报》上寻找答案的心理预期。及时满足用户的心理诉求,本身就是话题营销重要的原则之一。

其次,话题的及时揭晓有利于避免干扰项对于话题传播的影响。首日悬念提出之后,"南都""花都""妖都""食都"等对于"?都广州"的解答层出不穷;支持者们也有着较为合理、自圆其说的解释。"玩都广州"的揭晓及时终止了关于其他说法的讨论,很快让人们把关注点集中在"玩都"的概念上,进而才能够确保话题营销下一步工作的开展。

最后,和品牌最初定位紧密结合的"玩都"概念的揭晓,将话题再次引爆,并通过报广、户外、新媒体的热议达到新的高度,"玩都广州"的城市定位深入人心,并在第一时间吸引了包括东方卫视、央视网在内的多家主流媒体主动报道,话题营销的媒体策略得以体现,传播效果也瞬间扩展到全国范围。这对于品牌的树立,特别是广州万达城这样的超大型项目而言意义重大。

◆第三阶段:品牌跟进,强势传播

在连续两天悬念设置、话题引爆的过程中,策划团队非常巧妙地没有将品牌形象植入到话题中。这也使得广大民众在参与话题讨论时,一方面没有抵触意识,话题的传播速度与热度没有受到商业因素的干扰;但另一方面,人们必然会在心里嘀咕——如此声势浩大的"为城市定位"的营销活动,其背后的操盘手又会是谁呢?

在"?都广州"话题悬念设置的第三天,"玩都广州"悬念揭晓的第二天,同时也是话题最火爆的时候,"玩都广州 乐在万达城"的报广适时出现在《南方都市报》上(图6-8)。原来,持续3天的全城乃至全国的大讨论,竟然是广州万达城的一项出色的话题营销。

图6-8 "玩都广州乐在万达城"报广

伴随着报广对于话题的再次引爆,线上对此的讨论对于"广州万达城"的品牌传播起到非常好的效果(图6-9)。特别是在朋友圈中引发的子话题"北上广到底谁会玩",更是刷爆朋友圈。

图6-9 子话题"一线城市眼中的自己和别人到底谁最会玩?"

网络媒体一如既往地跟进报道，户外广告在第一时间出现在广州市民的眼前（图6-10）。线上线下媒体配合，全面释放项目信息，成功接管了接下来几天的新闻头条和媒体热点（图6-11）。"玩都广州 乐在万达城"的持续霸屏，瞬间让广州万达城成为焦点，被所有人津津乐道。

图 6-10 万达城户外广告

图 6-11 媒体竞相报道

从实际的广告效果而言，创意团队所制造的、前两天没有植入品牌形象的话题营销，其实面临一种很大的风险——人们很有可能对于话题的感兴趣程度远远超过对于项目本身,品牌形象的树立可能出现波折;竞争品牌纷纷借势,失去先机必然导致被动。

为此,广州万达城在整个话题的第3天直接进入品牌跟进的阶段,毫无疑问是最恰当的时机。《南方都市报》同样版面、微博微信等新媒体同样的渠道、户外广告同样的位置,"玩都广州 乐在万达城"全媒体广告及时出现在人们面前,并利用各种渠道将项目的信息进行了详尽的解析,万达城的品牌形象强势落地,成功将人们对于"玩都广州"城市定位话题的关注引导到"乐在万达城"的品牌植入上。

◆第四阶段:活动跟进,延续话题

对于广州万达城而言,热点话题对于品牌形象树立的同时,如何将民众吸引到项目实地,进而产生实际的销售意义尤为重要。因此,和传统的话题营销相比,"玩都广州"更进一步,紧紧围绕房地产行业营销的特点,在话题刚刚经过设置悬念、引爆话题、植入品牌之后的第四五天,直接开展了营销策划的第四步骤——2017首届雪地狂欢节。

2月18日,"玩都广州"的话题连续3天引爆全国、不断"抢头条"之后,话题的策划者们并没有停下脚步,而是准确把握品牌营销的关键时机,快速引流,让人们将关注的重心从"玩都广州"的话题上,迅速转移到对"广州万达城"项目的关注上。当天,广州万达城举办了2017年首届雪地狂欢节,共有2560人踊跃参与了这场狂欢!活动现场,打雪仗、千人推雪人、世界轮滑冠军表演、"雪国列车"互动包装、雪糕大派送、冰雪体验馆等娱乐活动,让身处南国的广州市民体验到冰雪魅力的同时,项目推介与现场认筹效果显著。与此同时,活动更是将"玩都广州"话题的含义展现得淋漓尽致。

紧接着,3月11日,广州万达城项目又邀请到国际顶级钢琴圣手马克西姆及惊天魔盗团大牌魔术师,开展了"玩都广州,魔音盛典"大型活动(图6-12),与"玩都广州"的话题定位紧密结合,既使话题能够延续到整个项目的销售周期,更能长效树立品牌形象,产生强大的传播效果,也使人们慢慢将"玩都广州"的城市定位与广州万达城的品牌印象重合,实现了话题营销所能产生的最大化效益。

从悬念报广"?都广州",到揭晓悬念的"玩都广州",再到品牌上线"玩都广州,乐在万达城",广州万达城不仅通

图6-12 广州万达城"玩都广州,魔音盛典"

过一场精心策划、步步为营的话题营销树立了自身的品牌形象,更是让"玩都事件"成为广州市民热烈讨论、沸沸扬扬的热门话题,让广州在全国人民面前狠狠地刷了一把"存在感"。为一座城市定位,"玩都广州"的话题营销,可谓近年来"最会玩"的地产营销事件。

【知识链接】话题营销

一、话题营销的概念

伴随着市场竞争的日益剧烈和传播技术的飞速发展,营销手段的创新与应用就显得尤为重要。在当下广告策划者们追逐"注意力"这一稀缺资源的时代,能够将制作新闻效应、吸引媒体与公众的关注、树立品牌形象并建立良好客户关系的话题营销,就成为一种效果十分有效的创新型营销方式。

在国外,话题营销早期又被称为"付费评论",属于口碑营销的一种,主要的操作手段是利用付费的方式获得消费者的好评,从而营造一种"口碑良好"的印象。特别是伴随着博客技术的发展和广泛应用,各式博客主成为话题营销最主要的话题发起者。

随后,伴随着媒体技术的不断发展,包括社交网站、搜索引擎、移动应用等,话题营销的策略和理论越来越丰富,能够充分运用媒体的力量,让广告主的产品或服务成为消费者谈论的话题,以达到营销的效果。因此,有学者将话题营销定义为"运用媒体的力量以及消费者的口碑,让媒体的产品或服务成为消费者谈论的话题,就此形成关注以达到营销推广的效果"。可见,话题营销一直与口碑营销、社会化营销、新闻营销等紧密关联。

话题营销发展到今天,其内涵与策略同样发生巨大变化。除了利用线上的传播手段进行话题的制造与推广之外,传统媒体广告形式同样被大量使用,从而形成整合、互补、共同发挥功能的整合式营销手段。

因此,话题营销的概念,是"集新闻即时效应、广告病毒传播效应、公关、网络传播、客户关系为一体的能有效赢取和锁定公众注意力,获取市场倍增效应的全新营销战略方式","将营销过程中各种独立的营销工具和手段进行系统化结合,综合成一个整体,以实现价值增值的营销理念与方法"。

二、话题营销的发展历程

最初的话题营销起源于美国。伴随着博客技术的发展,普通民众第一次拥有了一种能够自主运作并发布信息的媒介,从而打破了传播者对于大众传播工具的垄断,抢夺了一定的话语权。在此基础上,广告主很快意识到,如果能充分利用博客,特别是普通博客主来对某一品牌发表"客观的评价",将十分有利于销售的促进和品牌的树立。因此,大量的企业和博客主参与到营销计划的过程中,各种中介平台的技术与管理也日渐完善。

在早期的付费模式下,消费者很容易辨别博客主所发布的信息以及所讨论的话题背后的商业目的,进而影响到了营销的顺利开展。为此,广告策划者开始将重点由"付费模式"转变为话题的策划上。通过策划更能够吸引关注的话题,来引起博客主的主动关注与讨论,进而吸引主流媒体的主动报道。这样既降低了营销成本,又使传播效果大为提高。"话题营销"由此取得了长足的发展。

在国内,早期的话题营销的发展,限于中国博客发展的实际情况和中国媒体整体的发展状况并不充分,同时缺少成熟的话题营销中介平台,因此博客时期的话题营销实际上发展并不景气。而伴随着社交网站、移动终端等新媒体技术的飞速发展,特别是微博、微信在国内的强大影响力,话题营销有了很大发展空间。2008年,汶川地震期间慷慨解囊、高额捐款1个亿的加多宝集团,就通过"封杀王老吉"(彼时"王老吉"品牌还属于加多宝集团)的话题营销,造成了国内"见一罐买一罐,让王老吉在货架上消失"的强大营销力度,在创造销售神话的同时,加多宝集团也树立了非常正向的企业形象。

话题营销发展到今天,已经从单纯的线上话题,到话题整合营销传播的新阶段。微博、微信、群聊等线上媒体,与报广、电广、户外灯线下媒介充分结合,话题从策划到制作、从引爆话题到品牌植入都有了长足的发展。为此,有学者提炼出一套系统化、实战化的话题营销理论——"F4话题营销"。

F4话题营销是由"Focus"与"4"项指标构成。其中"Focus"指营销焦点,其营销目标为品牌提升与销售促进,产生明显的传播力和动销力。"4"项推动指标包括:F1,媒介的覆盖量与传播量、重要媒体推荐位置;F2,推广内容的创意质量、吸引力及产生的品牌、产品传播力;F3,目标受众的浏览量、参与互动的数量;F4,搜索引擎的抓取量与重点关键词的搜索页表现。四项指标的完整实施与落地,系统化、立体化、层层递进的营销策略构成将完全确保推广效果的完美实现。

三、话题营销的核心与特点

和所有的营销理论及营销手段一样,话题营销的核心同样是目标受众。在传统媒体时代、传统营销时代,受众更多的是指消费者;而在新媒体时代,受众已经由消费者转变为既能够付诸消费行为,又能够接受品牌形象,并有意愿主动参与到话题的讨论中的"用户"。

话题营销是一种多角度、多手段、多策略的营销手段和传播方式,目的是通过话题来实现与用户的双向沟通,迅速树立品牌形象并建立长久的、密切的品牌关系。因此，话题营销的关键就在于两个层面，一个是话题的策划，另一个是用户的参与程度。

话题的策划要将用户放置于核心地位，认真分析其心理诉求；话题制作一般要求具有趣味性、关联性，能够在短时间内引起心理共鸣和讨论热情。

用户的参与程度是评价话题好坏的唯一标准。很多时候，多数用户会被话题的表象所吸引，但却没有主动的、强烈的参与话题讨论的意愿，这样的话题势必难以产生足够的营销效果。

话题营销的主要特点体现在：

1. 关联性。话题营销制作的话题必须与品牌紧密关联，与企业定位、品牌形象、销售诉求紧密结合，同时要与用户的心理诉求、媒介的新闻关注相一致；话题营销同样会利用大量的相关营销手段，并将所有媒介资源进行关联，整合运用。

2. 创新性。能够引发普遍关注的话题，必然是与别人不一样的，与之前的话题相区别的，从而才有机会引起人们的普遍关注。

3. 交流性。话题营销非常注重传播渠道的开发，除了展示媒介外，与用户的即时交流渠道更为重要；评估用户对于话题的讨论度和期望值同样需要更加高效的交流渠道。

一个出色话题营销，势必会具有以下一些应用优势：

1. 全面而深刻地了解目标受众，并能够通过趣味性的设计让用户主动参与到话题的讨论中来。

2. 能够利用各种传播媒介，整合运营推广话题；特别是在新媒体时代，能够充分理解各类新的媒介形式，善于合理运用甚至是超前使用。

3. 在吸引用户关注与讨论的同时，能够吸引其他媒体主动关注与报道，既扩大传播力度，又能减低成本。

4. 能够巧妙地体现企业品牌信息与产品信息，对用户的购买决策、品牌认知产生积极的影响。

由此可见，优秀的话题营销是用户与公众接受度高、传播深度及广度强、性价比高，在当前广告行业竞争激烈、信息高度饱和、市场竞争白热化的现状中，能够"四两拨千斤"的营销手段。

四、话题营销的步骤与策略

具体品牌的营销策略均应结合品牌自身特点进行创意策划，话题营销同样如此。不过，在经过对大量的话题营销实践进行总结后，学者们也总结出话题营销过程中一些共性的步骤与策略。具体而言包括：

1. 设计话题

在找到核心目标受众群体之后，对用户进行充分的分析，结合品牌定位、媒体特点来设计话题。话题的设计根本在于趣味性，能够引起人们的普遍关注与主动讨论。话题设计要利用各类媒体，对自媒体和主流媒体采取不同的策略，尽可能让媒体主动关注与报道。

2. 植入品牌

引起关注是一个优秀的创意话题必然导致的结果，但并不是话题营销所追求的目的。话题营销的根本目的还是促进销售及树立品牌。因此，在话题营销推进的过程中，要将品牌信息与创意话题"无缝对接"，从而实现营销目的。

3. 引爆话题

话题推进过程中所产生的热度、话题讨论的走向等因素往往很难在自然状态下与品牌营销的需要吻合，这需要营销人员主动引导话题的导向，适时地抛出"重磅炸弹"来"引爆"话题。借力意见领袖、整合媒体渠道、线上线下互动等多种策略均可实现这一目的。

4. 延续话题

在对于过程的控制之外，营销人员还应注意话题影响力的衰减。因此，不断地设计"引爆点"来产生新的后续性话题，对于话题营销的支持和跟进意义重大，也是使话题营销实现长效化、促进销售和树立品牌的重要步骤。

5. 评估话题

在营销全过程不断评估，并进行相应调整对于最终实现话题营销的效果有着不可替代的意义。这其中，人们对于话题的讨论程度、媒体主动报道的次数、新媒体上的点击或转载数量等均可量化考量；销售的增长额度更是直观的效果体现。营销人员要善于运用各种评估手段来判断品牌价值是否提升，从而进行及时的调整。

【拓展思考与实训】

1. 品牌和话题之间应该有什么样的逻辑联系？

2. 结合"玩都广州"的品牌案例，谈谈品牌在使用话题营销时，怎样选择最切合且最具创意的话题。

案例七

中国传奇，东方之美：
百雀羚品牌的老化与激活

拓展资源

【品牌故事】

说起"百雀羚"这个品牌,大多数消费者并不陌生:扁扁的深蓝色圆盒上,绘满各种五彩的鸟,里面是银白铝箔盖着的白色膏体,不用凑近就可以闻到一股浓厚的甜香。这种香,不像现在的各式护肤品,往往气味幽艳复杂且藏藏掖掖、若有若无,百雀羚却不然,即便只涂抹指甲盖那么大一点,香气也依旧那么丰腴。揭去盒内那层银色锡铂,用食指蘸上一小点乳白色凝脂,然后在掌心抹匀,在物质极其馈乏的年代,那只小圆铁盒却装满了我们所能想象出的美。它不但让我们第一次有了美容护肤的概念,还让我们懂得了什么叫作香艳,什么叫作闻香识美人,并让发黄的记忆始终保持足够的水分,永远不因年代的久远而干燥皲裂。

"百雀羚"是上海百雀羚日用化学有限公司旗下品牌。1930年,上海人顾植民成立富贝康化妆品有限公司,1940年富贝康公司隆重推出国内首创的香脂类润肤膏——"百雀羚"。百雀,取其百鸟朝凤的热闹景象,羚,是上海话"灵光"的谐音,也有说法是"羚"寓意鸟儿的羽毛根部分泌出来的油脂,防冻防裂、滋润皮肤的效果极佳。百雀羚一经推出,就以它具有缩小毛孔、柔嫩光洁、防治燥裂、白皙留香的卓越效果热销全国及东南亚地区,成为当时名媛贵族的护肤佳品,不仅有上海著名电影明星阮玲玉、蝴蝶、周璇等国际巨星使用,也受到了政治名媛宋氏三姐妹及英、德、法等驻华使节夫人的推崇,被誉为东方时尚。

【案例背景】

20世纪90年代之后,国内化妆品市场环境日新月异,欧美、日韩等国家的化妆品企业开始进军中国市场,谢馥春、美加净、百雀羚、雅霜等中国老字号化妆品品牌日渐失色。这直接反映在市场份额的缩水上。前瞻产业研究院发布的数据显示,2012年–2016年中国市场排名前20的品牌中,国产化妆品所占的市场份额最高仅为20.1%,余下的八成都被外资占据。

品牌老化是这些老牌国货面临的最大问题。在激烈的市场竞争中,品牌能够帮助企业形成竞争差异和优势,是最珍贵的资产。但实际上,老字号品牌的品牌老化问题尤为突出。据统计,1993年以来,国家有关部门确认了1600余家"中华老字号",只有160家处于盈利状态,而剩余的老字号正以每年5%的速度消失。百雀羚情况也极不乐观。自1990年先后与英国联合利华、德国拜尔斯道夫合并后,2000年百雀羚以50万元价格被卖给香港商人。虽然百雀羚不断扩充产品线,生产了护肤品、护发素、香皂、花露水等一系列产品,但提到百雀羚,大众还是只会想起那款铁盒香脂。知名度极高并不意味着消费者对品牌的良好认知,"经典国货"既代表了厚重的品牌资历,也为其带来了"老化""疲态"的品牌认知。2004年一场全国性调研显示，百雀羚在消费者心中的印象是"品质很好、形象太土"。百雀羚在国内流通市场和一部分超市卖场不断被边缘化，被各个新品牌挤到角落。最尴尬的是，百雀羚每年销售额过亿元，却因品牌的毛利率过低，每年纯利润仅有两三百万元，根本没有大量资金做宣传。百雀羚的境遇正是中国老字号品牌集体困境的缩影：原有的消费者已经老去，年轻的消费者对品牌存在认知隔阂。百雀羚必须重塑品牌形象，唤醒大部分人的记忆并激活新一代消费者的热情。

2006年底，宝洁旗下的SK-Ⅱ品牌化妆品中铬元素和钕元素超标事件，掀开了外资化妆品品牌在中国质量危机的序幕。国外大牌价格是国产化妆品的几倍到几十倍，却频繁被爆添加大量的铅、汞、铬、钕、砷、镉等有毒有害致癌物，使用后皮肤过敏纠纷频出，浮夸的虚假功效宣传也让人大跌眼镜，对外资化妆品十分推崇的消费者感到茫然失措。天涯论坛上的一个关于国货化妆品的帖子甚至引发了网友集体怀旧，回复量达10万之多。2008年上海市政府斥资500万元，重新购得百雀羚商标权，成立百雀羚日化有限公司。重新回到大众视线的百雀羚借国货怀旧之风，采取了一系列品牌年轻化措施再度崛起。2013年4月，百雀羚成为代表国家的国礼，随着新一任国家主席夫人彭丽媛的出访，吸引了众多目光。2015年7月，品观传媒发布"2015中国化妆品品牌50强"榜单，百雀羚位居榜首。2016年百雀羚单品牌零售额达到138亿元，市场份额从2010年的0.2%上涨到2015年的3.2%。天猫"双十一"当天，百雀羚销量为1.45亿元，连续两年登顶天猫化妆品类目NO.1，名列"2016中国化妆品品牌榜暨细分品类三甲排行榜""2016中国化妆品百强电商榜"榜首。

【案例内容】

百雀羚在其品牌激活的过程中，一直坚持树立鲜明的品牌文化，即一种极致的东方大美，一种认真你就赢了的生活态度，一种创新的精神。

一、讲述品牌故事

品牌故事指的是关于品牌的象征性故事，既可以是叙述性的，也可以是比喻性的，是有关品牌意义、历史或者精神等的动态描绘。老字号企业在发展和传承中都会留下不少品牌的传奇故事，这些故事也成为企业与消费者之间最宝贵的情感连接，激起了消费者在情感上的共鸣，深化了消费者的品牌意识。百雀羚在实施品牌激活策略时，充分利用了品牌故事的感染性和传承性，塑造了东方之美、琥珀计划、国礼等一系列品牌故事，从而拉近其与消费者的情感距离，加深消费者的品牌意识。

2012年，百雀羚"东方之美，琥珀计划"启动（图7-1）。"琥珀"寓意百雀羚天然草本的护肤理念,"东方之美"代表着民间艺术瑰宝的独特魅力。本次活动以北纬30度为地理线索寻找濒临失传的民间艺术,旨在传承和弘扬中国草本文化以及民间艺术。北纬30度贯穿了藏、川、渝、鄂、湘、徽、浙7个省份,是中国民间艺术及草本资源最为丰富的地区。作为百雀羚草本原料的采集基地,四川青城山也在此维度上。本次活动在上述省份中各挑选出一种代表性的草本植物,用于开发一款限量版草本面膜,并在天猫、聚划算等平台进行全球首发,支持民间艺术传人建设民间艺术陈列馆。与此同时,在每个省份里寻找民间艺术家,合作设计该产品的包装,开发一些具有文化艺术价值的纪念产品,拍摄微电影,将绵竹年画、彝族漆艺、畲族山歌等传统文化通过物料全景呈现在消费者面前(图7-2)。此举既是对百雀羚草本概念的强化,又能赋予产品更深厚的文化和公益属性。在传播媒介选择方面,采用站内热门频道与站外资源相互配合的方式,比如天猫、聚划算、优酷、瑞丽女性网、蘑菇街等,达到品牌宣传和销售的双重目的。电视媒体方面,在前期宣传中选择浙江卫视、江苏卫视、湖南卫视等频道,在电视广告片里植入琥珀计划活动预告信息,为活动充分预热;微电影传播则选择了99家地方电视台,充分形成了传播攻势。

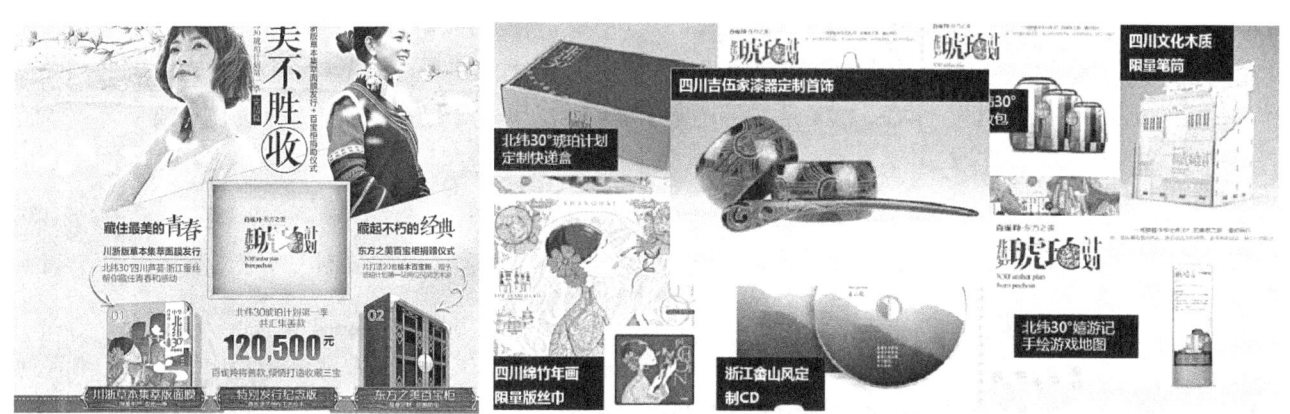

图7-1　百雀羚"琥珀计划"网络宣传页　　　　图7-2　百雀羚"琥珀计划"相关物料

二、品牌理念更新

随着时代的变化,百雀羚的品牌理念需要进一步提炼和改变。如何赋予老品牌以新概念?百雀羚作为中华老字号,传承下来的历史价值和怀旧价值是不菲的,具有怀旧特色的品牌精髓价值无法估量。安全护肤是东方护肤的历史传承和根本之道。百雀羚选择了"草本护肤"为主打概念,在其品牌理念中融入了"本草"的文化理念,试图摆脱传统国货品种单一的老帽子,推出几十个单品售价在10-80元的草本系列产品。其产品定位被表述为"为年轻女性做草本类天然配方护肤品,功能专注于保湿"。护肤理念被表述为"天然不刺激""温和护肤"。百雀羚草本系列产品在超市20元左右的产品里,除了相宜本草之外,基本上没有直接竞争对手。但囿于资金限制,产品层级不突出,没能摆脱老国货香味过于浓郁、质地不够清爽的产品属性,而且草本护肤仍是一个相对抽象的概念，没有像佰草集七种中草药萃集而成的"新七白"精华，相宜本草"四倍蚕丝提取物"这样更为具体的口号。之后百雀羚的汉方本草研究所提炼出"天然草本精萃原液的活性物质"，百雀羚将其命名为"五行能量元"，终于使得草本护肤的概念具象化。为了打造符合时代发展的品牌理念，百雀羚强调其产品技术融入了独特的"冷浸泡萃取技术"，最大限度地保留了草本精华的活性和完整性。在品牌维度上，百雀羚实施多品牌策略：定位小清新的花酿品牌三生花、定位中高端的海洋护肤品牌海之秘、定位草本美白品牌的气韵等。多品牌运作，意味着百雀羚能适应消费者市场细分后更多的消费者选择，从而也为百雀羚占据年轻消费者市场，实现品牌差异化、年轻化埋下伏笔。

三、品牌形象更新

自百雀羚润肤膏问世以来，除了将最初的文字用英文代替中文外，包装形式一直沿袭上下左右四只雀的蓝黄铁罐，没有实质性的变化。80多年过去了，百雀羚品牌形象已印入几代人的脑海，深入人心。然而面对市场的不断细分和消费者的个性化需求，百雀羚的传统包装只能满足中老年群体和怀旧人群的部分需求。在新的市场环境下，只有力求创新包装形式和设计，才能适合新生代消费者的个性和时尚需求。百雀羚重新进行了品牌要素的升级及包装设计，并融入各种新元素以求带给消费者全新的品牌形象。

首先，百雀羚对品牌要素进行了提炼和升级，如将"Pehchaoin"缩写为"Pechoin"，产品包装上的四只小鸟的图案也由"集中式"改为"朝气向上"式。在对小鸟的刻画上也不再追求形似和细节，而是突出抽象和风格化的特点。

其次，为了应对新品草本系列的推出，百雀羚聘请香港著名设计师，设计出系列方形带圆弧的新包装，这种包装设计极具中国传统器皿的美感造型，加入了"天圆地方"这一具有传统底蕴的文化概念，寓意将天地间五行草本的精华盛装在天圆地方的瓶中，为消费者提供最天然、最安全的产品，材质也从塑料瓶变为玻璃瓶，并使用亚克力复合双层盖，消费者从中感受到浓郁的传统文化和愉悦的视觉体验，从而加强了对品牌的认知，强化了品牌联想和偏好。

2012年，三生花系列产品推出。三生花的包装设计融合了更多的传统元素和时尚要素，以穿着时尚旗袍、举止优雅，貌美如花的时髦东方女性为背景，色彩淡雅亲切，浪漫精致，具有强烈的怀旧性、鲜明的识别性，适合追求浪漫、个性的年轻一代，激起了对三十年代繁华的、时尚的上海滩的无限联想。外包装上点缀了中国红，加之带有浮雕花纹的铁盒以及锡软管的人性化设计，每个细节、文字、色彩、图案的搭配都非常精致，耐人寻味，极致地呈现出东方美学的艺术和浪漫。

再次，邀请明星代言，展现品牌个性。选择莫文蔚为百雀羚品牌代言人可谓煞费苦心。启用莫文蔚代言草本护肤系列,对百雀羚品牌定位及顾客群的定位起到了核心关键作用:在化妆品行业,相对于张曼玉、刘嘉玲、林志玲等红星代言数不胜数的护肤品牌,莫文蔚只在 2005 年,代言宝洁顶级护肤品牌 SK-Ⅱ,更具开发价值。莫文蔚的"国际范儿"与百雀羚的"东方美"撞出了火花,吸引了 80、90 后年轻消费群的关注与购买。2014 年,百雀羚邀请周杰伦与李冰冰代言。作为国际电影节红毯和国际大片的宠儿,李冰冰充分展现了东方美所具有的独特魅力、摩登与婉和,演绎了百雀羚推崇的东方和谐之美,而周杰伦作为继王菲、张惠妹之后第三位出现在著名的《时代》杂志封面的唯一华人男歌手,在年轻人中间一直是正能量偶像的代表,更是华语乐坛"中国风"的创世鼻祖,能够彰显百雀羚青春、时尚的品牌内涵。双星携手的全新代言模式,标志着百雀羚开启了时尚化、年轻化、国际化的品牌形象战略转型。

四、开拓电商渠道

百雀羚加大网络营销力度。在产品促销层面,百雀羚启动了微博这一平民化、价格低廉的媒介,发动个人微博、品牌微博以及合作达人和其他店铺微博的转发,内容包括战报、哄抢、奖品宣传等具有实战销售内容的信息。为了在电商渠道发力,2015 年"双 11"期间,百雀羚还成立一个叫"万万没想到"的部门,专门收集用户反馈,筛选后进行满足。比如,当这个部门了解到某个百雀羚的消费者要结婚了,就给她寄去花生、红枣、桂圆、莲子等有寓意的礼物。这种互动方式的效果自然不用多言,据说那位收到礼物的消费者甚至邀请了百雀羚客服参加她的婚礼。这些被"一对一"满足过的消费者,就像丢进水面的一颗颗石子一样,在激起涟漪后不断辐射冲击,帮助品牌进行主动传播。

广借电商大数据摸准消费者需求,在产品端作出快速反应。借助天猫、京东的大数据分析工具,百雀羚能够洞察电商消费者的需求,寻求品牌定位。例如,借助天猫大数据,百雀羚电商团队总结了消费者特征,包括年龄、区域分布和评价等,结果发现他们的年龄段在 18-25 岁,以白领和学生为主,重视产品品质,且对产品形态有较强的偏好,由此诞生了"三生花"这一契合电商消费者喜好的小众品牌。2015 年,百雀羚发现电商渠道的面膜品类增速很快,消费门槛更低,消费者也更偏向于购买新奇特的面膜,享受更高品质的产品。百雀羚便根据京东的"面膜使用趋势分析图",精准预测了用户愿意一次购买的片数及心理价位,推出有着小清新的包装,品牌定位精准的"小雀幸"系列面膜,在短时间内销售量突破百万。

五、跨界营销

为了推进年轻化进程,百雀羚频繁推出各种活动,抓热点、搞跨界。例如,国产动画片《大鱼海棠》上映后,一度成为话题焦点,百雀羚最先跟进,推出《大鱼海棠》

定制套装。百雀羚也曾独家冠名爱奇艺年度 IP 大剧《幻城》，该剧在开播之前就已经达到超过 2 亿次的点击量。首席体验官周杰伦编曲、献唱主题曲《不该》，并拍摄全新广告大片在《幻城》播出之时全球首播。此外，为了给消费者印象中"最清新、最文艺"的子品牌三生花天猫旗舰店开业宣传，百雀羚跨界文艺，请来民谣歌手程璧与网友共同完成主题曲《花开三生》的歌词谱写，携手屈臣氏共同参与跨界民谣歌手巡回演唱会等方式首发。2014 年开始，百雀羚连续三次联姻中国模特之星大赛，跨界时尚圈，着力构建品牌年轻时尚的独特属性。

六、线上线下数字化传播

王牌电视综艺节目冠名。百雀羚密切关注其目标消费群的收视情况，将广告投放在收视率前三甲的卫视的王牌节目。2010 年，百雀羚选择在湖南卫视《快乐女声》、江苏卫视《非诚勿扰》等投放广告；2011 年，百雀羚夺得湖南卫视《快乐女声》广告套播标王；2012 年起，更是连续四年斥巨资冠名了现象级电视节目《中国好声音》，2014 年还牵手《快乐大本营》。

王牌电视综艺节目的广告投放极大地增加了百雀羚在传统媒体，特别是电视媒体的曝光度，但缺点也很明显——成本过高。百雀羚 2015 年广告冠名费为 1.8 亿，2016 年高达 2.6 亿，而且《中国好声音》和《非诚勿扰》都是覆盖全年龄段的电视节目，传统媒体并不能精准到达百雀羚的目标群体。于是，百雀羚集团在不放弃传统媒体投放的前提下，逐步将焦点移至数字化媒体，几乎用遍了所有与年轻人能够接触到的数字化媒体。消费者参与和消费者互动，是百雀羚数字化传播的两个重要关键词。

第一，建设品牌社群。品牌社群的存在可以唤醒消费者对过去某段时间的理想化情感，百雀羚作为老字号的化妆品品牌，不仅代表着一种老字号技术的传承，也承载着消费者的怀旧情结。百雀羚首先对自己的官方网站进行了更改，将传统的复古特色融入到官方网站中，以绿色为主要色调，包括了视频、图片和文字。消费者进入官方网站能够了解到品牌历史、品牌文化、品牌资讯以及产品介绍等，从而轻易地获得自己想要的信息。为了引导消费者的怀旧情结，百雀羚还根据消费群体特征，在各个论坛建立了消费体验心得交流的"国货讨论小组"QQ 群，加强消费者之间、消费者与品牌之间的黏性。

第二，利用官方网站、论坛、淘宝网店、视频网站、QQ 群等网络平台进行多种富有特色的品牌传播。例如，联合微博大 V、美妆达人，在社交媒体上转发软文；签约多位美妆达人、当红博主、意见领袖；拉明星玩直播；报纸、机场等传统媒体花式投广告。在营销主题上，融合了中国风、东方美、怀旧等各种风格，既卖情怀也造话题，甚至在聚集大量年轻人的哔哩哔哩（bilibili，知名视频弹幕网站）开设账号，打上"我是小仙女，我不管"的标签，实现和消费者的充分互动。

第三，微博主题营销活动。利用微博，发挥微营销的强大影响力，通过品牌微博、店铺微博、微博达人、个人微博等对百雀羚的品牌活动进行宣传和预热。例如，2016年在周杰伦出任百雀羚首席体验官后，百雀羚携手首席体验官周杰伦拍摄母亲节关怀视频，"百雀羚×周杰伦——听听妈妈的话"主题营销活动跃居新浪微博的热点话题榜，引发全网关注。

第四，携手代言人，玩转直播新模式。直播以迅雷不及掩耳之势蹿红后，"直播+明星+产品宣传"的模式也成了品牌热衷的营销新玩法。在聚美优品五周年庆上，百雀羚携手男星华晨宇进行了首次明星直播秀，获得了500多万人次在线关注度，同时也为百雀羚品牌吸粉近40万。签约首席品鉴官李冰冰后，百雀羚不仅携手《时尚芭莎》为李冰冰拍摄广告大片，更在首席品鉴官数字化见面会上大玩3D黑科技并进行直播。在"秋季美妆节"上，百雀羚再次采用全程直播模式，通过唯品会平台直播首席体验官周杰伦的现场真实情景，现场嘉宾还可登入直播平台抢红包，线上观众则通过直播抢优惠。百雀羚旗下美白护肤品牌气韵也采用探班代言人白百何片场，首登天猫平台直播的方式，获得324万人次好评，2.5万评论。

新媒体品牌广告创意十足，百雀羚频频营造网络热议话题。例如刷爆朋友圈的一镜到底长图广告《1931》，频爆金句的《韩梅梅快跑》等，都引发了年轻人们的热烈讨论。借助这些广告，百雀羚向消费者传达了自己的品牌态度：既承载传统文化的优良精髓，又迎合新时代的审美和喜好。

2016年"双十一"之前百雀羚推出广告《四美不开心》（图7-3），短片用一种抖包袱神转折的方式，把历史上昭君出塞、贵妃醉酒、吕布戏貂蝉、东施效颦等一系列典故做了重新演绎：昭君怒摔琵琶改撸串、贵妃拾起荔枝当弹珠、貂蝉吕布意外找到真爱、西施东施相杀相爱模仿出感情……种种突发情况为了抖出最后的包袱——只要有百雀羚，治好你的一切不开心。

图7-3 《四美不开心》广告之《昭君篇》

春节一直以来都是最能激起中国人情感共鸣的节日，也是各"大腕"品牌角力的擂台。每年春节，不少企业都会推出以亲情、回家、怀旧作为主题的创意贺岁广告，用最细腻的方式唤起受众的情感共鸣。但是2017年春节前百雀羚推出的《过年不开心》（图7-4）却反其道而行，以"不开心"作为主题，以女主角和七大姑八大婆对抗PK的段子融入催婚、八卦、唠叨、熊孩子等现实元素，并用尬舞、摇滚、嘻哈、Rap和民谣的形式来串连，弱化了互怼的不和谐，还捎带了一丝乐趣。同时，不断的重复关键词也放大了冲突对观众的刺激，令女主角的"反击"更耐人寻味。

图7-4 百雀羚广告《过年不开心》

2016天猫"双十一"，百雀羚单品天猫店单天销量1.45亿，蝉联天猫"双十一"美妆冠军。在"双十一"之后，在其他商家和品牌皆在为赢得此次电商之战炫耀战果之际，百雀羚第一时间强势开启"感谢体"营销，这是一次品牌营销策略的创新。百雀羚一方面启动传统媒体的强势宣传（图7-5至图7-6），同时通过新媒体渠道让此次"谢谢你"持续发酵，一批自媒体大号持续发声。与此同时，一大波微博、微信、朋友圈等新媒体多渠道的广告陆续上线。

图7-5 百雀羚广告《谢谢你》　　　　　图7-6 《谢谢你》户外广告

《韩梅梅快跑》（图7-7）是一个品牌态度广告。该广告用近几年比较流行的平铺文字＋念白的方式，展现了当代女性的情感焦虑。广告女主人公韩梅梅，就是初中英语教科书里的那个韩梅梅，需求大于收入，缺钱、缺安全感、缺爱、缺心眼，遭遇渣男李雷，在老板的声声咒骂中惊醒"回炉重造"，开始了一场逆时光的奔跑。从初入职场不再理会背后说闲话的虚伪同事，扔掉委屈自己的高跟鞋；到大学时与渣男分手后利落甩过去一巴掌，不再为了男人学化妆；从告别绿茶婊闺蜜到高考努力学习专注自己。随着节奏层层加快，文案层层递进："不盲从、不嫉妒、不抱怨、不等待、倾听内心的声音""独立、勇敢、自信、好奇一切"。直到最后画面定格"愿你走出半生，归来仍是少女"。通过将80、90后人群熟悉的韩梅梅刻画成不忘初心、一往无前的励志少女，百雀羚一语三关，阐述了女性的精神独立，容颜青春永驻以及百雀羚的少女心。

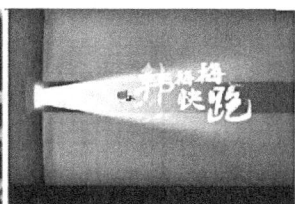

图 7-7　百雀羚广告《韩梅梅快跑》

2016年5月，微信号"局部气候调查组"发布了为百雀羚制作的谍战广告《1931》，为百雀羚带来了新一轮网上声浪（图7-8）。该H5广告以一镜到底技术讲述了一个发生在1931年的民国悬疑故事。开场三张GIF的旗袍、洋房、摩登女郎、口红等代表性符号让观者立刻想到民国的上海滩。紧接着将手枪塞进大腿上的枪盒产生了强烈的反差和紧张感。美艳的女子是谁？女间谍？女特务？对女子身份的好奇和故事发展的悬念牢牢吸引读者顺势看下去。接下来的长图文则是将民国上海的风貌细致地描摹了出来。而图中不时出现的小段文字也是对于当时社会背景的介绍和补充，例如上海中西合璧的饮食方式、旗袍和中山装的诞生、民国的婚姻法，多方面多角度地将人带入民国。众多纷繁复杂的元素并不是无章法的堆砌，而是由肩负特殊任务的阿玲串起来的。从一早阿玲从住所出发，到中途与同伴接头，再到接到目标方位指示，到最后夜晚的正式暗杀，阿玲穿越上海城的行踪撑起了故事的框架。情节完整且时间安排合理，让人一边看一边随着情节的进行而愈加关注和紧张。从主人公阿玲走出的洋房，到途经的学生游行队伍、西餐厅、商业街、洋行、警署、照相馆、百货公司、火车站、传统戏台、百乐门和大剧院，无一不体现着浓郁的民国老上海风情。直到长长的子弹轨迹终于射穿了行动目标，目标倒地，身上赫然标着两个字：时间。谍战片一样的构思毫无广告痕迹，结尾反转的一句"我的任务就是与时间做对"，简单明了地将百雀羚母亲节礼盒的核心诉求——抗衰老表达了出来，可谓是构思精巧。除了常见的民国元素，还有乱入民国街头骑自行车的泰勒·斯威夫特，喊着"外号外号"的报童，想要

图 7-8　百雀羚广告《1931》

和蝙蝠侠合影却被父母告知不属于这个时代的小孩,这些看似荒诞且错乱的元素反而引起了社交网络上的更多关注。加之适合手机屏幕浏览的图片形式、民国谍战的怀旧情怀、神反转的结局,这个广告在一天内刷屏朋友圈,阅读量超过3000万。

2017年"双十一"前夕,百雀羚又拍了支一镜到底的视频。这次请来的是一位在美国YouTube上很火的华裔魔法师Will Tsai(蔡威泽)。百雀羚广告团队精心设计了颇有格调的现代中式家居背景,人在方圆之间穿梭,不断变化的房间和屏风墙,点滴都暗藏着中国文化。镜头升起来才发现房间也像变魔术一样来回变化,在片尾妈妈将一盒百雀羚交给了儿子的女友,与主题"生活像个盒子,总是装满惊喜"相呼应,也体现了百雀羚传承的意义。为了此次"双十一",百雀羚不仅创意了这个魔术视频广告,还专门针对年轻95后开发了洛天依合作款产品,针对品质80后开发了故宫设计师合作款,产品人群覆盖精细化到如此程度,可见百雀羚品牌之用心。随后百雀羚获得"双十一"三连冠,百雀羚顺势推出一支公益短片《你应该骄傲》(图7-9)。(日本,东京)教大boss用支付宝和微信,有点小骄傲,但不敢大声笑;(美国,洛杉矶)看完《战狼2》唱起了国歌,被外国人问及时,却不好意思回答;(英国,伦敦)面对外国人对中国的误解,却什么都没有解释。原来内心真实的情感不仅受外界束缚,还一直被禁锢在自身的枷锁当中。束缚你的是他人的目光,还是你自己的内心?是否所有的努力都不值得一提?"请为你的善举而骄傲/请为征战四方的雄心而骄傲/请为你的汗水而骄傲/请为每一次喝彩而骄傲/你脚下是先贤走过的足迹/你身后是五千年的文明/你面前是飞速发展的国家/何必低调,你应该骄傲!"整支广告节奏连贯,情节紧凑,直击痛点,点燃了人们为努力的自己、为强大祖国而骄傲的情感。最后屏幕出现百雀羚销售三连冠的文字,百雀羚这一值得国人骄傲的国货品牌及其品牌定位便也在这支广告的传播中深入人心。

图7-9 百雀羚品牌广告《你应该骄傲》

总之,日化行业老字号在实施品牌激活时,必须走复古品牌的品牌激活道路。百雀羚在实施品牌激活的过程中多次用到了新旧元素相融合的方式,这样做一方面可以打破老字号"陈旧""过时"的枷锁,又可以形成老字号独特的品牌魅力,增强老字号的企业竞争力。同时,老字号品牌需要善用口碑、传统媒介和网络。在当下互联网新媒体时代,绝大部分老字号品牌的广告投放都过于保守,与目标消费者互动很少,造成目标消费者对品牌参与度较低。老字号品牌需要针对年轻消费者的媒体接触习惯和审美标准，调整品牌的媒介传播渠道和内容，从而保证原有品牌印象的迁移。只有通过新旧元素的融合，充分利用老字号特有的历史价值和怀旧价值，才能使老字号在众多品牌中脱颖而出。

【知识链接】

一、品牌老化

品牌在市场竞争中知名度和美誉度下降、销量萎缩、市场占有率降低等品牌衰落现象，均称为品牌老化。品牌老化的主要特征有高知名度和低认知度、品牌忠诚度下降、品牌认知质量下降、品牌联想弱化等。其中最突出的特征是高知名度和低认知度。处于这个境地的品牌，往往表现为提起这个品牌人人都知道，但市场表现不佳，消费者难以产生购买冲动。品牌老化包括品牌内涵老化、品牌要素老化、品牌包装老化、品牌传播老化等方面。品牌老化是个综合系统的问题。品牌发生老化既有外部原因，也有内部原因。竞争市场出现新技术、新竞争对手、新方案，消费者出现新需求以及品牌自身的问题，例如品牌观念落后、决策失误、品牌保护不够等都可能引发品牌老化。

二、品牌激活

品牌激活是指运用各种可利用的手段来扭转品牌的衰退趋势并帮助其重振雄风赢得消费者的信任。品牌激活的手段有：提供高质量的产品或服务；仔细检查一切能影响消费者感知质量的因素；管理品牌与消费者之间的关系；理解品牌价值所在，提炼品牌的独特品质；增加品牌的使用机会或进入新的市场以及对品牌进行重定位，或将现有的品牌应用于其他不同类别的产品中。

【拓展思考与实训】

1. 近年来，百雀羚、李宁等国货品牌坚持将独具中国文化特色的元素与产品融合，打破了其在消费者心中的老旧、古板的品牌印象。请从消费者角度，分析这一品牌重塑策略背后的原因。

2. 请为百雀羚制作一支具有中国风格的 H5 广告，要求在视觉、互动、情感上助力品牌传承国货之光。

案例八

多芬"真美运动":
"美丽"互动中的品牌关系

拓展资源

【品牌故事】

多芬（Dove），全球著名的女性品牌，从事美容行业60年，是联合利华最有价值的品牌。1957年，多芬美容香块在美国上市，它比其他香皂温和性更高，不会让女性消费者皮肤干燥，事实的确如此。1999年，多芬开始进行全球推广，2002年来到中国。如今，多芬已成为世界第一清洁品牌，畅销全球80多个国家，以其"简约而真实的美丽"理念带给消费者真实可信的承诺，数十年如一日，一直在帮助女性寻找真正属于自己的美丽，与女性消费者建立起信赖关系。

【案例背景】

随着竞争者的不断发展，世界知名的跨国公司联合利华的发展遇到了前所未有的挑战。于是2000年，联合利华开始实施"成长之路"战略，通过剥离、创新和收购战略，调整和优化全球资源配置，聚焦核心品牌业务，以增加销售额和利润率。为此，联合利华从1600个品牌中筛选出400个核心品牌予以保留，并选择部分主品牌作为全球性品牌，多芬即为其中之一。作为全球品牌，单纯的功能性广告已无法满足其品牌传播，多芬需要传递一个声音和观点。一直以来，多芬的品牌宗旨是"简单而真实的美"，认为美是自然的，是由女性自己积极创造的，可以带给自己自信，并且是由内而外散发出来的美。那么如何让消费者认同和接受这个品牌主张呢？2004年2月至3月，多芬发起了"美丽的真谛——女性、美丽和幸福全球调查"，对美国、加拿大、英国、法国、意大利、荷兰、葡萄牙、日本、阿根廷、巴西10个国家的3200名18-64岁女性进行电话访问，并于9月发布了调查白皮书。调查结果显示，大多数女性将美狭隘地定义为"年轻、美白、金发、苗条"，仅有2%的女性认为自己美丽，5%的女性认为如果自己被形容为"美丽"会觉得舒服，68%的女性认为"广告设立了无法达到、不现实的美丽标准"，83%的女性"不相信广告模特真正使用了该产品"，56%的女性则表示她们"更愿意看到广告中的女性模特与自己有相仿的地方"。为了纠正女性对美的片面看法，多芬开启了"真美运动"（Real Beauty Campaign），挑战对美丽的传统定义，重新诠释美，强调女性的自尊和自信，从而塑造鲜明特色的品牌形象，推动产品的销售，并由此体现企业勇于担负社会责任感的形象。

【案例分析】

"真美运动"（Real Beauty Campaign）于2004年3月首先在北美和欧洲发起，之后在全球推广，持续了12年之久。多芬"真美运动"旨在启发女性认真思考关于美丽的问题，比如社会对美丽的定义问题、要求完美的问题、美丽和身体吸引力之间的差别、媒体塑造美丽形象的过程和手法，以让所有人认识到，真实的美丽更加多样化，它存在于各种外形、身材、年龄和肤色，每位女性都有其值得骄傲的美丽。

一、活动预热

2004年3月，多芬在 *Time Out* 杂志上刊登"寻找欣赏自己曲线的乐观女性"广告，最终选出了6名女性。以她们为主角的多芬紧致乳液的"真人广告"3月29日在伦敦露面，广告上的6位女性均不是专业模特，她们穿着统一的白色内衣，出现在整个欧洲的印刷媒体、电视广告和户外广告上。另类的代言人带来了轰动的效果，广告发布的第一个月中，多芬产品销量就翻了一番。

2004年9月，多芬发布了"美丽的真谛——女性、美丽和幸福全球调查"白皮书。这个调查分三个部分，第一部分是对全球118个国家、22种语言的相关文献进行整理，得到对美丽的传统观念和看法；第二部分是对10个国家3200名女性的电话访问；第三部分是调查报告的撰写，白皮书的发布和专家评述。该项调查严格按照学术研究的标准进行，聘请了来自哈佛大学和伦敦商学院的独立专家，以及专业调研机构提供假设、定量研究设计、数据分析和报告撰写。这种权威的调查，让更多人认同了多芬关于美丽的看法，引发了社会的关注和讨论。

2004年9月29日，"多芬峰会"召开。会议邀请到了哈佛心理学教授Nancy Etcof以及非常著名的英国心理治疗师Susie Orbach，共同探讨如何将已在英国开展3年的Body Talk（针对14-25岁之间的女性开设的沙龙会，帮助她们学会了解和处理外形和心理感受的关系，并且学习如何塑造"理想的"形象）扩大到其他国家。

二、活动开启

2004年10月，在前一个群体模特广告的基础上推出一组新广告。广告选用了6位年龄从22岁到95岁的"典型女性"，展现她们自信、生动、充满活力的一面，并在他们的照片边上提出诸如"有皱纹还是非常棒？（Withered? Wonderful?）""灰色还是出色？（Grey? Gorgeous?）""超重还是出色？（Oversized? Outstanding?）""半空还是半满？（Half empty? Half full?）""瑕疵还是无暇？（Flawed? Flawless?）"等问题（图8-1）。多芬还特别建设了"真美运动"官方网站campaignforrealbeauty.com，受众可以进入网站进行投票，投票结果即时显示在网站上，其中有8.3万人认为96岁的老妇爱琳"美丽极了"。同时这些讨论以及投票结果也在美国时代广场户外显示屏进行了显示，形成了良好的口碑传播效果。

图 8-1 多芬真人广告

三、活动扩展

2005 年 1 月,"真美运动"扩展到了欧洲,"真人广告"一经推出就带来了产品销量的大幅增长,多芬紧致乳液在英国的销售急升 700%,在德国上涨了 300%,在荷兰上涨了 220%,创下了历史记录。活动迅速席卷了整个欧洲大陆,先后有 5 亿人次参与到这场"真美"的讨论中。

2005 年 2 月,多芬委托国际独立调查机构 Research International 研究公司,在泰国、中国、越南、菲律宾、新加坡、马来西亚、印度、日本、中国台湾、韩国等亚洲 10 个国家与地区,对 2100 位 18-45 岁的女性进行调查,以探索亚洲女性和美丽之间的关系,8 月这份《多芬美丽白皮书》正式发布。调查显示,在中国仅有 4% 的女性认为自己美丽。同时,调查还显示出亚洲女性对媒体广告的态度与北美和欧洲较为相似,她们期待能在广告中看到真实的、有个性的女性。多芬邀请了一批著名的社会学家、导演、作家、心理学家等社会精英共聚一堂,展开"真美大讨论"。之后,开通了真美运动中国网站(www.forrealbeauty.com.cn),吸引越来越多的女性参与有关美丽定义和标准的对话。

2005 年 10 月,《新闻晚报》与联合利华多芬品牌组联合举办了"多芬真美百分百"——寻找 100 位真美女人活动。参与者可登录活动网站上传或邮寄自己最具简单真实之美的生活照,并留下 100 字以内的真美感言。在全国范围内票选出 100 位"多芬真美女性",制作成多芬真美大相册,入选者将受邀出席 2006 年 1 月在上海举行的多芬真美大相册揭幕典礼。此次活动共收到 4000 余张照片,共有 154 万人次参与网络投票。同时在网站上开放了讨论专区,吸引了大量消费者对真美标准的讨论,逐步成为一个讨论美丽、咨询等女性话题的全球性社区。多芬"真美运动"正式进入中国。

"多芬真美百分百"活动招募广告:

多芬"真美百分百",倾情招募中

就算没有赵薇那样水汪汪的双眼皮大眼睛,你的眯眯眼照样可以电倒一片;
就算没有梦露那样玲珑凹凸的身材,你的挺拔纤细照样能吸引一批观众;
就算你已经年过五十,你端庄优雅的成熟风韵,照样能让所有人眼前放亮……

没有超级名模般的标准三围,没有广告明星般的花容月貌,那又如何?

女人有多少样,美丽就有多少样!

简单而真实的化身,就是多芬正在寻找的真美女人。

由《新闻晚报》与联合利华多芬品牌组联合主办的"多芬真美百分百"——寻找100位多芬真美女人活动即日起全面展开。

抛开完美女人的固有模式,自信地秀出您的美丽,您是真美百分百的女人吗?您的真美又体现在哪儿呢?赶快加入到我们的有奖讨论队伍中吧!我们提供两种参与方式:

＊您可登录网站,上传自己最具简单真实之美的生活照(不接受艺术照),并留下100字以内的真美感言。

＊邮寄记述100字以内的真美感言,附生活照,连同姓名及联系方式,邮寄至"多芬真美百分百"活动组委会。

奖励方式:

1. 票选总数前100位"多芬真美女人"将受邀出席2006年1月举行的多芬真美大相册揭幕典礼,并将获得:

a)由专业摄影师拍摄而成的多芬真美大相册珍藏版纪念册(包括相册、光盘及个人拍摄花絮)

b)多芬全新沐浴乳系列1套

c)《新闻晚报》免费赠阅1年

d)票数最高的前10位还将一同踏上"多芬真美之旅",与大自然来一场零距离的真美对话。

2. 短信抽奖:活动将随机抽取100名短信投票者获得多芬礼品1份。

登录 http://dove.allyes.com/ 参与活动

2007年多芬推出广告《蜕变》(*Evolution*)(图8-2)。这则时长75秒的广告片中,主角是一个名叫斯蒂芬妮的女孩,她并非一名模特,只是一个相貌平平的"邻家女孩",经过专业的化妆造型后,斯蒂芬妮"焕然一新",脸色光润、眼睛迷人、头发飞扬,之后专家利用计算机软件对她的照片进行了数字技术处理,将她的眼睛、眉毛、嘴唇、脸颊、鼻子和额头等都变得更符合大众审美标准,这个普通女孩的脸庞瞬间达到了毫无瑕疵的完美状态,摇身变成了户外广告上的大美女,可以媲美任何明星和超模。广告最后的标语写道:"毫不奇怪,我们对美的理解已经被扭曲。"《蜕变》进一步诠释了"真美"的概念,让许多女孩领悟到了什么是真的美,对自己的相貌重新拥有了自信。广告片在YouTube上播出后,吸引了5亿网民的关注,大大提升了多芬品牌知名度。这则广告片也在2007年戛纳国际广告节上一举夺得三项 Grand Prix 大奖。

2010年,在中国内地,多芬独家冠名赞助的湖南卫视青春励志偶像剧《丑女无敌》热播之际,多芬推出"画出更美的自己"主题游戏,号召女性消费者用画笔、元素画

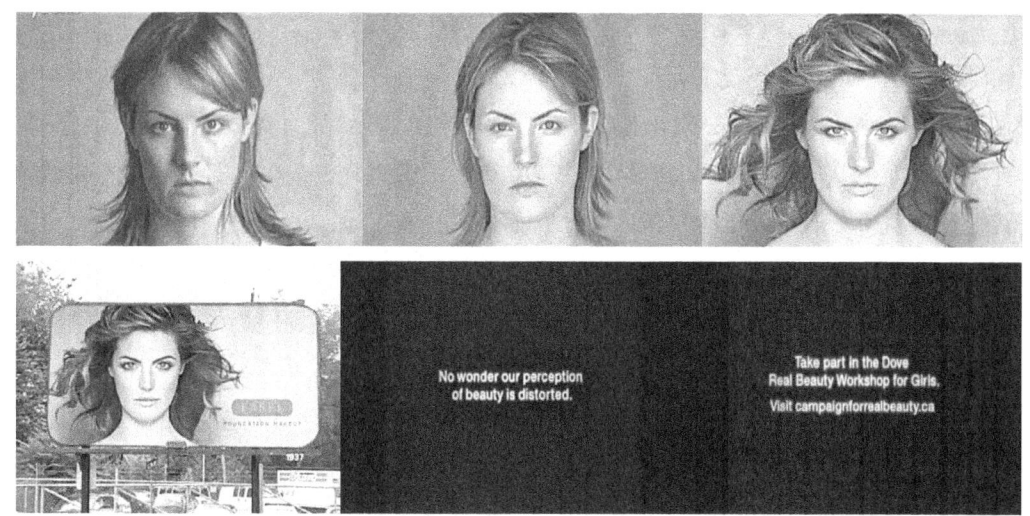

图 8-2　多芬《蜕变》广告

出自己眼中的自己,并邀请朋友来画出她们眼中的你,通过比较来看到自己在别人眼中原来如此美丽。该活动主要通过核心 BBS 论坛、多芬官网上《丑女无敌》女主角"林无敌"主题博客、意见领袖撰文等方式推广,最终收集了 6814 件作品,参与投票人数 96280,阅读人次达 1035988。

2011 年 3 月至 6 月,多芬举办"你就是美丽故事"的活动,邀请中国女性分享她们的美丽故事。活动通过多芬的官方新浪微博(weibo.com/dovebeauty)和新浪活动站点(dove.sina.com.cn)同时进行,还邀请美国乔治亚理工学院心理学博士张怡筠、达人蔡峋勋、新锐作家笛安等人,一起与网友在微博等平台展开关于美丽的讨论。通过分享,启发她们重视和呵护自己的美丽,并记录下全中国数百万女性各自的美丽故事。

2012 年启动"真美万千,享我所美"品牌理念推广活动,只需通过网上申请等方式,即可体验多芬带来的美丽呵护,并可与全国女性分享自己的美丽宣言与使用心得。8 月,"多芬真美印象空间"展览在上海亮相。活动邀请了时尚摄影师陈漫、心理咨询师金韵蓉和联合利华高层等活跃于不同领域的女性精英阐述美丽宣言,除了图片、文字、视频等展示方式,现场还设置了一个"捕捉真美瞬间"的摄影空间,让参观者可以在镜头面前自信秀出自己的美丽,更有印有自己真美笑容的"真美日报"作为留念礼物,引起大家踊跃参与。

2013 年 3 月至 4 月,多芬在中国大陆地区开展了"女人生来美丽"活动。3 月 8 日当天,多芬在官方微博推出"那一瞬,我觉得你很美"的互动活动,倡导消费者能给身边的女性一个赞美。同时邀请一位中国女性摄影师和三位中国女性艺术家在准妈妈的肚子上通过作画的方式描绘出一个个问题:"我快来到这个世界,倘若我长大后只有 A 罩杯,你们会笑话我吗?""我是还未出生的女孩,如果以后体重 140 斤,我还会是你们的宝贝么?""未出生的我长大后可能是个塌鼻梁的女孩,你们还欢迎我吗？"3月18日至25日，在官方微博上推出这三支平面广告，每隔一天推出一张，同时在平面及户外媒体投放。4月初，多芬鼓励消费者通过微博，把自己小时候和现在的照片分享出来，并发表自己关于"与生俱来的美""岁月给我们的美"的宣言。据统计，活动期间共有8300万消费者表示对活动感兴趣，#女人生来美丽#的话题转发量最高达26.3万次，最终有近1万人真正参与了互动，并贡献了自己的想法。"女人生来美丽"活动鼓励女性说出她们自己对于美丽的看法，与主流社会所主导的美丽标准来抗衡，它赋予中国女性重新定义美丽的权利，并且让她们接受更符合现实的审美标准。

同年，多芬在全球范围内推出了时长3分钟的实验短片《真美画像》（图8-3）。短片中美国联邦调查局素描肖像家吉尔·萨摩拉根据窗帘背后的7名女性对自身外貌的描述为其绘制特征肖像画，之后萨摩拉又根据之前与她们见面的陌生朋友的描述再次绘制她们的素描肖像画。测试结果证明，根据陌生朋友的描述所绘制的肖像画看起来更为美丽。最后两幅画像的对比令人无比震撼。实验短片记录了这些女性在看到她们眼中的本身后所作的反应，她们也因此了解到，自信对她们生活中的方方面面有着多么重要的意义和影响。多芬通过这个简单生动的实验，告诉女性消费者"你，远比自己想象的美丽"。这则短片连续数月在全球各大视频网站上占据点击量的榜首，创造了国内近7000万次、全球超过1.65亿次的点击观看记录，在2013年戛纳国际创意节上"真美画像"赢得各界评审青睐，折桂全场最高奖项——钛狮大奖（Titanium Grand Prix Award）。此片还获得了《广告时代》年度"病毒视频奖"。

图8-3 多芬《真美画像》中的画像对比

2014年,多芬(Dove)又在65个国家推出了名为"美丽贴布"(Beauty Patch)的广告活动。这则长达4分钟的广告,通过模拟临床试验,让多位女性使用安慰剂(无实际药效,仅产生心理作用)美容贴布,从而让她们感到自己变得越来越美丽。广告中负责进行模拟临床测试的是Ann Kearney-Cooke,她是辛辛那提心理研究所的一名心理医生,为饮食失调患者提供治疗。但是在测试中,她告诉被测试女性,自己是哥伦比亚大学的知名学者。在试验初期,绝大多数女性反映,使用了RB-X美丽贴布之后,根本感觉不到自己有任何变化。随后,在接下来的几周时间里,一旦她们注意到自己变得更好看,或者得到了他人的赞美,绝大多数人都会把这一切归功于RB-X美丽贴布。但是在试验结束时,这些女性惊讶地发现,所谓的"RB-X"美丽贴布不含任何活性成分。让她们感觉自己越来越美丽的唯一因素就是不断增强的自信心。

2015年4月,多芬发布了名为"Choose Beautiful"的广告(图8-4)。在广告中,女生们要在通往百货商店的两扇门之间做选择,同时拍摄记录现场每个人的不同选择。其中一扇门上写了"一般"两个字,另一扇门写了"很美"两个字。目的是通过女性选择哪一扇门来观察分析她们是如何给自己贴标签和进行自我认同的。这次活动多芬共采访了来自20多个国家年龄从18岁到64岁的6400名女性。结果显示,96%的数据显示他们不认为自己好看,但是有80%的人认为每个女人确实有一些动人之处。

图 8-4 多芬 "Choose Beautiful" 广告

2015年10月,多芬发布了"Change One Thing"广告。广告以巧妙的叙事,拍摄了一群十几岁的女孩,她们多多少少都想改变一些自己天生的体征:一个卷发的女孩渴望拥有与她现在完全不同的直发,而一个直发女孩渴望拥有卷发。为什么女孩们会羡慕他人拥有的外貌特征?事实上,每个人都经常忽视自己拥有的是别人没有的,所以,多芬提出"做一点改变吧,改变你们的态度能让你们拥有自信"。

2016年7月,多芬又推出了新广告"My Beauty My Say"(图8-5),邀请了9名不同职业领域的女性,描述了一些他人对自己外貌或外形的看法,最后骄傲地在镜头前宣布:我的美丽我说了算(My Beauty My Say)。这9个人中有长相甜美的冠军教练Heather Hardy(她曾经获得UBF和WBC雏量级世界冠军);走中性风的模特Rain Dove(她为男装和女装都走过秀,证明中性也是一种美);丰满的时尚博主Jessica Torres(突破了"有型和时尚只属于瘦子"的偏见,她说自己的时尚感是毋庸置疑的)等,进一步延续着多芬"提高女性自尊自信"的主题。广告视频在YouTube上线两天点击量就突破了163万次,引起了女性的强烈共鸣。此外,多芬还鼓励全球的女性在#My Beauty My Say#的话题下面分享自己克服偏见束缚,重获自信美丽的故事。

图8-5 多芬"My Beauty My Say"广告

2017年1月,多芬发布了主题为"我的头发,我说了算"的全新一轮品牌营销战(图8-6)。在中国,女性常因发型被说三道四,诸如"头发染得乱糟糟,怎么找到男朋友""中国女生头发这么爆炸,也太夸张了""这把年纪了出门还这么讲究,给谁看呢",使其承受着来自家庭和社会的压力,阻碍着女性展现真美的愿望。这次的营销战旨在向传统观念发起挑战，以不同年龄的女性抛开世俗成见，坚持自己对真我发型的追求为核心内容，映射出多芬"真美"的品牌主旨，倡导中国女性以秀发造型彰显个性，呼吁社会尊重女性的自由选择。

图8-6 多芬"我的头发，我说了算"主题活动

2017年3月，在"真美活动"基础上，顺应因时代发展而对美丽定义的新变化，多芬启动了"真美承诺"大型活动，向全球魅力女性许下"真美承诺"：多芬的一切品牌推广不会采用模特，关注平凡生活中的女性并请她们以真名出镜，多芬不会展示经润色修饰后刻意无暇的"完美"女性形象……鼓励年轻女性树立正确的价值观，快乐成长，树立自信并发掘内在潜能。"真美承诺"第一战是由知名摄影师和创意总监马里奥·塔斯蒂诺率领其位于伦敦的创意事务所MARIOTESTINO+，在全球范围内拍摄了30张展现女性之美的写真，其参与者是32位来自15个不同国家，从11岁到71岁不等的女性。这些作品将在纽约展出，以庆祝多芬60周年，消费者可在多芬官方网站（Dove.com）查阅多芬"真美承诺"全文和"真美"摄影作品展。

此外，多芬还推出过"Camera Shy"视频和#No Likes Needed#广告活动。每一次"美丽"的战役，都从消费者的角度，坚持不变地传递着多芬的核心价值观"简约而真实的美丽"，鼓励女性消费者去发现并感受到自己的美丽。通过"真美行动"，多芬建立了一个非常忠诚的消费群体，以中国为例，多芬官方微博的粉丝在第一次"真美"活动——"讲述你的美丽故事"时，只有10万，如今已经超过100万。

多芬"真美活动"的成功，影响因素很多，其中非常重要的一点是"顾客参与"。今天的消费者要求对话、要求互动，网络和科技的发展使之成为现实。在"真美活动"中，多芬设计了多种互动方式，如创建专门网站，在讨论区域内消费者与消费者之间可以互动，访问者可以交流关于"美丽"的理解；在专家专区，消费者可以同著名的"自尊"研究专家进行实时网络对话机会；及时提供各种调查结果、白皮书、广告、报道等内容，供消费者自主选择；通过电话对消费者进行实时调查，并将调查结果公布。这个网站已成为一个讨论美丽、自尊等女性话题的全球性社区。再如，设立户外互动广告牌。多芬在纽约时代广场边设立互动广告牌，这种广告牌采用即时消息服务技术支持的移动投票系统，消费者可以通过手机直接投票，投票结果即时显示在电子屏上，让消费者在与活动的互动中体验真美的理念。此外，主题研讨活动、照片影像巡展、社交网站话题讨论、"自尊"基金、网上投票、网上美丽测试、自拍创意视频等多种互动方式也提供给消费者分享的机会。而最重要的是，在了解女性消费者的感情需求的基础上，多芬一直在引导她们正确地思考应该如何对待自己的美丽，而不仅仅是迎合她们的消费需求。

随着时代的进化，传播途径、用户习惯、商业环境都发生了巨变，品牌营销已从1.0时代进入2.0时代，在这个时代，品牌需要的是把顾客粘住，与顾客发生一系列长期的关系，创造有效的客户体验，开展互动营销，鼓励顾客彼此建立关系，并让顾客在交互中形成和品牌越来越深的关系，是企业在竞争中取得优势的重要法宝。著名营销创意人陈雷曾提出，品牌是企业和消费者一起创造的价值体，未来的品牌应该是半成品，另一半应由消费者体验、参与来确定。

多芬不只卖护肤品，它销售给全球女性的是一种健康自信的生活态度，这也是多芬"真美运动"成功的关键所在。因为，最终拥有品牌的是消费者，所以建立品牌的过程就是与消费者建立关系的过程。

【知识链接】

一、互动营销

互动营销是指使用移动终端设备作为载体，与传统互联网相结合并以移动通信网络为依托，从消费者自身开始反馈信息的活动。互动营销具有互动性、舆论性、眼球性、热点性、营销性等特点。实施互动营销需要注意几点：一是参与的便捷性，让消费者能简单便捷地完成互动活动，避免因复杂而降低互动的概率；二是参与者的利益体现，一定的利益驱动能更有效吸引消费者的积极性；三是良好的用户体验。

二、品牌关系

品牌关系由关系营销的概念引入到品牌研究当中而形成，最早是由马克斯·布莱克森基于当时的品牌个性论和品牌形象论的不足而提出的全新概念，后经大卫·艾格等人的不断补充，逐步完善、系统起来。品牌关系包括三个不同的方向：品牌之间的关系，可以理解为具有可比性的品牌之间的竞争关系；品牌与消费者之间的关系；品牌与品牌利益相关者的关系，这里的品牌利益相关者包括了品牌的所有者、消费者、管理者、竞争者等。

品牌关系理论是现代品牌理论研究的顶峰。国外品牌理论研究大致经历了五个阶段：

（1）品牌阶段：侧重于对品牌的内涵和外延等范畴做出规范，自此品牌研究开始成为营销理论研究中的一个重要领域；

（2）品牌战略阶段：在这一阶段，学者们将品牌的经营提升到战略的层次，提出了众多品牌理论，如品牌形象论、品牌定位理论和品牌延伸理论等；

（3）品牌资产阶段：20世纪80年代，企业经营者开始日益重视品牌在企业资产运营中的价值，品牌开始成为企业资产的重要组成部分；

（4）品牌管理阶段：相关研究侧重于如何从专业化的角度对品牌进行管理，以保证品牌资产的长期、健康发展；

（5）品牌关系阶段：这一阶段，品牌关系逐渐成为品牌理论研究的焦点，研究者侧重于从人际关系、社会交往等视角研究品牌。

基于此，企业应该从关系的、互动的角度认识品牌的塑造。

【拓展思考与实训】

1. 在当今"人人都有麦克风"的时代，品牌在与消费者的互动中扮演什么角色，发挥什么作用？

2. 根据多芬的品牌理念，为其策划一个面向你所在学校的互动传播方案。

案例九

从"不容易"到"嘻游季":
美林湖的整合营销

拓展资源

【品牌故事】

华南房地产行业一直以竞争惨烈而著称。包括恒大、碧桂园、雅居乐、合生、富力等在内的多家居国内前列的华南房地产企业,均已实现从上市到全国扩张的路径。要在这样的竞争中脱颖而出,地段、规模、资本、管理、政策等因素缺一不可。除此之外,出色的营销一直是同等规模的大型房地产企业获得成功的重要原因之一。诸多超大型房地产企业在竞争中,一方面将传统营销做到极致,另一方面又紧跟世界的脚步,极具创意地使用着各种新的营销手段,更使这一区域的房地产市场显得硝烟弥漫。

在 2015 年,一家厚积薄发十多年的房地产品牌突然创造了 5 个月内销售超 2000 余套的销售奇迹。与销量相比,企业在这一年前后做的诸多颇具整合意识、又各自独具风骚的营销活动,更让人们所津津乐道。因此这种独特而有魅力的营销,行业内甚至将其称为"中国神盘"。这就是位于广州的中国美林湖。

【案例背景】

中国美林湖以"生态都市"为理念,构筑"一城三区五镇八园"的开放式格局。"一城"指以华盛顿的"一生之城"里斯顿为蓝本,"一生之城许你更美一生";"三区"包括生态居住区、都市产业区、商业休闲区,融合自然栖居、商业服务业、文化创意产业、旅游目的地为一体;"五镇"包括美林湖水镇(海上丝路文化旅游区)、高尔夫温泉小镇、生态田园小镇、国际别墅小镇、云端创意小镇;"八园"包括主题酒店园、高尔夫休闲园、文创农业生态园、休闲购物园、国际教育园、健康医疗园、创意产业园、水上乐园,丰富与完善着品牌的定位与价值。

作为行业内颇具知名度的品牌,中国美林湖隶属于美林基业集团。美林基业是以房地产开发为支柱,在建筑、商业、酒店、物业管理、创投等领域综合发展的现代大型企业集团。对于中国美林湖出色的营销,集团副总裁吴兵曾谈到:"当今的时代,已经不再是产品与产品之间的竞争,也不是模式与模式之间的竞争,也不是品牌与品牌之间的竞争,而是所有的品牌产品资源模式在不同的信息渠道之内的共同竞争;当品牌产品成为所有信息渠道的信息源的时候,你就做到了信息覆盖,而信息覆盖,将可能会影响未来商业格局。"

从吴兵的谈话中不难发现,"信息覆盖"是品牌认为其营销获得成功的重要原因所在。有意思的是,这恰恰是近年来学界内关于"整合营销"讨论的关键词。而品牌在其具体的营销活动中,也一直践行着"整合营销"的理念与策略。特别是 2015 年,包括"活在广州不容易""奇葩主题公园""买房送地,送田到户""嘻游季——吃喝玩乐取真金"等多个出色的营销案例,更体现出品牌出色的整合营销策略。

【案例分析】

一、经典案例：痛点、体验、SoLoMo、促销

2015年，在整合营销的理念指导下，中国美林湖经过十多年的积累，在营销上做出了令人瞩目的创新，拿到了多个中国房地产行业的"第一"，并最终将营销的效果体现在销售业绩及品牌美誉度的提高上。接下来，本案例将从中国美林湖几个具有代表意义的营销案例入手，来领略下其营销策略上的成功所在。

（一）"活在广州不容易"：直击痛点的事件营销

"为了一碗肠粉，活成一条粉肠。"2015年7月15日，在著名的《南方都市报》的头版上，出现了一条直切广州市民，特别是为生活打拼的年轻人群内心"痛点"的头版通栏广告。除了极具"笑点"与"泪点"的文案，一副印有"活在广州不容易"的创可贴形状的广告图片（图9-1），更引发了整个社会的大讨论。

翻开报纸，在A03版面的正版广告更是直接吸引人们的眼球。"单身了28年，今晚终于变成29年了""三号线里挤成渣，内环路上堵成狗""想瘦成小蛮腰，却胖成白云山""说好早点回家，却带着早点回家""梦想在珠江新城风生水起，现实却在珠江划船游水""层楼可唔可迟D买？靓妹使唔使甘现实"……一篇篇字字滴血、句句戳心的文案，加之广东话、广州地标、广州生活状态等符号的出现，直接刻画出一幅"生无所恋"的城市生活百态，切中的不仅仅是人们的痛点，更是时代的痛点。社会化的本土化表达，产生强大的城市群体共鸣。

图9-1 "活在广州不容易"南都报广

"不想戳你的'痛点'，因为你还能活得痛快点""从今天起，一起拯救不容易"。尽管报广上并没有出现任何的企业标识，然而非常具有指示性的文案，还是为读者提供了很多的想象空间。在直切人们痛点的同时，悬念引发的期待，更为事件营销的后续做好了铺垫。

并没有让所有的广州市民等太久，营销方选择在第二天，也就是7月16日就直接以一组"组合拳"揭开了悬念（图9-2）。"第一拳"仍旧选择了强大的《南方都市报》。非常值得学习和借鉴的一点是，第二天的"解密"报广的投放，在策略上两个极具创意并产生良好效果的技巧：一是继续使用"创可贴"的创意进行异形报广的设计，使严肃、古板的报纸媒体显得非常具有趣味性；二是此次选择的并不是传统的广告版面，而是与"活在广州不容易"的话题最紧密相关的社会新闻版，产生"继续猛戳，共鸣升级"的效果。

图 9-2 《南方都市报》异形报广 "创可贴"

房地产行业的营销，必然不会放过户外广告。在广州最拥挤的公交车站、人流最多的繁华地点、"挤成渣"的地铁中，户外 LED 实现了全方位的地面覆盖，与报广共同构成强大的线下广告矩阵（图 9-3）。

图 9-3 地铁广告

在报广异形广告投放的同时，中国美林湖的营销策划者们非常重视在现代整合营销，特别是互联网整合营销时代对于"社交化"的重视，以当下最为流行的 H5 形式在朋友圈中进行话题助推（图 9-4）。

图 9-4 朋友圈爆款 H5 广告

除了 H5 这样短时间内传播效率极高的新媒体推广手段之外，策划者们还开发了一组"可爱"的"创可贴"小人表情包。表情包一经推出便很快在微信、QQ 等社交媒体上广泛应用，对于事件营销的进一步深入与品牌知名度的提高起到十分积极的推动作用。

而到了第三天，也就是7月17日，此次事件营销突然达到了一个"意外"的高潮。同是地产行业的另一家"颐和山庄"突然借势话题，打出了"谁说活在广州不容易"的话题（图9-5），企图在"不容易"的话题已经发酵两天之后，强行分话题的一杯羹。这个时候，中国美林湖抓住了契机，打响了一场反击战。

图9-5 颐和山庄的借势广告

考虑到报纸的时效性不足，为获取更大的战果，中国美林湖的营销能力在此得以体现。很快，一组"病毒"海报在线上刊出，予以强烈的反击（图9-6）。

图9-6 美林湖线上海报

"鱼翅永远不懂肠粉的不容易""您有您的高大上，我有我的不容易"……一条条一脉相承、直戳痛点的文案，既不卑不亢地向"颐先生"表达了"对不起"，又将自己的品牌定位借机再次展现给消费者，同时更借此引发了更大的话题讨论，并由此吸引到媒体的普遍关注，可谓"一箭四雕"！

在各大媒体争相报道的同时，网易、新浪等主流门户网站更是主动地策划、制作专题报道，单篇报道的点击均已过万（图9-7）。由美林湖策划的"不容易体"，已然成为现象级的事件营销。

图9-7 网易专题

作为整合营销的重要环节，事件营销只是手段，并非目的。营销策划者们审慎地观察到营销过程的深入，在与数十家房地产行业展开"不容易体"的大战后，利用事件效应及时地将开盘信息带出。无论是在传统阵地报广上，还是在新媒体线上，开盘信息第一时间传达到消费者那里（图9-8、图9-9）。

图9-8 《南方都市报》竖半版开盘报广

图9-9 新媒体推广

在《纽约时报》上刊登"英文广告"（图9-10），实现打动外国买家的目的——一个法国客户，带来六个法国客户置业。

图9-10《纽约时报》报广吸引国际买家

超高的关注度，使得项目一度爆红。正式开盘前的一周，也就是7月18日当天，中国美林湖营销中心当日来访量便超过1500人，现场座无虚席。而在7月25日开盘当天，现场更是进入"抢房大战"，"爱琴海"单盘一天成交9成，现场挤满了购房者！

制造话题，开展事件营销，一直是中国美林湖整合营销策略中重要的一个环节。除了"活在广州不容易"之外，2015年前后，美林湖还策划过"9.20世界陪老日"——全民公益话题营销（图9-11）、"南国书香节"等多个成功的案例，对于其品牌的树立起到良好的促进。

连续5天报广设置悬念，吸引了民众的普遍关注；"陪老日计算器"的H5，既吸引眼球又虐心戳泪；从温情诉说，到"失陪体"，再到自我反省，文案策划引人深思；媒体报导与造势，强化了事件与品牌关系。"9.20世界陪老日"的话题营销，聚焦"空巢老人"社会现象，引发社会公共话题、公益话题讨论，彰显出中国美林湖的社会责任意识，树立了良好的品牌形象。

图9-11 "9.20世界陪老日"公益话题营销表情包

（二）"奇葩主题公园"：地产界首个"样板房"场景体验营销

"去地产化"一直是中国美林湖在营销策略中的追求，而这也恰恰与以消费者为中心展开的整合营销的要求相吻合。中国美林湖以房产销售中的重要环节——"样板房"为切入点，大胆创新，制造话题，将传统的"1:1复制"样板房概念进行革命性的改造，彻底颠覆房子的居住理念，开展了华南地产界首个"样板房"场景体验营销。

与中国美林湖一贯以来在整合营销理念下的策略相同，此次场景体验营销同样经过精心策划，以"做你平淡无奇的世界里闪闪发光的奇葩"为主题，提出"亚洲首个奇葩主题公园"的概念，吸引全城的关注（图9-12）；创造性地将7月8日确立为"奇葩节"，并对媒体全面开放，主动吸引媒体同仁现场体验，从而实现良好的节日效应与媒体效应。

图9-12 "奇葩主题公园"海报

对于场景化营销而言，如何将人们非常熟悉的样板房——用于居住的房子重塑成极具吸引力、切中时代脉搏、引发人们共鸣的"陌生化"场景，是能否吸引消费者莅临现场、媒体主动参与报道的关键所在，也是销售目标能否实现、营销是否成功的最重要环节。为此，中国美林湖以"房子不但用于居住，还可以用于玩、收藏和回忆"为核心，打造出"十大主题奇葩样板房"——太空旅行、幻镜迷城、黑白时尚咖、飞车空间、乔布斯的冥想屋、中国记忆、纸艺春天、糖果屋、星爷剧场、生命的惩罚。

针对线下的主题奇葩样板房的体验者，中国美林湖主动策划话题，吸引媒体主动参与报道，进而吸引更多的消费者关注并最终来到奇葩主题公园进行现场样板房的体验。例如，结合样板房"奇葩"的场景，营造出"摄影目的地"，吸引腾讯大粤网制作了"粤靓女神超奇葩搞笑时尚大片"；打出"百万年薪招保安"的噱头（图9-13），为奇葩主题公园吸引更多的人群到达。

图9-13 "百万年薪招保安"

除了现场的主题奇葩样板房体验，线上的补充与发力同样是整合营销重要的环节。为此，中国美林湖的策划者们针对十大奇葩样板房的主题，专门制作了十个H5（图9-14）、十条小视频，并通过朋友圈扩散、二维码扫描等方式，让碎片化的场景在微博、微信朋友圈中潜伏、渗透、扩散，分享即是连接，连接即是到达，传播效果达到最高，大量媒体的报道更使营销实现全面成功。

图9-14 美林湖奇葩主题样板房H5

（三）"买房送地，送田到户"：社交广场上的 SoLoMo 数字整合营销

"SoLoMo"数字整合营销是互联网时代整合营销的一种全新的形式。所谓"SoLoMo"，即 Social（社交的）、Local（本地的）、Mobile（移动的），连起来就是"SoLoMo"——社交+本地化+移动。企业基于移动互联网技术，以用户价值驱动、强调与用户沟通互动，实现良好的营销效果。

中国美林湖紧紧抓住营销的最新理论，在其整合营销策略中，创新使用"SoLoMo"数字整合营销。2015年下半年，以"买房送地，送田到户"为主题，美林湖在信息时代最具注意力的社交广场，做到信息覆盖的极致表现，策划了华南房地产第一个"朋友圈广告"（图9-15）。

活动称"献给懂生活的广州人"，以朋友圈为主要阵地（Social），以"买房送田"——限量300位买房即送15平米田地为噱头（Local），以手机等移动终端为传播渠道（Mobile），全面占领了广州市民的朋友圈（图9-16），并在报广（图9-17）、户外、表情包、媒体报道上持续发力，形成合力，实现了营销的全面成功。

图 9-15 "买房送地，送田到户"朋友圈广告

图 9-16 "买房送地，送田到户"H5

图 9-17 "买房送地，送田到户"报广

除了集中性、专题性的"SoLoMo"营销推广活动以外，中国美林湖将数字整合营销的理念不断深化，实现了日常化、长效化的开展。在其微信公众平台上，各种H5和"每日一图"的日常运营进行碎片化信息覆盖，营销效果长久且非常显著。

（四）"嘻游季——吃喝玩乐取真金"：整合营销中的销售促进

在传统的营销中，销售促进一直是简单而有效的营销方式。然而到了媒介高度发达、竞争日趋白热化的今天，如何在整合营销里将销售促进"玩"得更加出彩，取得更好的传播效果，就十分考验策划者的能力。

"一吨金条全城送，吃喝玩乐嘻游季"（图9-18）。这是中国美林湖策划的又一场成功的营销活动。活动的核心仍旧是销售促进，中国美林湖拿出整整一吨金条作为促销的"赠品"，"认筹送金条，成交送首付"的大手笔，不仅是华南房地产市场前所未有的送金事件，更是对消费者有着极大的吸引力。

图9-18 "吃喝玩乐嘻游季"海报

然后，在此类销售促进的营销中，最为重要的并不是送什么东西以及赠品的价值如何，而是吸引消费者到达项目现场。为此，中国美林湖以"嘻游季·全民来取金"的形式推广，迅速形成信息覆盖。整个营销活动，包括全国首创公交站摇一摇互动广告，掀起全城摇一摇热潮；华南12大媒体同步快闪——广告位全面"罢工"来抢金，模仿微信朋友圈广告抓眼球；"现场玩得HIGH，周周有狂欢"，策划多场主题活动；在经过仅仅两个星期的蓄客期，最终开盘到场人数超30000人，热销293套，爆收2.6亿。

除了"嘻游季"之外，将销售促进与整合营销完美结合的案例还有很多，包括"十年感蟹，送房送田送首付""让广州下一场红包雨"等，都取得了不错的成绩。

二、案例分析：定位、策略、要素、手段的全方位整合

从"活在广州不容易"的事件营销，到"奇葩主题公园"的场景体验营销，从"买房送地，送田到户"的SoLoMo，到"嘻游季"的销售促进，中国美林湖将各种营销手段和工具进行了系统化的整合，并根据环境的变化做动态化调整，将原本单一的营销综合形成整体，产生强大的协调效应。综合分析，中国美林湖的整合营销成功的原因，主要体现在以下几个方面。

（一）以"消费者为核心"：确定统一的整合营销策略

整合营销的核心是消费者，并以消费者为中心，综合协调各种营销手段及传播工具，传递一致的产品信息与品牌形象，并努力实现与消费者的双向沟通。纵观近年来

中国美林湖成功的营销案例不难发现,相同的消费者定位、一致的营销目标、专业化的营销手段和系统化的营销步骤,都彰显其整合营销理念的贯彻。

中国美林湖的营销人员曾经谈到,在美林湖看来,当今的商业营销,已经从关于商品本身,发展到关于人与信息、人与人之间的沟通上来。其核心营销理念是,经营"人与信息",让人更容易接受信息,让人更容易去传播信息。在地产行业,中国美林湖提出了颠覆行业传统做法的口号——"去地产化的地产营销策略","能走心,有创意,接地气,说人话",要求"信息覆盖要碎片化""产品与消费者关系要场景化"和"从地段到到达,打造人流聚集点"。如此之高的营销要求,如果没有以消费者为核心,目标一致行动统一的整合营销来支持,势必难以实现。

(二)水平整合:从内容到工具的全要素整合

整合营销有两个重要的维度,即水平整合与垂直整合。首先从水平整合层面分析中国美林湖整合营销成功的原因所在。水平整合包括三个层面,分别是信息内容的整合、传播工具的整合以及全传播要素资源的整合。

◆信息内容的整合。以广告文案为例,从中国美林湖历次的营销活动中不难看出,几乎所有的广告语设计风格都高度统一。"为了一碗肠粉,活成一条粉肠""做你平淡无奇的世界里闪闪发光的奇葩""踩着城市的柏油路,多少人梦见家乡的田园小路""人生试衣间,灵魂我换了一件又一件""人生苦短累,只是上班好浪费"等调侃中带着些许无奈,直戳痛点,引发讨论。

◆传播工具的整合。对于营销活动而言,各种不同的媒介能够产生的效果大不相同。而合理地、协调地、综合地利用各种媒介,能产生"1+1 > 2"的传播效果。例如,在《南方都市报》上的异形报广,与报纸在广州强大的传播力紧密结合,极易产生话题效应;户外、地铁、公交站甚至是汽艇等广告媒介,第一时间在目标消费者身边出现,彰显"大形象";微信朋友圈中大量采用的H5和表情包,极易造成病毒式传播,节约成本且效果明显。

◆传播要素资源的整合。企业的一举一动、一言一行都是在向消费者传播信息。营销不仅仅是某个部门的事情,而是整个企业的责任。从营销策划到广告设计,从报广投放到话题制作,从媒介公关到销售促进,从现场接待到最终成交,中国美林湖历次成功的营销活动中,都体现出企业对所有与营销有关的人力、物力、财力的整合,这也正是其整合营销成功的原因所在。

(三)垂直整合:从定位到目标的全方位整合

从垂直整合角度来分析中国美林湖的整合营销,可以从四个方面入手。

◆首先是市场定位的整合。从最初的"生态都市"理念和"一城三区五镇八园"格局的设计开始,中国美林湖就坚持自己的市场定位,对目标消费者进行了细分,并由此制定了自己的产品策略和营销策略。这是整个营销得以顺利开展的基础。

◆其次是传播目标的整合。想要达到怎样的效果,产生多大的知名度,传播什么信息,这些都是整合营销开展必须提前确定的目标。而当目标确定好之后,才能顺利地开展各种营销活动。正是有了明确的传播目标,无论是29万每套的"活在广州不容易"事件营销,还是送金条的"嘻游季",其核心目标并无差别。

◆第三是对4P的整合。从产品定位到价格策略,从销售渠道到各种促销手段,整合营销要求4P因素要根据市场定位设计统一的产品形象,协调一致,避免互相冲突,产生矛盾。

◆最后是品牌形象的整合。从CI上考虑,MI、BI、VI等都要建立统一的品牌形象,以期以最小的成本获得最好的效果。中国美林湖的历次营销活动中,尽管主题不同、侧重点也不同,但整体的营销理念、工作人员的行为举止,以及具体的名称、标志设计、色彩选择等,都体现着统一完整的品牌形象。

(四)策略与手段:极具创新与创意的整合营销

在今天数字化媒体飞速发达的时代,学界曾经对整合营销的数字化发展提出一个新的原则,即4I原则,分别是Interests利益原则、Interesting趣味原则、Interaction互动原则、Individuality个性原则。而从中国美林湖的整合营销中不难看出,其丰富多变、极具创新与创意的策略与手段,正是4I原则的体现。

1. 利益原则。从消费者角度而言,获得利益是驱动其产生购买行为的根本所在。除了产品本身给消费者带来的优质居住体验之外,中国美林湖的历次营销都体现出对消费者利益的关注。"活在广州不容易"以29万/套的价格,给了多数收入水平没有那么高的人群一个体面的生活在城市中的机会;"奇葩主题公园"中各种主题样板房,带给消费者的不仅仅是一次体验,更是一种享受不同生活状态的价值体验;"买房送地"中15平米的土地使用权以及"嘻游季"中实打实的金条,更是满足消费者对于"利益"最直接的手段。

2. 趣味原则。在新媒体时代,趣味性的广告更能吸引消费者的眼球。在已经日渐衰落的报纸平面媒体上,中国美林湖大胆设计,采用异形报广的形式,生动活泼,引人关注;各种搞笑的广告文案,让消费者喜闻乐见并愿意主动传播;生动的广告图文制作和表情包,更使整个营销显得趣味盎然。

3. 互动原则。互联网时代区别于传统媒体时代最重要的特征便是十分强大的互动功能。营销者们可以在第一时间与消费者产生互动,获得第一时间的信息反馈,以及时更正营销策略。中国美林湖十分重视整合营销过程中与消费者的互动,这样才会与网易一起走向街头,发起"活在广州容不容易"的讨论;及时更改"十大主题样板房"的定位,激发消费者的心理认同;主动开发各种表情包,让消费者在讨论中国美林湖的话题时,显得更加"风趣幽默"。

4. 个性原则。在当今的营销时代,个性是区别于竞争品牌、占据消费者心中位置的重要因素。个性化的营销,让消费者心理产生"焦点关注"的满足感,更能投其所好,引发互动与购买行为。中国美林湖一直努力追求"行业首次",从首个引发房企大规模借势的"不容易",到"亚洲首个奇葩主题公园",从"华南首个房地产朋友圈广告"到首个"陪老日"全民公益话题营销,从"嘻游季"华南首个公交站摇一摇互动广告到"十年感蟹"华南地产规模最大的感恩回馈行动,每一次营销活动都显得独一无二。即使在"活在广州不容易"事件营销中被对手趁机介入,但"您有您的高大上,我有我的不容易"的及时、个性化的反击,更好地树立了中国美林湖在地产行业独特的品牌形象。

【知识链接】整合营销

一、整合营销的概念

伴随着社会经济的飞速发展,以及各种营销手段的成熟,企业对于营销越来越重视,营销同样对于企业的影响越来越大。如何更加多样化的丰富营销手段、更加有效的整合营销就成为企业面对市场竞争的必然选择。

在此背景下,整合营销从 USP(独特销售主张)、定位等传统的世界性营销理论演变而来。"整合营销"理论产生和流行于 20 世纪 90 年代,美国西北大学市场营销学教授唐·舒尔茨(Don Schultz)最早提出。所谓整合营销(Integrated Marketing),是一种对各种营销工具和手段的系统化结合,根据环境进行即时性的动态修正,以使交换双方在交互中实现价值增值的营销理念与方法。整合就是把各个独立地营销综合成一个整体,以产生协同效应。这些独立的营销工作包括广告、直接营销、销售促进、人员推销、包装、事件、赞助和客户服务等。站在整合营销的角度,企业应战略性地审视整合营销体系、行业、产品及客户,从而制定出符合企业实际情况的整合营销策略,为企业创造最大利润。

二、整合营销的发展历程

1991 年,舒尔茨首次提出了"整合营销传播"(Integrated Marketing Communication,简称 IMC)这一新概念,认为整合营销传播是一个"管理与提供给顾客或者潜在顾客的产品或服务有关的所有来源的信息的流程,以驱动顾客购买企业的产品或服务并保持顾客对企业产品、服务的忠诚度"。

在舒尔茨看来,传统的营销,是建立在 4P(产品、价格、渠道、促销)基础上的,以"产品"为核心的营销理论,重视产品,并没有将"消费者"放置于至关重要的位置。而伴随着商品经济的飞速发展,消费者实际上已经决定着营销最终效果的成败。因此,舒尔茨认为,企业在营销中要淡化 4P,更加以"消费者"为核心构建营销体系。

由此舒尔茨提出，企业应把其内外部所有资源进行整合，充分调动一切因素统一实现企业的影响目标。具体而言，他强调，整合营销传播应与消费者进行多方面、多层次的接触与沟通，全面深刻了解消费者并建立资料库以便分析其消费行为，整合各种传播媒介开展营销传播。

随后几年时间的发展，"整合营销传播"开始扩展为"整合营销"。1995年，学者Paustian Chude首次提出了整合营销概念，他给整合营销下了一个简单的定义：整合营销就是"根据目标设计（企业的）战略，并支配（企业各种）资源以达到企业目标"。

三、整合营销的核心与特点

整合营销的核心是以消费者的需求为核心，整合企业内外部资源，切中消费者的真实诉求，与消费者实现双向且高效的沟通，从而树立品牌形象在消费者心目中的地位，建立长期的品牌与消费者的关系，实现消费者与企业的共赢。

"以消费者为核心"的整合营销，对于和消费者之间，有三个至关重要的主题。首先是关于目标市场，也就是目标消费群体的认定。整合营销要求对消费者的需求反应最优化，综合考虑更多的目标消费者的"点滴"需求，而非传统的只针对较少人群的"量体裁衣"式做法。

其次是整合营销需求全面地观察、了解、分析消费者。多角度地观察消费者将创造更多的机会，使得消费者不是"一次性购买"或重复购买同一商品。

最后一个主题是，整合营销必须考虑如何与消费者沟通。消费者和品牌之间有更多的"联络点"或"接触点"，这不是单靠媒介宣传所能达到的。消费者在使用产品时对产品有更深的了解、打开包装见到产品时、拨打销售电话都是一种沟通，消费者之间相互交谈也产生了"病毒传播"般的销售机会。

整合营销具有以下几个特点：

第一，在整合营销传播中，消费者处于核心地位，要全面深刻地了解消费者。

第二，整合营销传播的核心工作是与消费者保持长期的紧密联系。

第三，以"本质上一致的信息"为支撑点进行传播。企业不管利用什么媒体，其产品或服务的信息一定得清楚一致。

第四，以各种传播媒介的整合运用作手段进行传播。

第五，紧跟时代的步伐，如移动互联网发展的趋势等及时调整，整合资源开展营销活动。

四、整合营销实施的步骤与策略

在整合营销策划中，要首先找到最具竞争力的消费者利益，并知道消费者想要什么。接下来，在整合营销传播创意和执行中，如何将它表达出来并提出自己的杰出主张，就显得尤为重要。

一般而言，要实现这一目的，也就是整合营销实施的具体步骤包括：

第一步：用恰当的"言语"表达你的思想。做到这一点，首先要抓住核心利益表述销售主张；同时要了解产品的基本利益、期望利益、附加利益或者潜在利益等；要能够用通俗易懂的文字进行表达；最后，要能够理解品牌和顾客的感觉，赋予创意充分的想象力。

第二步：用统一的形式与顾客沟通。做到这一点，可以从多个角度入手。例如，广告文案的创意要贴紧销售主张，要能区隔消费群；直接营销要做到对象明确，销售人员形象良好，知识专业；公共关系活动要突出品牌形象和产品价值；促销活动要注意保持品牌质量；商标设计要醒目而统一；产品样式要新颖；展会一定要由专业的人员参加，并注意参展会的规格；产品配送和渠道要符合产品品牌的地位；定价要符合质量需求；产品陈列和包装要突出；各种印刷品必须主题鲜明，内容统一等。

第三步：加强组织内部各部门的沟通。这种沟通是全方位的沟通，包括股东和内部各部门的沟通、消费者协会或团体之间的沟通、与政府有关部门的沟通、营销部门与分支机构的沟通、营销部门与其他部门的沟通等，最终实现内部统一，平滑运转；形象统一，易于管理。

整合营销是一场革命，整合营销意味着变革。面对变革，企业必须在创造品牌概念方面更加具有战略性；必须重点关注与客户接触的全过程，引领全面的客户体验，与品牌概念结合起来；必须以能向大量客户进行营销的方式，提供适合客户需要的定制型客户体验。

整合营销具有信息资源广泛、传播速度快的特点。因此，更加精准的定位与切入，才能够更好地引起人们的关注度互动共鸣。在此基础上，建立畅通的信息获知渠道，引导舆论方向，营造良好的口碑，才能更好地迎合客户需求，真正开始整合营销。

【拓展思考与实训】

1. 整合营销的核心是整合品牌的什么？
2. 结合美林湖的诸多成功案例，去为你喜欢的某个楼盘设计一个线上线下互动的整合营销方案。

案例十

美味、快乐与分享：可口可乐中国本土化传播

拓展资源

【品牌故事】

可口可乐公司前CEO道格拉斯·达夫特曾自信地说道:"如果可口可乐在世界各地的厂房被一把火烧光,只要可口可乐的品牌还在,一夜之间它会让所有的厂房在废墟上拔地而起。"作为全球著名品牌,可口可乐畅销全世界200多个国家及地区,每天有17亿人次的消费者在畅饮可口可乐公司的产品,大约每秒钟售出19400瓶饮料。在2016年10月,可口可乐公司排2016年全球100大最有价值品牌第三名。2017年,英国品牌评估机构Brand Finance发布"2017全球最有价值的软饮料品牌25强"排行榜(Top 25 Most Valuable Soft Drinks Brands 2017)。可口可乐品牌价值为318.85亿美元,名列第一位。

然而这一百年品牌的诞生却极具偶然色彩。1886年,美国亚特兰大彭伯顿制药公司老板Pemberton想发明一种饮料,一种让很多需要补充营养的人喜欢喝的饮料。偶然间,他正在搅拌做好的饮料,他将这种液体加入了糖浆和水,然后加上冰块,他尝了尝,味道好极了,不过在倒第二杯时,助手一不小心加入了碳酸水,这回味道更好了,彭伯顿发现这种奇特的糖浆非常美味可口,于是他就把这种糖浆带到了雅各药房,将糖浆加水后卖5分钱一杯。又是一次偶然的机会,药店伙计把糖浆兑上苏打水并加了几块冰块递给了客人,结果客人赞不绝口,于是可口可乐就诞生了。可口可乐由古柯(Coca)的叶子和可拉(Kola)的果实制作而成,创始人将Kola的K改C,在两个词中间加一横,便形成了今天可口可乐的英文名:CoCa-Cola。

在一百年间,可口可乐由一个默默无闻的药水变成了风靡全世界的饮料,它成功的最大秘诀在于广告,但是当时的广告词是"可口可乐是首创的第一流药物,美味,提神,健脑,强力,对神经衰弱、病理性头痛、神经痛、癔病、忧郁病症均有疗效"。到了1907年,由于美国开展了一场戒酒运动,有人在报纸上把可口可乐描述成"南方的圣水",从此可口可乐才真正成为一种软饮料闻名于世。

20世纪20年代,可口可乐进入中国,被译为"蝌蚪啃蜡"。独特的口味和拗口古怪的名字,产品销量可想而知。后来可口可乐公司在报纸上悬赏350英镑征集中文译名。旅英学者蒋彝以译名"可口可乐"应征,深受评委好评。其名称采用《庄子》语:"桔李橘柚,其味反而皆可于口"和刘基诗"兰独闻国香,垮丽最可乐",既具有深厚的中国文化内涵,又保持了英文的音节,还体现了品牌核心概念"美味与快乐",朗朗上口,易于传诵。"美味与快乐"一直是可口可乐公司长期的广告诉求核心和经营理念。可口可乐非常关注当地国家每一个消费者的消费体验,希望每一天每一刻都和消费者发生联系,在他们的生活中扮演一个让人欢乐、轻松的角色。2008年中国奥运会期间,奥运会全球合作伙伴可口可乐公司发起项目"向世界展示中国",将中文的"可口可乐"印到了全球100多个国家的可口可乐产品上。这个子项目的名称就叫"美味与快乐（Delicious Happiness）"。

从可口可乐诞生初期到20世纪九十年代，可口可乐公司推行的是标准化广告战略。1963年，麦肯公司创作出"可口可乐让一切更美好"的广告语及广告音乐。1971年，可口可乐经典电视广告"山顶"篇更是将品牌全球标准化广告策略推向了一个新高度：一群来自世界不同国家不同肤色种族的年轻人聚集在意大利的一个山顶上，每人手举一瓶可口可乐，共同高歌"我们要给世界买瓶可乐喝"（I'd Like to Buy the World a Coke），用天籁般的歌声传达出对和平、友爱和世界统一的渴望。这一时期可口可乐实施标准化策略，是显而易见的，也是必然的。因为此时的可口可乐已行销全球数百个国家，如果每个国家都开展完全迥异的传播活动，重复开发和重复制作会带来高成本，从而削弱可口可乐在饮料这一价格竞争激烈的行业的市场竞争力。更重要的是，标准化广告策略有助于树立可口可乐统一的全球品牌形象。可口可乐生产的是标准化的产品，不同国家的消费者对可口可乐有着相似的购买动机，实施标准化广告，可口可乐品牌以同一种声音、同一种形象出现在消费者面前，较容易获得不同国家消费者的广泛认同。

品牌在进行国际化的同时，必然面临一个本土化的问题，标准化广告战略拍摄的广告，虽然节约了大量成本，但消费者反应不大，广告效果不好。1993年，可口可乐出台了激动人心却又颇具争议的新广告运动"永远的可口可乐"。它首次放弃了"一个目光，一个声音，一种销售"的一贯作法，体现出大量广告限定瞄准特定媒体、观众和季节的特色。27个针对不同目标群的广告，有的展示蝉鸣之夏、水汽漉漉的可乐瓶；有的展示身带节奏凿冰、刨冰的舞蹈演员。自此，可口可乐进入了广告传播的"本土化"时期。具体到中国市场，社会生活水平不断提高，目标消费群的消费心理也发生了急剧的变化，具有原汁原味美国文化的广告难以与消费者进行深入、有效的精神层面的沟通。可口可乐需要从中国式的价值观念、中国式的表现手法、中国式的审美观等方面塑造符合中国消费者期待的可口可乐品牌。自1999年推出本土化广告代表作《风车篇》后，可口可乐又陆续推出《舞狮篇》《贴对联篇》，采用中国传统节日的庆典节目舞龙、贴春联、放烟花等民俗将产品与中国特色相结合，新年贺岁广告也成为日后可口可乐公司一年一度的经典。

【案例背景】

消费者最熟悉的莫过于自己的民族文化，若在品牌文化传递中体现本地传统文化、风俗习惯、价值观，他们将更容易接受该品牌。可口可乐把品牌的核心定位标准化，把产品包含的文化和细分市场受众义化结合起来，探求"国际品牌本土文化"的传播策略。

一、可口可乐标准化的品牌要素

1. 统一的品牌核心价值

核心价值是一个品牌最本质的部分，独一无二，是品牌建设的终极追求，也是品牌个性之所在，价值之所在。100多年间，可口可乐创造过100多个广告语，发动过几十次全球广告运动，无论其广告口号如何改变，始终表达了"欢乐"情感。这种情感诉求使可口可乐超越解渴这一产品属性，形成了活力、激情的品牌形象。自2008年开始，可口可乐以"你想和谁分享新年第一瓶可口可乐"，鼓励人们与他人分享上一年的感悟和新年希望，并创作了"心愿瓶"的相关广告。"独乐乐不如众乐乐""分享"本身便是"欢乐"的题中应有之义。快乐的情绪一定是通过分享才能有更极致的体验。时隔5年，可口可乐适时推出"Share a Coke（分享可乐）"之昵称瓶活动，通过网络意见领袖引导活动预热期分享，通过广大消费者定制专属可乐瓶"晒昵称"口碑传播，将可口可乐品牌倡导的欢乐涵义与分享概念完美结合。

2. 统一的品牌传播主题

通过品牌传播主题对所传递的核心信息进行标准化处理是跨国公司实施品牌管理的一个极其重要的方式。全球统一的创意版本，统一的创意模式，有助于传达出统一的品牌理念。此次"快乐昵称瓶"活动始于澳大利亚，主题为"Share a Coke（分享可乐）"，后推广到全球100多个国家和地区（图10-1）。2017年1月，可口可乐公司为了延续"一个可口可乐"的策略，还把可口可乐、健怡可乐、零度可乐、轻型可乐（Coca-Cola Life）以及樱桃可乐（Cherry Coke）等多个可乐产品的品牌口号统一为"Taste the Feeling"，并将这个创意呈现在各个品牌包装中，以强调品牌的统一性。

图 10-1　国外可口可乐姓名昵称瓶

3. 统一的视觉形象

品牌形象在品牌中是至关重要的，而视觉识别设计是最直接、最具有传播力、感染力的部分。可口可乐视觉识别系统堪称经典。一直以来，可口可乐在全球范围内统一启用垂直条纹、中间突出的曲线瓶，瓶身以亭亭玉立女子之形，图像样式主要表现为一种柔和顺滑、适宜入口的曲线，没有尖锐的棱角，传达了和谐、柔美和女性化的视觉感受。字体设计方面，英文采用19世纪末美国上流社会非常流行的斯宾塞字体，营造出高档形象，白字在红底的衬托下，有一种悠然的跳动之态，显得古朴、典雅而又不失活力。中文草书则给人以连贯、流线和飘逸之感。红色的品牌标准色充满激情活力，强化品牌感性特征，在吸引消费者视线的同时，还刺激食欲，激发消费者对营养的需求和强身健体的渴望。正是消费者对红白配色、白色飘带字、弧形瓶等包装设计要素有着广泛的认知度和识别度，才使得可口可乐屡屡在瓶子上进行创意构思，加强消费群体与产品的互动。

二、"瓶身广告"的本土化实践

对于绝大多数饮料公司而言，夏季炎热不堪的天气让人不免想要借助冰镇汽水来降降温，于是夏季自然成为饮料公司全年里最重要的销售季。从2011年开始，可口可乐便在包装上玩起花样，每年4月就会推出一个"Share a Coke"（畅享可乐）的活动。2013年可口可乐在中国推出"快乐昵称瓶"，该活动不仅在市场上大获成功，并且荣获当年广告界著名实效奖艾菲奖全场大奖，之后推出的歌词瓶台词瓶，由于和"快乐昵称瓶"的创意思路一脉相承，可将其视为一个传播战役。

（一）第一季：昵称瓶

虽然可口可乐公司在全球都开展了这一活动，但是各地的情况不同，具体执行层面有较大区别。例如在大部分英语国家，可口可乐公司选择当地最为常见的150个名字印在瓶身，分别为这150首名字创作了相应的歌曲（图10-2）。

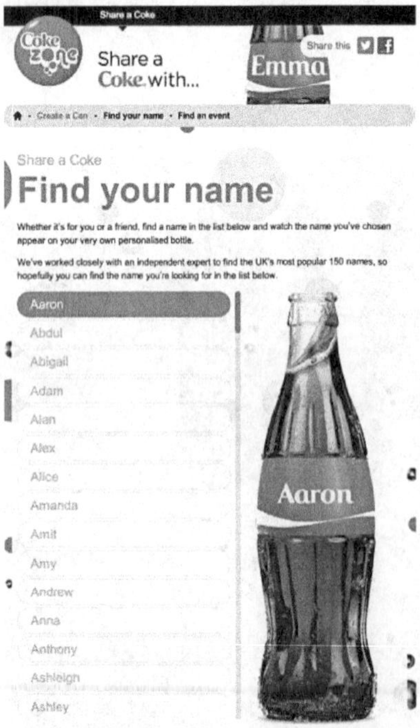

同样的创意却难以在中国直接复制，因为中国人的名字太多了，150个名字很难涵盖中国所有名字。最重要的是，每个国家都有其固有文化，西方文化属于低语境文化，表达直接，重视自身、尊重个体，中国则属于高语境文化，重视群体，表达含蓄，中国人更倾向于使用"昵称"来表达态度。2012年尼尔森公司发布的《中国社交媒体受访用户研究报告》发现，在微博和SNS上，分别有68%和53%的用户是使用昵称作为线上身份，使用真实姓名的仅占23%和38%。因此，可口可乐中国公司主打网络族群概念，采用人们耳熟能详、广泛使用的网络流行称呼，如"文艺青年""小清新"印在瓶身上，还有一些"昵称"地方特色十足。

图10-2 国外可口可乐网站选择昵称

1. 传播目标

（1）在移动互联网平台对可口可乐昵称瓶进行全线营销，增加活动曝光量，提升昵称瓶知名度；

（2）利用创新移动的合作模式，诠释可口可乐"分享快乐"的品牌理念，塑造品牌新形象；

（3）充分利用第三方社交网络平台，引导用户积极参与分享可口可乐昵称瓶，形成良好的口碑传播，从而带动可口可乐昵称瓶的销售。

2. 媒体策略

第一，建立昵称瓶HTML5互动网站（图10-3）。消费者进入互动网站，首先映入眼帘的就是HTML5页面动画，各种带有昵称的气泡，随机出现，从可乐瓶口随机逐个溢出，最终显示在可乐瓶口上方，点击任一昵称气泡，下方可乐瓶上标签即会替换成该昵称，下方还设置了分享到各个社交媒体的链接。

图10-3　可口可乐快乐昵称瓶活动网站

第二，在可口可乐圈APP创建可口可乐昵称瓶活动专区。可口可乐圈APP是品牌长期的移动营销平台，与新浪微博、人人网、腾讯微博三方平台相关联。用户登录后，可以看到一个写有昵称的可乐瓶。通过按钮或直接摇晃手机（手机重力感应），用户可切换昵称，选定昵称瓶后，可即时将图片分享到微博、微信朋友圈。

第三，携手社交APP啪啪进行"昵称瓶之恋"主题活动，将可口可乐昵称瓶与啪啪"照片+语音"的产品特点相结合。比如，将24个昵称瓶两两结合，搭配创意横生的漫画图片，拟人化变身成12对都市男女的故事。此外，利用啪啪APP独特的照片滤镜功能，精选三款时下最具话题度的昵称瓶，"有为青年""萌妹子"的标准组合和"氧气美女"个性标签，订制可口可乐的专属水印，并设置推荐位，保证用户拍照后，可以优先使用昵称瓶专属滤镜。同时，用户可以收听可口可乐官方啪啪发布的发现推荐，用声音或文字参与评论互动，并通过点击桃心，将喜欢的啪啪转发给自己的粉丝。

3. 活动推广具体方案

◆第一阶段：制造悬念，运营围观

可口可乐以悬念制造和对网民"围观"心态的运营，拉开了夏季营销大幕。各路明星和意见领袖原本就是网民围观的对象，他们讨论的话题也成为全民讨论的话题，在上市日前一天（5月28日），预先制作了22张与昵称瓶相应的"悬念海报"，邀请68个相关的草根大号集体发布，如 @冷笑话精选发布快乐帝悬念海报。海报一经发布，迅速引发网络集体关注与热议。官方微博也在28日当天，发布所有定制瓶照片，把悬念推向高潮。与此同时，为1000多位名人和可口可乐忠实粉丝制作专属的可口可乐定制瓶，并鼓励其在5月28日当天在微博上晒出。当天，298位名人和超过300位粉丝晒出了可口可乐定制瓶。例如黄晓明微博发布：正在《岳飞》拍摄现场，收到可口可乐送来的特别礼物"，黄健翔微博则说："感谢可口可乐公司给我送来的儿童节定制限量版珍藏礼物……我一定收藏好。"整整一天，网友都在好奇和兴奋中度过，悬念被进一步推向高潮。当晚九点半，可口可乐在官方微博发布：对于明天，猜想才是最大的乐趣，你们准备好了吗？至此，可口可乐正式提出昵称瓶的口号。一时间，各大社交平台声浪迭起，传统媒体争相报道。

◆第二阶段，发起代言人五月天歌词活动

与其他各国正式发布做法有所不同，可口可乐在6月9日深圳举办"爽动红PA"演唱会时，宣布五月天为整个2013年夏季品牌营销活动的代言人，五月天也发布了为此创作的新歌《伤心的人别听慢歌（贯彻快乐）》，现场邀约人们共同加入这场快乐的夏日分享季。这一天同时"快乐昵称瓶"全面上市。可口可乐将整个发布活动设计成完整的O2O闭环，最大程度发挥了话题作用。活动前一周，微博预告演唱会安排，吸引粉丝转发微博赢取门票；微博现场直播代言人五月天演出盛况，与场内外粉丝实时互动，并且第一时间利用APP将五月天新歌现场版录制给所有粉丝。在活动现场，五月天更是现场互相打趣，率先分享起了各自心仪的昵称瓶，消费者可以在定制昵称瓶的机器上选择昵称当场打印，并将照片上传到社交网络。代言人的影响力并不只限于这一次发布会。一方面，2013年6月5日至9月5日，可口可乐邀请各个五月天家族的明星，举办了9场二线城市巡回演唱会，将昵称瓶热潮带到全国各地。活动现场同样遵照上述程序完成了线下到线上的导流。另一方面，可口可乐在社交网站持续放出与五月天相关话题："五月天里，谁是快乐帝？""说到吃货，你第一个想到五月天里的谁？"，引导粉丝参与讨论。进入7月，社交网络上有关昵称瓶的风潮渐渐冷却，五月天则成为维持话题热度的中间力量，可口可乐放出与五月天有关的主题曲、电视广告，针对这些视频设计关于昵称瓶的互动活动，例如针对最新电视广告，可口可乐官方微博提出问题：为什么五月天的成员选择那几个昵称瓶？只要粉丝转发微博并说出答案，即可获得五月天定制昵称瓶。

为配合昵称瓶的活动推广，可口可乐的微博运营团队还在三个月的时间里，结合时事热点，诸如神舟十号飞船升天、中国好声音、父亲节等，为可口可乐每一款昵称瓶量身打造了超过一百张的微博数字海报（图10-4至图10-6）。

图10-4 可口可乐昵称瓶微博数字海报之"神仙姐姐""月光族"

图10-5 可口可乐昵称瓶微博数字海报之"女神"

图10-6 可口可乐昵称瓶微博数字海报之"天然呆""吃货"

◆第三阶段，跨界合作与社交商务

跨界合作旨在选取衣食住行等各方面的品牌（图10-7），让消费者进一步深度参与，带动社交媒体上的话题。例如，可口可乐与人人网合作举办"那些年"毕业季活动，创建大型同学会或出席线上同学会，或与好友一起回味旧时光。每位成员都拥有各自的可乐昵称标签，并自动加入班级同学会时光轴，可以将共同回忆上传到过去的某个时间，也可将重聚后的新鲜事记录在时间轴内。

利用social commerce（社交商务）在微博上售卖可口可乐昵称瓶产品，也是维持活动热度的一种手段。可口可乐选择新浪微博微钱包合作推广昵称瓶定制版。定制过程十分便捷，用户在可口可乐新浪微博首页选择自己中意的昵称名，并输入自己或希望赠送人的姓名，通过微博钱包进行邮费支付即可，可口可乐不收取任何费用。之后，

图 10-7 可口可乐昵称瓶与其他品牌的跨界合作

可口可乐还与 360 搜索合作，推出了抢瓶活动。2013 年 8 月 14 日，360 搜索上线可口可乐私人定制瓶的主题页面。网友只需在 360 搜索网页对话框中输入昵称瓶，即可进入该活动页面。此后一个月间，每天 10：00 至 22：00 整点，均可参与。活动第一天，300 瓶可口可乐在 1 小时内被抢光，第二天 500 瓶可口可乐在 30 分钟被抢光，而第三天仅用时 5 分钟。接下来几天，500 瓶可口可乐都在 1 分钟内秒杀完毕。

（二）第二季：歌词瓶

歌词瓶沿袭了第一季昵称瓶的创意思路，希望运用音乐特有的情感记忆，将每一瓶可口可乐化身表情达意的载体。可口可乐选择了"你是我最重要的决定""让我们乘着阳光看着远方""蝉鸣的夏季我想遇见你""伤心的人别听慢歌"等积极向上的歌词（图 10-8）。营销节奏也与第一季昵称瓶的推广极为相似：首先针对意见领袖进行产品投放，利用其社交媒体活跃度和影响力引发活跃粉丝跟进（图 10-9）。其次，吸引用户转发微博，加上"#可口可乐歌词瓶#"标签并@一下小伙伴就有机会获得一个专属定制瓶。在微信端，用户扫描可口可乐瓶子上的专属二维码进入微信页面，在听歌的同时，还能看到一段根据歌词创作的 Flash。社交媒体上则发布话题"最打动你的歌词"，广泛讨论带来信息的持续扩散，使消费者沉浸在那些动人的旋律带来的美好回忆中。

图 10-8　可口可乐歌词瓶平面广告

图 10-9　明星与可口可乐歌词瓶

（三）第三季：台词瓶

本次传播活动口号为："可口可乐，让分享更有戏。"台词瓶精选了中外经典、热门电影电视剧当中的49句台词，包括《甄嬛传》的"臣妾做不到啊"，《还珠格格》的"山无棱天地合才敢与君绝"，《后会无期》的"喜欢就是放肆 但爱就是克制"，《乱世佳人》的"不管怎样，明天是新的一天"，《集结号》的"下辈子还做兄弟"，《万万没想到》中的"万万没想到"。全面考虑不同性别，不同性格的人群喜好，适用于生活中多个场景分享。网友还可以在"我们结婚吧""如果爱，请深爱"等经典台词的前面加上恋人或朋友的名字，量身定制独一无二的专属台词瓶（图10-10）。为配合台词瓶的主题，这一时期的可口可乐电视广告也推出了带有台词的广告版本。例如可口可乐《战场篇》，交战双方为了一罐可乐而差点引发战争。影片的结尾，小男孩手中的可乐瓶身上印着电视

图 10-10　可口可乐台词瓶

剧《甄嬛传》的经典台词"这真是极好的"。《神盾局特工 skye 篇》中，女特工被捕后，与审问她的头目直接对起了台词暗号，"你是风儿我是沙"的台词让人忍俊不禁。

（1）活动预热。2015 年 5 月 27 日，可口可乐运用社交媒体，推出一系列使用不同艺术表达形式重新演绎的影视剧经典海报（图 10-11），开启本次台词瓶营销战役。风格突出的电影海报，围绕同一主题——"让夏天更有戏"。当红自媒体集体发声，以不同形式宣布台词瓶来了！通过社交媒体传播，官方微博发起话题＃可口可乐台词瓶＃攀升至当日最热话题第二名，引起网友关注。

图 10-11　可口可乐台词瓶海报

（2）传播形式创新。在传播形式上，使用视觉营销利器创意微动图技术，将动态摄影和静态图片结合，仿佛魔法"解冻"了尘封在图片中的某一个片刻。官方微博每日一张创意微动图，共推出 30 余张。微信每周一期内容推文中也运用了创意微动图图片，并通过趣味互动以及有奖机制的设置，引发消费者自动大量转发评论以及回复。

（3）热点事件传播。在台词瓶传播期间，可口可乐抓取热点事件，从情感入手，吸引用户自主讨论和传播。例如高考期间，官方微信推出图文消息并配以原创手绘图为高考考生加油助威；可口可乐还与电影《煎饼侠》《命中注定》《我是路人甲》合作，推出电影台词瓶。

（4）节日营销。可口可乐充分利用节日，通过创意的互动和内容，有效地传播台词瓶。例如端午节，官方微信推出了"小可电影院"粽子大片 H5 互动游戏，选取了三部经典电影、电视剧，将经典场景变换为与粽子相关的互动小游戏。父亲节则推出"与爸爸的亲密指数"小测试，共设置 10 道题目，不同分数对应不同的亲密测试结果。

（5）台网联动。可口可乐借助优酷第一大视频网络的传播力，加强与观众互动。例如优酷"明星大咖秀"邀请 Katie Cassidy，Brett Dalton，Chloe Bennet 等 8 位好莱坞明星,以可口可乐台词瓶为主题,制作了8部短片,用户可以投票选出自己喜爱的明星大咖秀台词瓶作品;"全民来入戏"版块,用户可以通过下载"开拍"APP,上传含"让分享更有戏"活动前缀的特效视频参与活动。

(四)第四季:金牌点赞瓶

2016年适逢里约奥运会,可口可乐别出心裁地推出金牌点赞瓶。一次分享多种组合,一支表明社交关系,另一支以直接热烈的网络热词表达赞扬,二十几种称谓配搭十几种赞美,混搭出近400种"点赞",使原本略显正式的感恩,通过"夸赞"的轻松方式,含蓄又有新意(图10-12)。

图10-12 可口可乐金牌点赞瓶

(1)第一阶段,推出品牌主张"此刻是金"。可口可乐没有选择"夺冠""金牌"等常见奥运元素作为切入点,而是从温情出发,重新定义"金"的含义。并不是所有人都有机会夺取金牌成为奥运冠军,但每个人都被身边的同事、同学、朋友和亲人等不止一位并不计成败的人默默支持着。因此与重要的人分享黄金时刻才是生命的"金"。可口可乐这一短片将关注点从国家荣誉和助威奥运选手转移到大时代背景下每一个为实现梦想努力拼搏的普通人,将"金"与人类最珍贵的情感联接,契合了国人以平常心看奥运的心态,瞬间引爆社交媒体,引发网民共鸣(图10-13)。

图10-13 可口可乐金牌点赞瓶广告

在传播节点方面，可口可乐邀请包括胡歌、TFBOYS、孙杨及郎平在内的自有明星共同发布《此刻是金》，运用明星的微博影响力造势，带动更多粉丝参与。同时，可口可乐还请到@英国报姐和@燕子PHOTO等社交媒体达人讲述自己"此刻是金"的真实故事，吸引不同兴趣圈层的参与。

（2）第二阶段，延续此刻是金，金牌点赞瓶上线。可口可乐以高考、父亲节、毕业季三大主题，诠释师生情、亲情、同窗情与爱情，将"此刻是金"这一大概念具象化，通过具体场景与消费者建立情感联系。例如为夫妻亲情，同事友情（图10-14）等表达支持点赞，让情感彼此呼应。用校园生活中的细节，表达毕业季对校园里默默付出的群体的感谢（图10-15）。为了提高互动的趣味性，可口可乐采取创意海报、H5语音、创意微动图、电影跨界营销等多种方式。

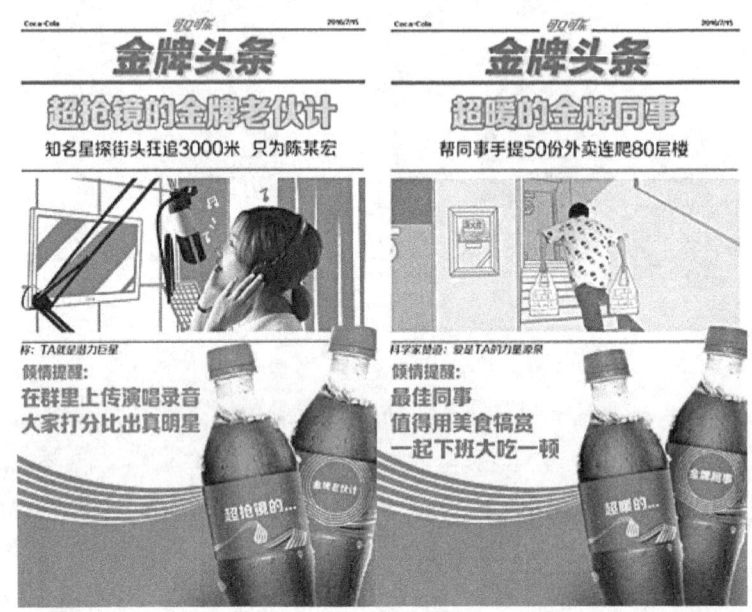

图10-14　可口可乐金牌点赞瓶之金牌同事广告

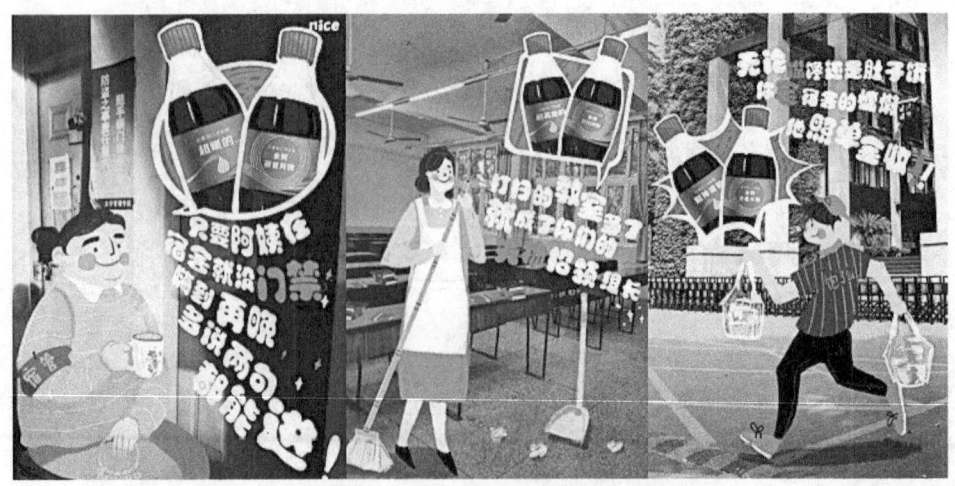

图10-15　可口可乐金牌点赞瓶之毕业季广告

（3）第三阶段，回归奥运赛事，强调内容时效性。可口可乐实时监测奥运热点，紧跟赛事进程，从大量热点话题中挑选出符合品牌精神的内容，迅速推出相关内容。无论是难民代表团在开幕式的登场受到广泛关注，秦凯向何姿求婚，还是新一代女排艰难夺金等热点话题，可口可乐都能在第一时间发布微博广告，将关键信息背后的情感融入到"此刻是金"这个主题中去（图10-16）。

（五）第五季：密语瓶

可口可乐围绕年轻人的话语圈，推出了"密语瓶"，邀请年轻人传递只有彼此才懂得的情绪和乐趣，主题为"让夏天更有聊"。这批可乐瓶身上分别印有"今天星期五""握拳""碰杯""乖巧""小情绪""吃瓜群众""讲道理"等37个词语（图10-17）。可口可乐还专门为2017年初新聘请的代言人鹿晗推出定制款鹿角瓶，引发了鹿晗粉丝的疯抢。在电视广告中，品牌代言人鹿晗拿着可口可乐密语瓶，"一起嗨"的密语让正在工作的同伴心领神会，大家一起跑向屋顶踢足球，酣畅淋漓之际，畅饮可口可乐。同时，可口可乐在视频弹幕网站bilibili推出"密语操应援大作战"活动。鹿晗本人挑选了6个密语进行了动作示范，参与者可以自由选择3个或3个以上的密语自编密语操，在平台投稿为偶像应援。

图10-16 可口可乐金牌点赞瓶微博海报

图10-17 可口可乐密语瓶

【案例分析】

一、全球策略，本土执行

可口可乐中国"快乐昵称瓶"活动是可口可乐"Think local, Act local"的本土化思想的一个侧面体现。可口可乐在全球第一个提出了"Think local, Act local"，这一思想以可口可乐本地化策略理念（长期 Long term、本地化 Local、信心 Optimis、机会

Opportunity、公民责任 Obligation）中的"本地化 Local"演变而来，其要点是应因本土的需要作相关的决定。也就是说，在全球这个庞大的市场上，同样的创意具体运用到不同的国家和地区时，会根据不同国家的消费者行为的差异性，使用这些国家和地区的语言和人物形象去表现这个创意，即"创意标准化，执行本土化"。本土化策略的好处在于能够使可口可乐在保持全球品牌形象一致的同时，适应跨文化传播中所遭遇的文化差异。在本案例中，可口可乐就遇到了英文姓名集中，中文姓名繁杂众多，西方重个人，中国重集体的文化差异，可口可乐没有拘泥于国外昵称瓶的经验，而是适应中国本土市场，采用人群标签。可口可乐的微博运营团队结合中国时事热点，为昵称瓶量身定制的一百多幅数字海报也为中国本地所独有，在新浪微博产生了1032587 次转发量，取得了较好的传播效果。

二、产品即媒体

所谓媒体，从最广义的概念来看，是传播信息的载体。因此，在当前这个泛媒体时代，对媒体的理解应摆脱媒体就是传统媒体的狭隘思维，只要是负载广告信息、能够传播信息的载体都应视为媒体。本案例中，可口可乐在社会化营销前先社会化了产品，让可乐瓶社交化，成为自媒体，直接与消费者沟通，激发消费者之间的自发分享。尽管在最开始信息传播时使用了意见领袖进行预热，但是真正促进消费者购买行为的，却是产品本身。也就是说，意见领袖只起到了信息传播的加速作用，如果没有整体产品的变化，这个活动也只是一次普通的营销，不会令消费者真正对产品产生兴趣，也不会因为黄晓明收到了"大咖"的可乐而真的去购买一瓶没有变化的可乐。中国昵称瓶以表达语言以及传播内容符合社交化需求为起点。昵称既与社交化的传播方式存在天然的连接，又是一种标签文化，特别是对于当下年轻人而言，互贴标签是一种认同机制。一方面是有趣，另一方面也是受心理上的存在感和自我认同感影响。这使得可口可乐中国昵称瓶从一开始就天然具备社交基因。

如今，在可口可乐带动下，瓶身广告也成为饮料界的一股潮流，味全、康师傅先后推出了拼字瓶、理由瓶、表白瓶。味全拼字瓶，在其官方搭配里，拼出来的应该是"养好身体别感冒""多想抱抱你"等这样充满正能量的句子。康师傅 36 种茉莉"表白瓶"有"以后，我的茶都给你喝""以后，我的头像都

图 10-18 康师傅表白瓶

是你"等句式，消费者可用单瓶产品表白，亦可组合多瓶表白，还有私人订制的"手写瓶"，可随心写上专属表白语。

三、定制化传播与大数据技术的运用

可口可乐快乐昵称瓶的推出，充分体现了定制化传播的特点。定制化传播是信息技术发展和消费者需求多样化的必然产物，指针对消费者信息传播接收的一种定制化服务，它针对不同特点的消费者，按照其自身的不同要求，为其提供适合其需求的信息传播。本案例以满足消费者的差异化需求为根本，根据消费者特征将其分为不同群体，为其分别附上符合相应昵称，如年轻女生群体很注重友谊，就为他们量身打造"闺蜜"的昵称瓶；喜爱读书或是"文艺范儿"的年轻人，则为其定制"文艺青年"的昵称瓶。同时，在信息生成的过程有始终伴随着消费者参与。如只要在1号店等购物平台先购买一打可乐，就可以另外获赠一瓶自己DIY昵称的可乐。这使原本标准化的可乐瓶带上了鲜明的消费者个体的特征，也使定制化不再拘泥于生产和服务等领域。

可口可乐昵称瓶的定制化，必然是以分众化作为基础的。随着社会经济水平的不断提高，受众在需求上的差异性越来越显现、增强，但是作为大规模批量标准化生产企业，可口可乐公司若想满足每一个消费者的个性需求，几乎是不可能的。若为每一个消费者定制不同的昵称瓶，成本势必上升到无法估算，选择族群的概念进行定制化传播是一个明智的选择，在社交媒体环境下，人们往往很喜欢拥有自己的标签找到自己的族群。如果某一个圈层的人群被激发，那么传播效果是加倍的，拉动消费就不在话下了。

可口可乐昵称瓶的成功，还得益于大数据技术的运用。新兴媒介的勃兴，传播通路的激增、海量信息的堆积，信息环境加剧了受众碎片化、部落化、群族化的特征，无差异的受众被细分为各种小众部落：月光族、背包族、追星族、御宅族、SOHO族、都市轻熟男、千金美少女……这些碎片化的群体对媒体内容、表现形式、传播载体、互动分享等都有着各自不同的偏好，仅仅用年龄、教育、收入等基本属性已不能被完全描述。广告公司、营销公司可从社交媒体当中消费者的内容接触痕迹、消费行为数据、受众网络关系等庞杂、琐碎的非结构性数据中提炼出消费习惯、态度观念、生活方式等深度数据。基于大数据的文本语义分析还可以帮助企业从电子邮件、在线论坛、网络回复等各种客户数据中挖掘到有价值的信息。本案例中，可口可乐公司就借助先进的大数据技术，与国内领先的第三方数据公司Ad Master（精硕科技）合作，经过对过亿社交媒体数据的捕捉，对最频繁使用的热词的提取，从阅读量、互动及发帖率三方面进行比较，初步筛选出300个热词，再结合品牌与公司的理念，选出最后可以上瓶的昵称。在台词瓶的台词筛选过程中，可口可乐也是基于优酷庞大的用户数据，在《万万没想到》《后会无期》《咱们结婚吧》等几十部热门影视剧中，筛选出49句最耳熟能详的台词。

四、整合营销传播

整合营销传播（IMC）也被称为"speak with one voice"（用同一个声音说话），即营销传播的一元化策略。本案例中，可口可乐以社交媒体为主要传播渠道，综合运用各种传播和营销手段，向消费者传播统一信息，完成了一个O2O营销传播的闭环。一方面，品牌在社交媒体上传播，线上媒体整合做到统一，选择媒介覆盖了各种类型的受众；另一方面，线上与线下联动，网友在线下购买带有昵称的可乐，或是在微博上定制一瓶属于自己的可口可乐，继而拍照分享到社交媒体，回到"线上"引发讨论，使品牌实现了立体式传播。并且可口可乐十分注意消费者参与，在每一个环节都设置了微博、朋友圈等社交媒体的上传或转发，使信息能迅速向圈外扩散，达到全网全覆盖，每一个人都成为品牌的参与者、传播者。可口可乐遍布全国的强大销售网络也有助于整个创意信息突破社会化营销的局限，通过传统广告的形式形成分布式传播覆盖。

目前，技术手段的进步正在使整合营销传播的目标从"制造one voice"转向"制造one experience"。这不仅要求营销者从消费者的角度出发，以消费者的思维思考，还要设身处地设想自己的营销活动究竟带给消费者什么样的体验。也就是说，单向、传统的宣传方式在社交与移动互联的时代已然落伍，挖掘每个人内心的认同感，建立基于社群的情感联系，触及消费者的内心并让他们主动分享与互动，才是真正能够扎根市场且有生命力的方式。

当然，可口可乐将瓶子变成社交工具，这种简单、新颖的创意活动也存在一些问题。比如此模式可复制性大，容易被抄袭，上文所举出的味全、康师傅就是跟风效仿的例证。另外此模式具有一定时效性，方案存活时间不长，需要创意人员与时俱进，不断推出新方案以迎合挑剔的消费者。可口可乐在昵称瓶之后推出的歌词瓶、台词瓶，就没有取得昵称瓶那样的成功，除了歌词、台词不是众人皆知，不容易像昵称瓶那样，能够轻易找到情感共鸣之外，消费者审美疲劳也是很重要的因素。

从整体来看，可口可乐昵称瓶活动还是一项极有新意的社交媒体营销传播，虽然全球市场一体化趋势不可阻挡，但口味、消费习惯、文化心理在相当长一个时期还具有独特性，国际品牌需要在保持、巩固国际化产品，服务基本内涵前提下，对品牌传播实践做适当处理，使其与所在地区人文环境相适应。

【知识链接】

一、标准化战略

在早期的研究中，这一概念被定义为"相同的广告"，是指企业以全球市场为目标，其营销策略、传播形式、品牌个性形象等都采用统一化战略，通过品牌形象国际化元素的融入，以获取公众的认同与支持。标准化策略是无差异市场营销战略派生出的一个理论分支。这种主张认为世界各国或各地区存在着共性，顾客的需求在许多方面具有一致性，企业在市场细分之后，不考虑各子市场的特性，而只注重子市场的共性，只推出单一标准化产品，运用单一的市场营销组合，力求在一定程度上适合尽可能多的顾客的需求。

二、大数据

麦肯锡全球研究所给大数据下的定义是，一种规模大到在获取、存储、管理、分析方面大大超出了传统数据库软件工具能力范围的数据集合。大数据的特性可概括为 4V 特征，即海量的数据规模（volume）、快速的数据流转（velocity）、多样的数据类型（variety）和价值密度低（value）。大数据技术的意义不在于掌握庞大的数据信息，而在于对这些含有意义的数据进行专业化处理，关键是通过对数据的加工，实现数据的价值增值。

【拓展思考与实训】

1. 在当前的市场环境下，可口可乐还可通过哪些方式对中国消费者进行本土化传播？

2. 近年来，瓶身营销成为一种潮流，除了可口可乐、味全之外，农夫山泉推出限量版的"故宫瓶"，小茗同学推出空白涂鸦瓶，江小白以"立瓶召唤，青春不散"为主题推出"手写瓶"……为什么这么多品牌都在做"瓶子营销"？如何抓住消费者心理，玩转"瓶子营销"？

案例十一

一块饼干的新玩法：奥利奥的定制营销

拓展资源

【品牌故事】

1912年，两块装饰有浮雕花纹的巧克力口味饼干和一层浓郁的奶油夹心相遇了，神奇的事情就此发生了：奥利奥（Oreo）饼干从此诞生。奥利奥品牌诞生百年，不断经历着消费者生活方式和消费习惯的变化，在社会的变迁中不断地调整其品牌营销策略，从早期"兄弟"篇广告到2013年《奥利奥：亲子中国》微电影再到2016年"Rolling Wonder（滚动奇迹）"广告。在伴随着亿滋母公司全球化和本土化的进程中，奥利奥品牌从定位"孩童"到"成人"，从强调"童趣"到"多元趣味"，从"着力营造温馨感人氛围"到"强调好玩、有趣、时尚"，从"内容创新"到"技术创新"，奥利奥无疑是成功的。1996年进入中国市场后，在长达十余年的时间里奥利奥始终蝉联中国饼干产品销售冠军。2012年，年满百岁的奥利奥更是在中国迎来了其最辉煌的篇章。2012年上半年，卡夫在中国市场的增长率达到了30%，中国成为卡夫全球最出色的市场，增速远高于其全球5%的速度。更为重要的是，品牌培养了一群极为忠诚的喜爱奥利奥饼干的"中国孩子"。正如苹果有彻夜排队抢购的忠实"果粉"，奥利奥也有爱吃巧克力奶油饼干的"小朋友"。可以说，在中国十七年的努力，奥利奥最终发展成为最具影响力、最成功的饼干领导品牌。

【案例背景】

曾经的"扭一扭，舔一舔，泡一泡"电视广告中，经典吃法让中国的许多孩子爱上了来自美国的奥利奥饼干。依靠每年投放孩子与父母亲密分享奥利奥的电视广告，奥利奥登上饼干品牌的宝座。然而，2012年到2015年，奥利奥便迅速在中国市场上失宠，令人唏嘘不已。依据欧睿信息2015年提供数据：奥利奥饼干在庆祝100周年之后的三年内，中国市场份额缩小了三分之一，从2012年的近9%下降至2015年的6%。奥利奥母公司亿滋国际发布的2015年财报也显示，2015年四季度的营业收入下滑17%至73.6亿美元，包括中国市场在内的亚太地区出现同比下滑5.5%。下滑主要原因来自于亿滋明星产品奥利奥和趣多多的销量下滑。亿滋官方的消息和欧睿信息提供的数据都表示，奥利奥在中国已经进入市场颓势，品牌迎来了前所未有的危机。

国内消费者对健康食品与日俱增的需求和急速变化的饮食习惯让奥利奥与市场严重脱节，奥利奥还来不及调整中国和全球的品牌战略，只能延续原有的品牌定位和品牌传播策略，仓促应战却效果甚微，狂轰乱炸的电视广告和更加眼花缭乱的营销方式不仅显得疲于应付，更难以挽回品牌的颓势。

奥利奥进入中国20年，那些曾经的孩子都已经长大成人，甚至成为年轻的父母。他们内心虽然对奥利奥充满怀念和真挚的情感，但是他们长大后却远离了奥利奥饼干。因此，重新夺回他们的关注是奥利奥首先需要考虑的。其次，中国消费者零食购买年龄也发生了重大的变化。早期，29-35岁是休闲零食的最主要购买群体，但随着经济的飞速发展和人们生活习惯的改变，除了51-70岁群体所占比例仍然较低且变化不大外，零食越来越受到各个年龄阶段群体的喜爱，且各年龄段百分比差异缩小。故而，新的市场环境下，吸引不同年龄段群体消费者对奥利奥的关注成为奥利奥所面临的不容忽视的问题。那么强调童趣，主打温馨和逗趣，以儿童为主要目标群体的广告营销策略就显得越来越不合时宜。

为了调整策略争取到更大市场，跳出原人群定位的奥利奥，2014年就开始逐渐将品牌基调转向更趣味性、更多元化。2015年上半年正式打响了"玩转奥利奥"的新概念，发起了创意新吃法的广告战役；下半年更是乘胜追击吹响"趣玩新花样"的战役，不仅发起产品样式革新，同时将目标锁定个性化定制营销。随后的2016年全球广告战略中更是进一步跳出原人群定位，放弃单一化的品牌战略，加快品牌数字化进程，鼓励人们尝试不同的口味，接受多样的产品。

【案例分析】

一、跳出原人群定位，强调多元趣味

1. "玩转奥利奥 秀出新趣味"广告战役

2015年年初，消费者发现只要在各种奥利奥产品包装上扫一扫"玩转奥利奥 秀出新趣味"的新图标以及"梦想它""摇滚它"等字样的二维码，便会弹出相应的奥利奥创意吃法。

这仅仅只是个开始，奥利奥随后推出了炫酷的3D广告大片、由"好爸爸"曹格和美食家文怡亲自献演的网络视频、玩转奥利奥创意乐园和线下奥利奥"惊喜一刻"等大招，让用户眼花缭乱，惊喜不断。

（1）炫酷的3D广告大片

这支广告大片中，奥利奥采用了当下最新创意3D手法进行拍摄，营造出一个充满趣味的奥利奥乐园，在这里有五花八门的新吃法和新玩法。广告展现奥利奥的玩味和创意，开启趣味奥利奥心奇之旅（图11-1）。

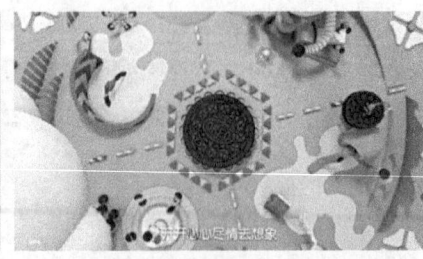

图11-1 "玩转奥利奥 秀出新趣味"3D广告

（2）曹格、文怡献演的网络视频

网络视频由《爸爸去哪里》的曹格与美食家文怡出演，展示了他们的奥利奥创意新吃法。国民萌娃Grace姐姐和Joe一起用奥利奥给薯条爸爸制造了一个大惊喜！他们在家建造了一个充满机关的奥利奥乐园，将奥利奥玩出新高度（图11-2）。

美厨娘文怡的唯美料理大赏更是学习奥利奥新吃法的无敌秘籍（图11-3）。视频展示了她极富想象力的奥利奥创意新吃法和玩法，里面精美可爱的奥利奥小甜点更是让人看后手指大动，纷纷想要跃跃欲试！

图11-2 奥利奥网络视频—曹格　　　图11-3 奥利奥网络视频—文怡

（3）"玩转奥利奥创意乐园"活动

奥利奥在PC和移动终端同时发起了"创意新吃法"的挑战（图11-4），包括一个创意吃法小游戏和创意食谱征集挑战。

图11-4 奥利奥"创意新吃法"挑战

"玩转奥利奥创意乐园"成功引起了一股全民玩转奥利奥、挑战创意新吃法的热潮。短短两个月，访问量已高达1200万，共计44万的热情网友参与了创意吃法大挑战。全民挑战奥利奥创意吃法的激情更是挡不住，几千份脑洞大开、奇思妙想的奥利奥创意吃法食谱呈现了消费者的奇思妙想。

（4）"惊喜一刻"挑战活动

挑战活动期间，奥利奥创意吃法小分队每周会从用户上传的食谱中挑选最为特别、最有创意的网友，邀请专业大厨实现其奥利奥创意吃法，并将其作为奥利奥惊喜一刻献给网友指定的TA。

2015年上半年的"玩转奥利奥 秀出新趣味"的传播活动，鼓励人们运用想象力，挑战奥利奥的创意新吃法，将奥利奥所倡导的趣味性与想象力推向更高层次。

2. "趣玩新花样",打造"花样表情自造工厂"

在国内,个性化定制营销已然不是新鲜事物,如何能趣玩出一片天?奥利奥的答案是提供给消费者"别人不能复刻"的奖品。2015年下半年,围绕"趣玩新花样"这一活动主题,从借势名人营销、个性化定制游戏两大形式入手,通过打造"花样表情自造工厂"活动,引领消费者感受奥利奥全新推出的5款限量饼干图案的美丽。

一方面,奥利奥邀请"萌神"奥莉、时尚表姐刘雯一起分享专属表情的奥利奥饼干(图11-5)。

自从"萌神"奥莉诞生之后,奥莉和奥利奥快合体的呼声就不绝于耳。大招当然得用在最合适的地方,还有什么比将奥莉的头像印在奥利奥上更令人印象深刻呢?

而奥运冠军孙杨、时尚表姐刘雯也紧跟其后发布印有自己表情的奥利奥饼干(图11-6)。名人效应的背后,是奥利奥不断向消费者潜移默化地诠释"趣玩新花样"的过程。

图11-5 奥莉与奥利奥合体推广　　图11-6 奥利奥刘雯头像定制饼干

另一方面,打造"花样表情自造工厂",邀请粉丝上传自拍(图11-7)。粉丝通过选择饼干图案、自拍或上传图像、分享生成的表情饼干这三个简单的步骤,就有机会赢取"别人不能复刻"的3D打印表情饼干模型,引来10万网友上传自拍表情。

图11-7 奥利奥"花样表情自造工厂"

"花样表情自造工厂"活动,意在给每个身处忙碌生活的人带来欢乐和趣味,并利用其标志性的饼干和创意形式最大化激发消费者的想象力和趣味性。

为了重新赢回年轻消费者,奥利奥重新调整了品牌定位,瞬间,品牌仿佛打开了"想象"世界的新大门,一路小跑想出了各种趣味横生的奥利奥新玩法。

二、加快品牌数字化进程

奥利奥在随后的2016年全球广告战略中,进一步跳出原人群定位,放弃单一化的品牌战略,鼓励人们尝试不同的口味,接受多样的产品。

1. 发布首支全球广告片,继续走产品多样化道路

为了迎接全新的2016,年初奥利奥公司就在美国投放了当年的首支全球广告片"Rolling Wonder(滚动奇迹)"(图11-8),重新填词和配音后紧接着在包括中国在内的50多个国家同步播出。

图11-8 奥利奥"Rolling Wonder"广告

该片由创意公司The Martin Agency和动画制作公司Buck共同创作。摇滚歌手亚当·兰伯特(Adam Lambert)倾情献唱。广告音乐热情欢快,舞蹈充满动感,广告片的主角也不再是孩子,而是时尚、动感、爱好音乐、爱好生活的消费群体。

在2016年新的品牌宣传片中,打开奥利奥(Open up with Oreo)这一动作被引申为"打破壁垒"(breaking down barriers),旨在向消费者传达只有打破壁垒,才能收获意外的情感,从而鼓励人们接纳不同的人群,让世界变得更美好。

2. 从内容定制到包装定制,将定制玩到极致

2016年3月21日,奥利奥全球首发了6款极其富有想象力的包装(图11-9),并在线上推出全新的奥利奥包装定制营销活动。

此次定制活动围绕品牌2016年全新广告战略,以"打开奇思妙想,自创百变包装"为主题在官网、微博等线上全面展开(图11-10)。在活动页面中,消费者只需要打开奇思妙想,咔嚓拍照,上传自己的照片,简单三步便可充分发挥想象力,使用品牌提供108个创意贴纸,定制自己专属的奥利奥包装,还有机会赢取9000个将限量版奥利奥定制包装变成实物的机会。

案例十一 一块饼干的新玩法：奥利奥的定制营销

图 11-9 奥利奥推出 6 款新包装

图 11-10 "打开奇思妙想"活动

  这场定制盛宴，除了掀起普通网友的疯狂追随，明星粉更为壮观。除了此前晒过饼干的刘雯再续"奥利奥前缘"外，知名影星倪妮、小童星安吉拉、网红艾克里里都前来助阵（图 11-11）。从时尚超模、影视大腕、炙手可热的网红到互联网创意大神，各行各业的实力大腕都在社交平台上秀出了自己专属的奥利奥定制包装。

图 11-11 明星秀出专属奥利奥包装

在趣味个性化定制和明星效应的影响下,奥利奥成功掀起了一股全民定制风潮。活动期间,奥利奥一度荣登新浪微博实时热搜榜 Top6(234880 的搜索量),更在短短 30 天的营销战役内,吸引 200 万次参与定制包装,全网累积曝光超 10 亿,网络主流"80 / 90 后"群体已成功被奥利奥的花式脑洞所强烈吸引。

2015-2016 年,奥利奥开启了定制化营销的大门,将热门的"定制营销"从饼干玩到包装上,推出的一系列大大小小的活动个性化定制饼干图案以及饼干包装涂鸦活动极富有奇思妙想,奥利奥成功掀起了一股全民定制风潮。

同时,奥利奥请来科技达人把饼干摇身一变成为小唱片(图 11-12)。将奥利奥饼干放进特制音乐盒里,接上唱针,这块饼干化身成了黑胶唱片,开始转圈,播放音乐。这个小唱片可以提供六种不同曲风:摇滚、爵士、电子、中国风……这款"边吃边听歌"的黑科技产品,将奥利奥有趣的玩法提升到新的高度。

图 11-12　奥利奥小唱片

2016 年 5 月 6 日,奥利奥联合天猫"超级品牌日"推出缤纷填色装(图 11-13),对品牌进行高强度、高曝光率的密集推广。奥利奥"超级品牌日"活动之前,奥利奥与天猫分别在自己的官网、社交媒体渠道、平台入口等处进行预热。同时新浪微博和天猫的链接更是被打通,天猫还专门为奥利奥超级品牌日在首页设置了一个奥利奥品牌狂欢入口,直接引导用户从新浪微博进入天猫超级品牌日活动页面,不仅有各种促销活动,还可以在页面上定制属于自己的奥利奥饼干盒。消费者购买黑白色的奥利奥 X 天猫装萌系列包装,并附赠彩色画笔,消费者可尽情发挥创意,设计自己的奥利奥包装。

图 11-13　奥利奥缤纷填色装

活动当天，天猫还为奥利奥在其新浪微博上做了包场，包括热门话题、信息流等，短期内就获得超过 4000 万的曝光和关注。

线下，开展吉尼斯世界纪录大挑战之"最大一盒饼干"包装盒涂鸦活动，汇集了 200 人的脑洞，N 小时的心血，终于完成了缤纷闪亮的世界最大包装。（图 11-14）

如今的消费者除了要得到味蕾的满足以外，还渴望尝试新鲜事物和刺激的新奇挑战。奥利奥创造性地把纸杯蛋糕和饼干这两种受欢迎的甜点组合在了一起，推出了纸杯蛋糕口味限量版奥利奥饼干（图 11-15）。

图 11-14　奥利奥拿下世界吉尼斯纪录　　　　图 11-15　奥利奥纸杯蛋糕新品

为了推广这款新出的纸杯蛋糕口味限量版奥利奥饼干，奥利奥广告创意和营销活动首次采用了 VR 技术。

在线上，奥利奥结合虚拟现实的体验效果，在社交媒体上发布了 VR 广告，以奇幻仙境般的方式呈现了这款加入了香草奶油纸杯蛋糕口味奥利奥饼干制作的全过程，以及奥利奥童话般的仓库——Oreo Wonder Vault（图 11-16）。广告中奥利奥每一个制作环节都如此梦幻，让人仿佛置身于牛奶、巧克力、香草的海洋，享受着童话般的甜美梦幻之旅。VR 广告带给消费者身临其境般的视觉体验，让人久久回味无穷，恨不得马上再去体验一番牛奶香草浴的畅快。

图 11-16　奥利奥 VR 广告

在线下，这款新品饼干也在纽约街头进行了名为"Wonder Vault"的促销活动（图11-17）。奥利奥在纽约第18号西街245号，搭建了一个童话般的仓库——Wonder Vault，把线上虚拟现实体验搬到了线下。仓库的库门上，一块巨大的奥利奥饼干被制作成"库门"的形状，路过的人们只要打开这个库门就能观看一段展示这款新品制作过程的全景视频。

图 11-17　奥利奥童话仓库—Oreo Wonder Vault

推开奥利奥大门，就能进入到一个全新的奥利奥世界当中。在流水般的传送带上，奥利奥饼干加上了巧克力的夹心层和香草口味的夹心球，最后再盖上另一块奥利奥，一个巨大的纸杯蛋糕就出现在我们眼前。最后，还会有一小盒新口味的奥利奥饼干通过传送带传递到消费者的面前。

虚拟现实、VR广告是2016年品牌和消费者们持续关注的热点话题，奥利奥第一次玩虚拟现实，就玩得非常精彩和漂亮。"Wonder Vault"的场景布置中，电子播放设备和实物巧妙结合，让消费者获得全方位感官体验。观众在观看完全景短片后，短片中的饼干就出现在他的面前，这样的小惊喜，对消费者具有极强的吸引力，也非常有利于品牌话题度的提升。

更具有深意的是这次的营销活动包含着"门"的概念，打开这扇门，你会看到一个新奇有趣的美丽世界。可以说，视频和线下活动都很好地表现了2016年全新的奥利奥活动主题：Open up with Oreo，尤其是线下体验中，拧开奥利奥大门，一语双关，即象征消费者习惯拧开奥利奥的动作，也代表了以奥利奥作为催化剂使人们拥有更开放的心态的理念。

【知识链接】定制营销

一、定制营销的概念及理论基础

定制在早期市场上并不鲜见。生产者分别为不同的顾客生产能够满足他们不同需求的产品，例如：定制服装、定制家具等，即所谓的"量体裁衣"。

而现代意义的定制营销概念则可追溯到20世纪70年代，阿尔文·托夫勒提出未来社会将摒弃标准化，摒弃一模一样的产品，提供有史以来最大多样化的、非标准化的商品和服务，从而提出定制营销的概念。可以说，现代意义上的定制营销是建立在大规模生产上的，只有这样才能保证个性化定制产品和服务的低成本生产。

目前，关于定制营销并没有一个完全规范统一的确切定义。一般认为，定制营销是指企业在大规模生产的基础上，进行市场极限细分，将每一位顾客都视为一个单独的细分市场，根据个人的特定需求来进行市场营销组合，以满足每个顾客的特定需求的一种营销方式。定制营销也称为"定制化营销""顾客化营销""一对一"定制。定制营销不是早期定制方式的简单重复，而是定制的高级形式——大规模定制营销。但是它并不是满足某一顾客特定需求的个别行为，而是在满足顾客个性化、多样化、人文化的特定需求基础上的大规模定制。

要深入理解定制营销的概念，还应注意以下两方面内容：一是把目标市场上的每一个客户都作为一个单独的细分市场，是对目标市场的极限细分；二是生产的着眼点是使产品或服务能够满足客户的个性化需求，即体现客户的意志。

定制营销是企业营销理念和营销方式的重大转变，是基于客户的个性化需求为基础而开展的营销活动。著名的营销大师菲利普·科特勒认为定制营销将成为21世纪市场营销领域最新的热点之一，是未来营销发展的趋势。即一切以消费者的需要为中心，尽量满足客户对商品的个性化需求，以提高客户对产品的满意度和忠诚度。

二、大规模营销定制与传统营销理论的区别

在传统的营销模式中，厂商面向统一的市场生产标准化的产品，以低成本、低价格为目标，实现规模经济。在细分市场时则忽略了每个消费者的需求差异，仅仅认为在某一特定市场中，顾客的消费爱好是一致的。因此，产品虽然能够满足某些共同的需要，却不能适应由于顾客需求各异而造就的多样化偏好。在消费行为日趋个性化的今天，批量生产出的产品越来越不能满足顾客的多样化需求了。

定制营销理论则注重消费者的个性化需求，根据每一位顾客的特定要求，为其单独设计、生产产品。随着人们生活水平的提高，消费需求带有浓厚的个性化色彩，定制营销就是解决顾客多样化需求与企业供给之间矛盾的一种营销方式。

在传统生产方式下，生产者在时间、空间和信息上的差距很小，产销见面和以销定产使顾客能够获得满意的产品和服务。科技进步带来的大规模标准化生产虽然提高了效率，却也拉大了生产与消费失控的距离。此时，大规模定制营销依托现代最新科学技术，大规模、高效率地进行非标准化或非完全标准化的生产，使得按照每个顾客的需求提供不同的产品和服务成为可能，赋予产销见面和以销定产以新的含义。顾

客可以通过网络与企业进行互动。一方面,企业可以通过互联网加强与顾客的沟通,更好了解消费者的需求,为其设计和生产个性化产品,增强顾客对企业产品和服务的满意度和忠诚度。另一方面,顾客可以参与到产品的定制过程,提出自己对产品的性能、规格、价格、购买方式、支付方式等的要求,他们的需求会被最大限度的满足。

【拓展思考与实训】

1. 思考本案例中奥利奥几次转变的背景以及奥利奥是如何应对的?
2. 奥利奥品牌是如何应对数字化进程的?

案例十二

人与人之间的距离：青岛9度的情感营销

拓展资源

客可以通过网络与企业进行互动。一方面,企业可以通过互联网加强与顾客的沟通,更好了解消费者的需求,为其设计和生产个性化产品,增强顾客对企业产品和服务的满意度和忠诚度。另一方面,顾客可以参与到产品的定制过程,提出自己对产品的性能、规格、价格、购买方式、支付方式等的要求,他们的需求会被最大限度的满足。

【拓展思考与实训】

1. 思考本案例中奥利奥几次转变的背景以及奥利奥是如何应对的?
2. 奥利奥品牌是如何应对数字化进程的?

案例十二

人与人之间的距离：青岛9度的情感营销

拓展资源

【品牌故事】

汉斯啤酒饮料总厂于1987年建成投产，在西北地区掀起了汉斯消费高潮，多次荣获国家各级产品金奖。1993-1995年，由于产品口味跟不上消费者喜好的变化，出现滞销，企业遇到了经营危机。1995年底，青岛啤酒股份有限公司与西安汉斯啤酒饮料总厂合资组建了青岛啤酒西安有限公司，重新激活了汉斯啤酒。青岛啤酒西安汉斯集团有限公司是青岛啤酒股份有限公司在2004年8月整合西北、华北区域汉斯啤酒生产基地，以原青岛啤酒西安汉斯有限责任公司为核心企业、具有独立法人资格的啤酒集团公司，是青岛啤酒在西北和华北啤酒产销业务的区域管理集团。汉斯集团是中国西部最大的啤酒生产企业，在西北和华北地区拥有十个啤酒生产基地。世界品牌实验室（World Brand Lab）发布的2017年（第十四届）《中国500最具价值品牌》排行榜中，青岛啤酒以1297.62亿元的品牌价值连续14年蝉联中国啤酒行业首位，成为唯一入选的"世界级"啤酒品牌，旗下的崂山啤酒、汉斯啤酒以及青岛啤酒分别以205.66亿元、135.37亿元和60.18亿元同时上榜。

青啤汉斯坚持"纯正新鲜、坚持品质"的品牌核心价值，以专注的态度和责任酿造一致的啤酒口味，不断创新发展。2011年汉斯啤酒启用陕西籍硬汉张涵予作为代言人以来，很好地诠释了汉斯品牌"挑战、执着、激情、分享"的品牌精神，提升了品牌亲和力，更进一步拉进了与消费者之间的距离。作为中国啤酒行业领军品牌，青岛啤酒创新发展出以"原料优鲜、技术领先、销售保鲜、品味新鲜"为核心的全过程新鲜度管理理念，陕西区域实现了地产地销，搭建运输半径150公里的"新鲜速递网"，保障了销售区域"全程新鲜度管理"。

【案例背景】

青岛9度之于陕西就相当于可口可乐之于世界，不同的是陕西人对于9度的品牌具有更切实的亲属认同，无论大小饭店、餐馆、路边烤肉摊，一句"老板，来瓶9度"是所有陕西人对于这种品牌亲属感的最好体现。9度在陕西啤酒市场有着难以撼动的龙头地位，基于消费场景的产品关联极强，但是9度在品牌层面与用户关联相对较弱，从官方的角度9度与大众存在一定的品牌距离。如今，啤酒市场的竞争不断加剧，各种洋啤酒和外地啤酒逐步开始掠夺属于9度的消费群，特别是在80/90年轻消费群，作为老品牌，在新的市场挑战之下，品牌需要不断深化与年轻消费者之间的关联，焕发新的活力与形象。

【案例分析】

青岛9度本次品牌推广以"喊个9度来买单"为核心主题，线上线下营销整合，以提高9度品牌声量，巩固现有消费群，同时焕发9度产品年轻新声音，拉拢当下80/90年轻消费群。为此，9度采取了三大核心策略。

1. 深挖本地，调动城市情感。充分调动西安和陕西本地城市元素，连接用户与9度产品的心理情结，形成城市热点事件，突出和强化9度产品的品牌记忆。

2. 多管齐下，分阶段推进。全面利用社交媒体传播，结合线下事件营销、线上话题营销、话题互动、热点营销、跨界营销等多种推广方式，同时充分整合本地有效的线上媒体渠道，实现为"喊个9度来买单"活动的引流导入，并焕发新的品牌生命力。

3. 跨界创新，焕新品牌形象。跨界城市潮流年轻元素，在传播中实现9度产品及品牌的焕新，增强产品的年轻活力，吸引更多年轻群体。

于是，2016年6月—10月，一场"吃""喊""聚""唱"的大戏上演了。

第一阶段：吃——#啤葩说#9度和你的那些事

通过"啤葩说""9度套餐""9度霸王餐"等活动，制造城市话题事件，线上互动与线下体验相结合，激发9度与美食碰撞的营销火花。

首先，情感先点燃。在陕西本地著名的"挖墙脚""西安吃货团""吃货在西安""凤城五路"等美食及文化类微信公众号上，以美食为切入点，制造话题，如"西安人的胃到底有多大？""西安人夏天最不能少的7种美食，你都吃全乎了吗？""一个五千年前被陕西人翻过牌子的美食，给了这座城市不该有的情怀""9度，融进西安人血脉里的情怀"，以此勾起每天都在吃，却不曾被点燃的美食和9度之间的生活情结。有效的话题切入，实现了非常热烈的话题预热。

其次，全民"啤葩说"。抛出互动话题"啤葩说"——你心中的9度套餐是什么？因为对陕西人来说，9度是百搭饮品，不论是泡馍糖蒜，还是火锅串串，9度都是标配。借助这个简易并有感的话题，吸引受众的参与，点燃公众UGC（User Generated Content用户原创内容）内容创造的欲望。在这一阶段，9度通过话题引导动态海报和互动H5（图12-1），以最本地化的文案风格和古今融合的人物，表现出最陕西的9度美食文化，起到话题示意引导的作用。最终，仅前述四个微信公众号上的微信稿件总阅读量超过55000，留言评论量2857条，评论点赞数约20000个。

最后，高潮霸王餐。通过前期互动话题"啤葩说"，引发了第一轮公众关注，之后联合本地美食第一名人——老妖，发起"喝9度喋美食，老妖带你吃霸王餐"的线上线下整合传播活动。活动共分两场：第一场为9度+美食达人+烈火烧烤，第二场为9度+美食达人+霸王海鲜。活动首先在"老妖带你吃西安"微博及微信平台上发声，这个名人自媒体拥有近百万粉丝,被称为"西安美食活地图",通过用户评论转发参与活动。之后邀请本地名人陕西广播台著名主持人石头、美食达人老班长等参与现场活动,与粉丝进行现场互动。在微博平台上,#喝9度啤美食#内容阅读量达到508.8万,参与讨论的互动人数3318人,微信阅读量81465,留言评论量1399条。至此,第一阶段活动以"吃"为线索,串起线上线下,让公众在美食中交流情感,以美食为纽带,联结起人与人、人与本地文化、人与9度品牌之间的内在关联。

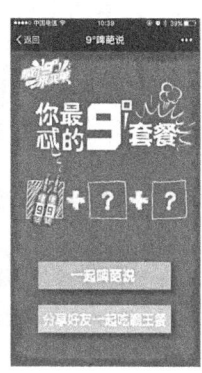

图 12-1 "啤葩说" H5

第二阶段:喊——老板,来瓶 9 度

汉斯啤酒还设计了"你敢喊 9 度就敢送"活动,制造了全城喊 9 度事件,让 9 度以最接地气的方式,出现在每一个普通市民的生活场景中,在夜市、便利店、商场与市民进行零距离互动,激发西北人酷暑季节对冰爽的渴望,用这种有趣的方式回馈全城消费者。

第一步,线上互动预热。通过线上互动 H5,引导用户语音喊 9 度(图 12-2)。只要所喊内容中包含"9 度"两个字就可以将当天酷暑气温降低,谁以最快的速度将温度降到 9 度,就可以获得相应的 9 度礼品。这种充满游戏趣味性的 H5 极大吸引了受众的参与和二次传播的欲望。

图 12-2 "你敢喊 9 度就敢送" H5 广告

第二步，线下爽透全城。从8月中旬开始，基于"在酷暑8月的西安，9度如何用冰爽啤酒爽透整个城市"的命题，9度策划实施了"你敢喊9度就敢送"线下活动（图12-3）。在西安李家村万达、民乐园万达、大明宫万达等繁华商业场所，东新街夜市、明德门夜市等美食地标场所，以及西安钟鼓楼广场旅游休闲区，设置了一个含有语音识别"9度"的啤酒自动售货装置，只要他们喊的内容中包含"9度"，声音达到一定分贝，就可以免费得到一罐9度啤酒。在为期三周的活动中，从白天到夜晚，从北郊到南郊，

图 12-3 "你敢喊9度就敢送"线下活动现场

在城市最普通的角落，一句与9度相关的话语，一罐9度啤酒，链接了品牌和城市普通大众最普通的情感，收获了大众对9度如亲人般的微笑、祝福、叮嘱和意见。这样的活动已经超越了9度和消费者单纯的买卖关系，从品牌角度强化和升华成一个家乡品牌与家乡人身后的"亲属"感情。

最后，事件二次传播。通过两支活动病毒视频，在活动中期和活动结束后，对整个全程喊9度事件进行二次传播（图12-4）。两支视频在腾讯上播放量合计达到近90000次。

图 12-4 "你敢喊9度就敢送"活动病毒视频

第三阶段：聚——在这里，人和人的距离就是一件9度

在陕西，9度已经不单是一个产品，它是这里的人们链接感情、链接城市、链接人的纽带，生活中的酸甜苦辣，一句"我是你伙计"，所有的情谊，都在这酒里。基于对品牌与消费者情感关系的洞察，在第三阶段，9度通过#喝9度 约伙计#、9度定制纪念装等主题活动开展情感营销，让一瓶9度成为同在一个城市却好久不见的老朋友、老伙计、好哥们再次链接的纽带。

首先，#喝9度 约伙计#话题内容传播。以生活中老同学、发小、队友（同事）

三个不同的角度，通过情感海报进行情感预热（图 12-5），借助"西安扑通""老班长的西安""西安最大圈"等本地微信自媒体并通过在线约伙计的互动 H5（图 12-6），发起约伙计的邀约活动。"不是西安人，你不会明白'伙计'这两个字的含义！""99%西安人都知道的催情药""每年有 48%的大学生留在了西安，这是因为撒？"……这些线上话题，切中了每一个人和伙计的故事，让普通大众有话说。活动收到用户评论超过 800 条，参与互动转发、点赞的人数超过 2000 人，一句句包含真情实感的评论，拉进了 9 度与每个人的距离，这也正是最直接的传播效果。

图 12-5 #喝 9 度 约伙计#话题海报

图 12-6 #喝 9 度 约伙计#互动 H5

附：海报文案

一起吹过牛逼，一起追一个姑娘，现在都是老柴一把，毕业通宵醉酒过去了多久？9 月 24 日#喝 9 度 约伙计#老同学让 9 度重燃青春的火。

小时候光着屁股下河捞鱼的时候，天知道现在经常都见不到，朋友越来越多，发小永远都不会多,哥儿几个多久没见了?9月24日#喝9度 约伙计#发小喝一场,回到"最瓜"的时候。

人生不是一个人的游戏,无队友不开黑,一起在召唤师峡谷并肩夜战,原来的"猪队友",休战了多久?9月24日#喝9度 约伙计#队友再战一把。

之后,开展#喝9度 约伙计#线下活动(图12-7)。从之前话题参与阶段的报名用户中,抽取30名幸运用户和他们的伙计、同学、闺蜜参加线下约伙计活动。他们可以相约一起到指定的餐馆,享受美食美酒,畅聊过往今朝。

图12-7 #喝9度 约伙计#线下活动

最后,打造9度定制纪念装。在用户通过线上参与活动的时候,9度把部分参与的用户给伙计的留言悄悄留了下来,做成了品牌有史以来第一次限量定制纪念瓶,并在线下活动现场送给来参加活动的这些"老伙计"(图12-8)。作为9度年度推广的限量定制礼品,9度产品本身成为伙计之间感情的载体被收藏。

图12-8 #喝9度 约伙计#定制纪念装

第四阶段：唱——爽透的精气神我们一起吼出

9度跨界定制了一首同名原创歌曲MV《9度》（图12-9）。歌曲主题为"爽透的精气神我们一起吼出"，采取Hiphop音乐形式，与本地说唱歌手派克特（PACT）合作，将城市情怀与潮流元素相结合，传递出9度新的品牌精神。同时设计了定制歌曲播放器和歌曲EP，并开展了歌手派克特的专场首演。

图12-9 《9度》MV

本次活动是青岛啤酒集团陕西公司在整体营销创新驱动之下首次进行的社会化传播尝试，以渠道创新、线上互动传播、线下事件活动为三大主线，以情感营销为核心，开展的整合立体式夏季推广宣传战。整个活动中，品牌曝光达到24467056次，内容点击和转发达到366505次，消费者与品牌的互动效果良好，评论留言互动总量28376条，线下活动参与人数约8000人次，官方微信粉丝增长近2万人，为2016年青啤陕西整体销售业绩奠定了稳固的基础，保证了核心拳头产品销量的稳定。这次营销创新为之后其他产品本地化传播探索出行之有效的营销模式，具有极高的延续价值。

美国心理学家亚伯拉罕·马斯洛1943年在《人类激励理论》论文提出了需求层次理论，将人的需求分为五个层级，从低到高依次是生理需求、安全需求、归属与爱的需求、自尊需求、自我实现需求，某一层次的需求相对满足后就会向高一层次发展。在五个层次中，归属与爱的需求是较高层次的需求，包括对友谊、爱情以及隶属关系的需求，是一种社交需求。每一个人都希望得到家庭、朋友、同事、集体的关怀爱护和理解，从而使自己精神上或心理上有所归属，这种需求促使人们致力于与他人建立感情上的联络或建立某种社会关系。它与个人性格、经历、生活区域、生活习惯等都有关系，比生理和安全需要更细微、更难以捉摸。有研究表明，对品牌来说，情感忠诚消费者比认知忠诚消费者的忠诚度和购买份额更高，而通过满足以情感消费者为动机的消费者需求，更容易赢得情感忠诚顾客，因此在企业营销策略中，发展和培养与消费者的情感，来构建买卖关系才更有可能赢得真正忠诚的顾客。

作为地方性品牌，青啤集团9度啤酒与当地消费者有着天然持久的联系，这种情感是品牌耕耘的结果，也是品牌无形的资产、发展的源动力。在9度这场整合传播中，从"食"这个对中国人来说极具话题性和情感力的点切入，勾连起基于地方文化情感衍生出的伙计之情、老陕乡情，借助饱含情感的产品包装、广告、公关活动、消费情境与服务等，给消费者创造表达的机会和空间，满足其社交需求的同时，也建立起消费者与品牌之间的认同感与依赖感，增加品牌的情感黏度，这对品牌来说，是超越了商品交换收益的巨大财富。

【知识链接】情感营销

最早把情感引入营销理论的是美国的巴里·费格教授，他认为："形象与情感是营销世界的力量源泉。了解顾客的需要，满足他们的要求，以此来建立一个战略性的产品模型，这是你的情感源泉。"

一、情感营销的含义

情感营销，是指通过心理的沟通和情感的交流，赢得消费者的信赖和偏爱，进而扩大市场份额，取得竞争优势的一种营销方式。情感营销把消费者的个人情感差异和需求作为企业品牌营销战略核心，借助情感包装、情感设计、情感广告、情感促销等策略，来激发消费者潜在的购买欲望，以实现企业的经营目标。

情感营销要求企业站在消费者立场，关注消费者需求，通过消费者真正需要的产品或服务，促使消费者与产品建立情感，与企业分享情感，并将这种情感融于社会之中，使之成为一种无形的、不可摧毁的力量。

人与人之间的情感各有不同，在情感营销中每个消费者对情感的认知和理解都是独一无二，不可复制的；而情感是需要慢慢建立的，也需要不断维护，否则情感是会淡化的。因此情感营销是个性化、过程性的。

二、情感营销的作用

情感营销可以为企业营造更好的营销环境，可以提高消费者的品位，增强竞争力。情感营销不仅重视企业和消费者之间的买卖关系，更强调相互之间的情感交流，致力于营造一个温馨、和谐、充满情感的营销环境，这有利于企业的形象树立和长远目标的实现。同时基于情感建立起来的品牌忠诚，也是企业竞争中的有力武器。

三、情感营销的要素

1. 情感设计：在产品设计开发时，融入具有个性化、情感化的内容，增加商品的文化附加值，如私人定制化的礼物、纪念品等。

2. 情感包装：情感包装可以赋予商品特定的内涵，引发消费者的情感共鸣。如可口可乐的"昵称瓶""歌词瓶""台词瓶"等主题包装，调动了每个消费者的存在感与认同感，成为增进亲情、友情、爱情的纽带。

3. 情感商标：简洁明了的商标（包括商品名称），能在瞬间吸引消费者的注意，便于识别和记忆，同时也包含着某种情感。如"舒肤佳"简单直白，让消费者准确捕捉和理解产品带来的舒适效果，"德芙"（DOVE）意为"DO YOU LOVE ME"代表着轻声的爱情之问。

4. 情感广告：富有情感的广告通过感性诉求，影响消费者的态度，使其在情感体验与满足中购买商品。

5. 情感价格：指的是满足消费者情感需要的价格，注重价格与消费者自身的情感需要吻合，如教师节、母亲节打折优惠。

6. 情感公关：以公众尤其是顾客公众为中心，设法加强与公众之间的感情交流，让公众参与到公关或营销活动中，通过沟通增进了解，让消费者对企业和产品从功能认知上升到情感认同，最后采取行动。如企业开放日、公益性活动等。

7. 情感服务：根据营销中的二八定律，80%的利润来自20%的顾客。与新顾客相比，老顾客可以给企业带来更多的利益，越来越多的企业把建立和发展与顾客的长期关系作为营销工作的核心，通过"友情积分卡""老客户回馈活动""免费服务电话"等多种富有情感的服务方式与顾客建立联系，不断提高顾客对企业的认同度。

8. 情感环境：舒适的营销环境能给消费者带来愉悦的心情，拉近与消费者之间的距离，增加消费者偶然消费和重复消费的几率。如海底捞设置了专门的候座区域和儿童乐园，为等候的顾客免费提供水果、饮料、棋牌、按摩椅、擦鞋、美甲以及幼儿照看等服务，营造了一个干净、舒适又安心的就餐环境，赢得了良好的口碑。

在情感营销中，消费和和企业之间不再只是简单的买卖关系，企业需要更加关注消费者的需求并予以满足。企业只有把消费者看作朋友，让消费者参与到企业的营销中，与其开展积极的互动，建立情感联结并用心维护，才能不断提高消费者的满意度和忠诚度，获取竞争优势。

【拓展思考与实训】

1. 品牌传播中可诉诸于哪些情感元素？
2. 结合实际案例思考一下，本土品牌如何在跨文化传播中开展情感营销？

案例十三

"东方树叶"的东方情思：农夫山泉的文化营销

东方树叶

拓展资源

【品牌故事】

每当提起农夫山泉，消费者脑海中首先闪现的是那句经典的广告语"农夫山泉有点甜"。在饮用水领域，农夫山泉是一个不安分者，这归功于其独特的营销传播概念。从感性到理性一环套一环的广告策略，以及恰到好处的公共关系活动及宣传，使人不得不叹服其整合营销传播的高明之处。在这20年间，农夫山泉也为广告界贡献了一些现象级的广告。从抛弃纯净水业务主攻天然矿泉水时期的水仙花对比试验广告到如今选用基层员工做主角的纪录片式的广告。农夫山泉依靠这些有代表性的电视广告，为自己创建了独特的品牌意义，积累了大量的忠实消费者，而后渐渐成长为行业巨头。

农夫山泉成为饮用水一线品牌的同时，公司还不断推进产品多元化。2003年后，农夫山泉公司相继推出"农夫果园""尖叫"维生素水、"农夫"汽茶等，这些产品依托农夫山泉的品牌影响力，迅速在全国市场范围内找到了自己的位置。

【案例背景】

近年来，中国软饮料市场结构发生了明显的变化，原来备受推崇的碳酸饮料逐渐"退烧"，而以茶饮料为代表的饮品迅速崛起，成为饮料市场新的主力军。

自20世纪90年代以来，被称为"新时代饮料"的茶饮料以年增17%的速度风靡世界。中国茶文化历史悠久，具有潜在的、巨大的茶饮消费市场。茶饮料在国内市场一经推出，便在饮料业掀起一股新的浪潮，年销量几乎以惊人的200%速度"飞奔"上扬，市场份额跃居饮料市场的第三位，成为仅次于水和碳酸饮料的新型饮料。而这样的市场变化，让有着茶叶故乡之称的国内饮料行业眼前一亮，瞬间成为行业关注焦点。据中国产业调研网发布的《中国茶饮料行业调查分析及发展趋势预测报告（2016—2020年）》显示，未来茶饮料等健康饮料将是中国饮料市场发展的必然方向。

中国的茶饮市场仅用了很短的时间就经历了从无到有到体量巨大的变化。自2013年开始，茶饮料就已经占据了近半壁江山，成为饮料市场的主角。但很快就陷入了概念单一的局面，"红茶""绿茶"满天飞，谁也替代不了谁；消费者也分不清谁是谁，口味上的单一使得茶饮料开始渐趋"平淡"。国内茶饮料市场品牌高度集中，销售排名前10位的茶饮料品牌的市场份额超过96%。其中，统一、康师傅、麒麟、王老吉、三得利、雀巢的市场占有率达到九成左右。

茶饮料是饮料品类中极其重要的类别，同时也符合农夫山泉为消费者提供天然、健康产品的终极愿景。农夫山泉作为国内几个饮料大鳄之一，踏足茶饮市场是迟早的事情。在烽烟四起、竞争激烈的茶饮料市场中，2005年农夫山泉就推出了农夫汽茶，虽未成功，却小试市场。紧接着2006年推出农夫茶，邀请明星李英爱代言，广告活动声势浩大，但市场反应平平。

2011年5月，"东方树叶"问世，这个由农夫山泉研究推出的原味茶饮系列用"0卡路里"打出了瓶装饮料领域的第一张健康牌。

【案例分析】

农夫山泉为了让"东方树叶"能在竞争激烈的茶饮中脱颖而出，在产品概念、产品包装、广告创意等方面都极力寻找与中国茶文化、茶精神的相融之处，用文化包装产品，用产品传播文化，打了一场漂亮的文化营销战。

一、产品概念中的东方味

据可查的实物证据和文史资料显示，茶的发源地在中国中西部山区，唐·陆羽《茶经》云："茶者，发乎神农氏，起于鲁周公。"中国种茶、饮茶的历史超过三千年，因此中国是茶文化的发源地，被称为"茶的祖国"。世界其他国家的饮茶习惯和茶树种植都传自中国，茶叶被西方人称为"神奇的东方树叶"。农夫山泉将产品命名为"东方树叶"，与"绿茶""红茶""乌龙茶"等以茶叶品类命名的方式相比，具有较强的差异性，辨识性强，醒目易记。同时，概念上包含了深厚的中国茶文化元素和意蕴，让人自然联想到茶叶的由来，感受"东方树叶"纯正的中国茶风味，有助于增强消费者的文化归属感。

0卡路里，不含糖，茶叶抽取，这是"东方树叶"的最大特色。"东方树叶"是100%茶叶自然抽取，不适用茶粉，而是使用温水自然抽出，无人造香料，采用无菌冷灌工艺，减少茶叶中原有色、香、味物质的化学改变，保留了原茶色、香、味，也保留了茶叶的天然和健康。在其瓶身包装的正面，"0卡路里"的字样很夺目，而瓶后的营养成分表中，能量、蛋白质、脂肪、碳水化合物、糖和钠均为0%或无。在充满了糖分、香料及各种添加剂的茶饮料市场中，清淡的口味及营养成分表上一连串的"0"使其独树一帜。而"健康与纯正"无疑成为最大的产品主题，是非常抢眼的市场卖点。

这一产品概念的背后深意是农夫山泉"东方树叶"尊重茶文化精神的核心品牌理念。中国的茶饮料市场90%被以冰红茶为代表的甜茶（含糖量高、含茶多酚少、添加茶粉而非茶叶浸出液）占据。真正的中国饮茶习惯里面是不放糖的，而东方树叶0卡路里，不含糖，从这一点来看，其回归了中国本真的饮茶，突出东方树叶正宗茶饮料的诉求，也满足了消费者的健康需求。

二、包装设计中的东方美

茶饮料作为一种典型的快速消费品,它自身存在的这种特征使得其感性直观的视觉形象成为促成消费者购买行为的主要推动力,人们对茶饮料视觉形象的认可无形间也转化为对品牌的接受。目前市场上大多数茶饮料的包装中,瓶身多以饱满的构图、丰富的设计元素来传递大量的信息。而"东方树叶"的主体画面突出,色彩艳丽,透明的立方体瓶子上印着手绘风格的图样,风格干净而富有极强的装饰感,整体设计简洁唯美,更有助于突出产品核心信息。

(一)"东方树叶"的瓶身设计

"东方树叶"秉承农夫山泉一贯的"天然、健康"卖点,在产品的外包装上着力用晶莹剔透、光滑圆润的瓶体凸显出茶品纯净天然的直观形象。瓶子采用吹塑工艺成型,全透明包装,内容物一览无遗,从视觉上给人高品质的心理感受。瓶口比一般茶饮料直径大很多,并且将圆柱向下延伸成瓶子的上半部,之后是一个斜切的处理和四方体进行连接,这个斜切恰好在瓶身的黄金分割点上,使瓶身富于变化却不失流畅。在瓶身形状方面,整体造型上圆下方,具有中国传统文化中"天圆地方"之意,下身的四方体占瓶身总长度约 2/3,在四边的转角处,分别做了三纹斜皱褶的细节处理,握在手里给人非常扎实的感觉。(图 13-1)

图 13-1 农夫山泉"东方树叶"瓶身设计

这款来自英国的 Pearlfisher 公司的设计,使"东方树叶"在国内品类众多的茶叶饮料竞争中脱颖而出,Pearlfisher 凭此获得了世界顶级包装设计大奖 Pentawards 银奖。

(二)"东方树叶"的包装装饰设计

"东方树叶"的瓶身装饰分三部分呈现:正面为瓶颈和主体部分,背面为成分表。四款产品的瓶身颈部部分,标识、色彩和文字内容是一致的,均为以绿色为底色的东方树叶标识,上书文字:1610 年中国茶叶乘着东印度公司的商船漂洋过海,饮茶之风迅速传遍了欧洲大陆,因为来自神秘的东方,故称之为"神秘的东方树叶"

(图 13-2)。这段文字，既是该茶饮名称的由来，也是对茶饮料的一种重新定位。

图 13-2 农夫山泉"东方树叶"标签正面

瓶身主体部分的包装标签采用四边扇形的形状，与中国传统的扇形书画装裱不谋而合。粉墙黛瓦的建筑、同心圆纹的水波、写意的山水、鼓风的帆船流露出鲜明的东方特色和传统文化气息，在各个装饰元素的布局上，如同传统中国画，疏密有致。文字介绍皆以传统的竖排版的形式排布在上方，点线结合。画面内容中的四个形象——红马、帆船、茉莉花和日本建筑，皆取自中国传统茶文化。以剪纸造型作为主图，配上中国传统的纹样做暗花，并结合乌龙茶、茉莉花茶、红茶和绿茶这四种不同的茶文化进行独立设计。

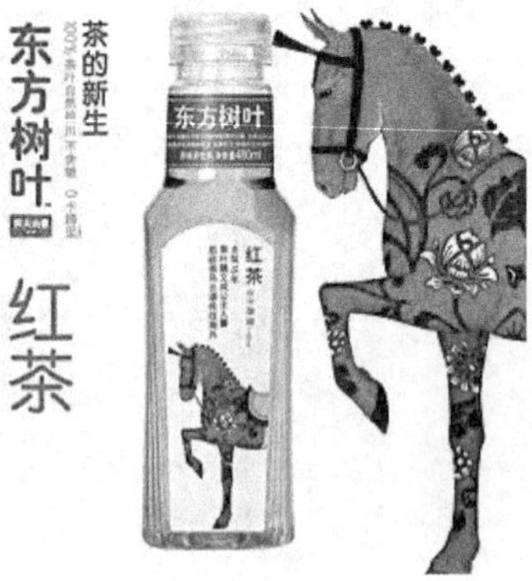

红茶：淡红色的红茶如一片慢慢绽放的枫叶林。瓶身主图是匹红色的马，色彩与红茶对应，恍若红茶的唇齿留香。主要说明文字为："贞观 15 年，茶叶随文成公主入蕃，后经茶马古道传往海外。"（图 13-3）

图 13-3 "东方树叶"红茶瓶身标签

在《西藏政教鉴附录》中有记："茶叶亦自文成公主入藏也。"唐贞观十五年文成公主进藏，茶作为陪嫁之物而入藏，随之西藏等少数民族地区饮茶习俗蔚为时尚。由于西藏等游牧民族饮茶成习，而中原需要马匹，便开始了用马匹换取茶叶的商贸，由此开辟了一条艰难险阻的商路，且以马帮为主要交通工具，故被称为"茶马古道"。茶叶随文成公主入蕃，经"茶马古道"出往海外。所以"东方树叶"红茶图案设计选用了马的图形。

绿茶：淡黄色的绿茶远远看上去有点像橄榄油，瓶子纯净透亮，煞是养眼。瓶身贴着富有中国古建筑风格的纸张。白底为主，与绿茶相呼应，建筑呈淡蓝、深红色系，突出了绿茶的清新可口。标签上的主要文字为："公元 1267 年，日僧南浦绍明丁径山寺修佛习茶，携蒸青绿茶东渡，日本抹茶由此发源。"（图 13-4）

图 13-4 "东方树叶"绿茶

南宋末年，南浦昭明首次将中国的茶道引进日本，成为中国茶道在日本的最早传布者，日本的茶道文化由此发源。在《日僧南浦绍明与径山禅茶文化》一文中介绍了禅僧南浦绍明归国时带去径山茶籽和饮茶器皿，并把"抹茶"法及茶宴礼仪传入日本，故在"东方树叶"绿茶包装图案上绘制了日本古建筑。

茉莉花茶：一只青花蓝的蝴蝶飞向盛开的白色茉莉花，青花瓷的色彩，传递出历史的沉淀，画面主要文字"上品饮茶，极品饮花，可以闻得到春天的茶，"突出了茉莉花茶的清丽宜人。（图13-5）

图13-5 "东方树叶"茉莉花茶

北宋蔡襄《茶录》中有云："茶有真香，而入贡者微以龙脑和膏，欲助其香。"茉莉花茶极受欢迎，茉莉花茶的原料和工艺非常独特，只有半开半含、花蕊俱全、香气纯正的茉莉花朵才能用来制作茉莉花茶。所以"东方树叶"茉莉花茶的图样设计便是一朵鲜嫩的、蝴蝶飞舞芳香扑鼻的、形态抽象化的茉莉花形态。

乌龙茶：动漫色彩的帆船，以冷暖色帆对比，讲述了乌龙茶的包容，把乌龙茶的美名远扬体现得淋漓尽致。主要说明文字为："17世纪，中国乌龙茶远渡英伦演化为上层社会优雅奢华下午茶。"（图13-6）

图13-6 "东方树叶"乌龙茶

在《茶叶全书》里记载："1607年荷兰东印度公司，首次从澳门运输茶叶销往欧洲，起初为日本绿茶，后改为中国武夷茶。"于是，乌龙茶风行英伦风靡于欧洲。因漂洋过海路途遥远，稀有而珍贵，品尝乌龙茶甚至成为欧洲贵族们奢侈生活品质的象征。"东方树叶"乌龙茶包装图案设计上采用的就是一艘远洋的帆船。

"东方树叶"的产品设计充满了东方文化韵味，有效吸引消费者眼球，形成冲动消费的基础。而优秀的广告，更是一个产品和品牌家喻户晓的有效助力。"东方树叶"的广告第一次在电视上亮相，就给消费者带来了纯美的视觉享受。

三、广告中的东方韵

"东方树叶"的广告突破了以往茶饮料广告常用的明星、茶园、茶叶、采茶姑娘和品茶等人为元素的背景，而是采用极具中国民间文化特色的剪纸艺术形式，将茶文化、茶的精神实体化并有效地传达给观众，达到写意传神、抒发情感的目的，满足受众的审美需求，即使不了解茶的人也能感受到中国茶之美（图13-7）。

图 13-7 "东方树叶"电视广告截图

"1610年中国茶叶乘着东印度公司的商船漂洋过海,饮茶之风迅速传遍欧洲大陆。因一时不知如何命名,且其来自神秘的东方,故被称为'神奇的东方树叶'。公元一二六七年,蒸青绿茶东渡日本;贞观十五年,红茶经茶马古道传往西域;十七世纪,中国乌龙风行英伦;传统的中国茶,神奇的东方树叶。"这段30秒的电视广告,古典而简约的画风慢慢展开,悠久茶文化的文脉娓娓道来,诗情画意的画面,富有磁性的男性旁白,清晰讲述了红茶、绿茶、乌龙茶的文化历史渊源,也表现出中国茶文化的"意境美",使得这则广告在铺天盖地的茶饮广告中独树一帜。

"东方树叶"的平面广告与电视广告保持一致,以电视广告中主要元素为主,形式清新的视觉风(图13-8)。

图 13-8 "东方树叶"平面广告

随着时代的发展,"东方树叶"也顺应社会文化的变化,以萌萌哒的创意广告吸引年轻消费群体的注意(图13-9):如果你摄入热量过高的食物,那就用真正的茶一解油腻吧;无糖添加,零卡路里,才是节食健身的好伙伴;快节奏高强度的工作,睡眠不足的生活,喝不惯咖啡的中国胃,来瓶"东方树叶",让茶多酚唤醒你的大脑。"东方树叶"在坚守传统文化意蕴的同时,加入时尚文化元素,引导年轻人的健康生活方式,增强品牌亲和力与美誉度。

图 13-9 "东方树叶"海报

农夫山泉似乎总能在文化与消费者的心理之间找到巧妙的契合点，打动消费者内心最柔软的地方。如 2015 年推出的玻璃瓶高端矿泉水新品（图 13-10），《童话里的长白山》套装设计，携手网易云音乐推出的限量版乐瓶，与故宫文化服务中心联合推出的故宫瓶，近几年连续推出的春节生肖限量版（图 13-11）等，或古典，或现代，或自然，或人文，或传统，或时尚，联姻文化，"用世界的语言讲述中国的故事"从中国博大精深的文化中挖掘商业价值，这是农夫山泉和"东方树叶"的成功之处。

图 13-10　农夫山泉玻璃瓶高端矿泉水

图 13-11　农夫山泉 2019 年珍藏版

茶文化在中国源远流长，在不同的国家被赋予了不同的文化意味。在"时尚"概念和"健康"概念逐渐被消费者熟知之后，文化感和历史感被运用到茶饮料广告中形成新的诉求点。"东方树叶"系列茶饮料无论从包装还是广告上都以独具历史厚重感的形象，在泛青春化的茶饮品市场中爆炸出温雅知性的礼花，盛放出文化营销的华美烟火。

【知识链接】文化营销

文化营销是以无形的文化观念为基础，通过凝聚在有形产品中的文化信念、情感诉求、顾客体验来达到营销目的。

20 世纪中叶，伴随着品牌形象概念的诞生，美国学者利维首次提出文化因素在品牌形象塑造中具有提升产品附加值的作用。菲利普·科特勒在其经典名著《营销管理》中进一步强调："品牌能表达出六层意思：属性、利益、价值、文化、个性、使用者。"在我国，"菲利普·科特勒营销理论贡献奖"获得者王方华教授在 1998 年合著出版的《文化营销》一书，则标志着文化营销理论在我国市场营销领域的真正确立。王方华教授等人提出："文化营销是有意识地通过发现、甄别、培养或创造某种核心价值观念来达成企业经营目标（经济的、社会的、环境的）的一种营销方式。"

传统的营销理论发展体系基本上是以有形产品为中心的，而文化营销是有意识地通过发现、甄别、培养或创造某种核心价值观念来达成企业经营目标的一种营销方式。与传统产品营销相比，文化营销向消费者销售的不仅是单一的物质产品，还有包含在产品内部的文化意蕴，它能全面满足消费者的物质需求和精神需求，给消费者以文化上的享受，满足他们高品位的消费需求。文化营销以消费者为中心，但是它强调物质需要背后的文化内涵，把文化观念融汇到营销活动的全过程，是文化与营销的一种互动与交融。在消费心理日趋成熟，消费需求多样化、感性化、个性化，市场竞争白热化的时代背景下，文化营销是创立名牌、更新与消费者的价值链关系的有效途径，是商品营销发展到更高层次的表现，是社会经济竞争的最高层次，是市场营销发展的必然趋势。

文化营销作为营销策略中的一种营销方式，已被广泛运用在具体的营销实践中。茶饮料的文化营销就是用茶文化营造一个和消费对象的心灵有效感应的体系，这个体系既包含了茶叶生产者对茶文化的理解和创新高度，也包含了消费者对茶文化的欣赏和接纳直至溶解过程，这个过程就是让消费者感觉亲近熟悉、身心愉悦，最后加入了对文化的载体——产品的体验。这个过程其实就是茶产品从生产者到达消费者之间的过程，而时间长短和是否有效，完全取决于生产者营造的这个体系的功能。

【拓展思考与实训】

农夫山泉是如何利用包装来讲述品牌故事的？

案例十四

百事可乐与猴王世家的故事化营销

拓展资源

【品牌故事】

1893年，在美国北卡罗莱纳州伯恩市，年轻的药剂师科尔贝·布莱德汉姆（Caleb Bradham）试验时发现了一种新口味，深受苏打柜台顾客的喜爱。他由此意外发明了一种由可乐果、香草和珍贵精油混合而成的碳酸饮料，取名为"布莱德（Brad）饮料"。1898年8月28日，科尔贝将其易名为"百事可乐"（Pepsi-Cola），这种饮料能够发挥类似胃蛋白酶的功能，有助于消化。1902年，科尔贝创建了百事可乐公司。1965年与休闲食品巨头菲多利合并，正式更名为百事公司。一百多年来，百事可乐在喧嚣、纷乱、竞争的氛围中，随着时代的步伐，不断成长、壮大，成为全球食品和饮料行业的领导者，2016年百事公司的净收入约630亿美元，在《财富》杂志公布的"2017年全球最受赞赏公司"的名单中，百事公司凭借在产品创新、企业社会责任、人才管理、财务表现、产品质量与服务方面的突出表现，连续12年荣登该榜单，在"消费类企业"中名列第二。1981年，百事公司在深圳设立了第一家灌装厂，开始了投资中国的历程，至今已有36年。

百事品牌的理念是"渴望无限"，倡导年轻人积极进取的生活态度，寓意是对年轻人来说，机会和理想有着无限多的空间，他们可以尽情地遐想和追求。为了推广这一理念，百事选择足球和音乐作为品牌基础和企业文化载体，在广告和社会公益活动中借助迈克尔·杰克逊、张国荣、布兰妮、王菲、罗志祥、蔡依林、李易峰等一大批明星作为品牌代言人，极力倡导企业文化所提倡的精神，使百事的"新一代的选择"和推崇"快乐自由"的风格广泛地被人们尤其是青年人理解和接受。

【案例背景】

"把乐带回家"是百事中国区的年度春节营销活动主题，已经持续了5年，其初衷是把新年营销活动打造成一个跨年度跨平台的长效品牌IP。2011年底，杨幂、古天乐、张国立、张韶涵、周迅等主演的《把乐带回家》微电影首次进观众视线，视频全长9分48秒。视频讲述在外奔波的杂志主编周迅、摄影师张韶涵、歌星罗志祥，因为工作不打算回家过年，然而在古天乐的帮助下，最后决定回家陪爸爸（张国立）过年的故事。电视媒体上播放的是经过裁剪的一分钟TVC版。

此后，每年百事可乐都会推出"新年贺岁片"，即"把乐带回家"同一主题的系列微电影项目，这已成为百事可乐标志性营销战役。演员每年都换，主题每年都变，从"回家"到"百事的服务文化"，从"平凡人的爱情故事"到"资助贫困老人"，延伸着"家"的概念，将"小家之乐"升华至社会"大家"。视频的时长，长则48分多，短则4分多。2016年春节前一个月，百事可乐的贺岁微电影又如约而至。每年都用明星承包"把乐带回家"系列微电影的百事可乐，2016年选的是1986版《西游记》孙悟空的扮演者六小龄童（章金莱）。从六小龄童及其家庭的角度，来讲述一个关于传承和坚守的动人故事。

【案例分析】

《把乐带回家之猴王世家》微电影内容梗概：清朝末年，章家曾祖就在民间扮演美猴王，被称为"活猴章"。民国年间，六小龄童的祖父将田间地头的猴戏演到了十里洋场的大舞台上，成了"赛活猴"。到了六小龄童的父亲六龄童老先生那儿，他自成一派，被封为"南猴王"。六小龄童的二哥自小天赋过人，本有望子承父业，谁想到天有不测风云……六小龄童问哥哥"那么我怎样才能再见到你啊？"哥哥回答"等你当上美猴王的那一天你就能见到我了"。于是，"苦练七十二变，才能笑对八十一难，演戏如此，人生也亦然"，六小龄童从哥哥手中接过了这份家族责任。后来的故事，大家都知道了……播放片尾字幕时，西游记主题曲响起，画面切换到影院的观影现场，六小龄童老师本人倾情出镜。"有的人，一上台就下不来了。"（图14-1）

图14-1 "把乐带回家之猴王之家"广告

配合这支猴年贺岁微电影，2015年12月29日，百事中国在微信朋友圈投放了一支8秒的广告视频，主角拿着金箍棒从小耍到大，《西游记》的经典镜头和配乐……勾起了无数网友童年的回忆。

"一家猴戏千家乐，四代猴王百家传。这个猴年让我们一起把乐带回家！"

在这次营销活动中，百事可乐与猴王世家联姻，以消费者熟悉的故事，采取"话题关注＋纪念罐销售"的策略，取得了可喜的效果。

微电影主打猴戏传承，新媒体主打"乐猴王纪念罐"销售。2015年12月21日，六小龄童在微博上晒出"乐猴王纪念罐"，宣称将与百事可乐合作。根据微指数分析图统计，"猴王""百事可乐"等关键词在2015年12月28日之后，热议指数迅速上升。12月29日晚，8秒猴年百事可乐广告已在朋友圈刷完一轮，公号"百事中国"发文《百事可乐携手六小龄童突袭朋友圈，今天你被刷屏了吗？》，文末百事官方正式推出"乐猴王纪念罐"官方销售渠道，原文链接可直接跳转到唯一购买平台——京东商城。短时间内，这篇官方微信的文章阅读数已过10万+，点赞数超1千，而限量5万罐的纪念版百事可乐，卖到断货。2016年1月1日，百事中国与新浪微博合作共同推广#六小龄童乐猴王#话题并荣登热门话题榜首页，将《把乐带回家之猴王世家》微电影和乐猴王纪念罐推向高潮。广告热播后，百事上线了微信轻交互"乐猴王新年签"（图14-2），让每一个年轻人都可以通过抽签测试来获得当日的新年玩法创意，给你和家人一个不一样的过年方式，产生黏性，大幅度提升了彼此间的互动率。这波新年营销确实给百事"乐猴王纪念罐"带来十足话题曝光量和销量。

《西游记》本就是一代中国人的集体记忆，而章家百年来对传统戏曲艺术的代代坚守更是赚足了泪点，一个时代，一个传奇，六小龄童饰演的孙悟空就是很多中国人心目中的传奇。每一个人的童年中都有一个美猴王，恰逢猴年，围绕猴做文章、讲故事的品牌也很多，百事贺岁营销中巧妙捕捉到的美猴王六小龄童，首先从切入点来说百事可乐就已占得先机。充满温情契合中国春节的猴王世家"家"的故事，猴戏带给世人欢乐的初衷，很自然带出猴王世家的故事和百事可乐品牌主张之间的交集点——"把快乐一代一代传递下去，是为了更多人把乐带回家"，从"活猴章"到"赛活猴"，从"南猴王"到"美猴王"。2016年，中国猴年春节前，百事可乐以猴王世家的名义感动了一批中国消费者，由经典演绎新意，持续丰富合家团聚、新春之乐的内涵。

图14-2　百事可乐"乐猴王新年签"

【知识链接】故事化营销

一、故事化营销的概念

故事化营销（storytelling）指在产品相对成熟的阶段，在品牌传播过程中采用讲故事的形式为品牌注入情感因子。在品牌营销过程中，通过释放品牌的核心情感能量进而打动消费者，赋予品牌和产品更多的人性化特质与内涵，让品牌拥有超越产品本身物理属性的情感价值。

菲利普·科特勒将消费行为划分为三个阶段：第一阶段，在产品短缺时，消费者追求数量上的满足；在产品数量足够丰富时，消费行为进入第二阶段，追求高品质的产品；当产品的功能和品质趋于同质化的时候，消费行为就会进入第三阶段，感性消费阶段，即消费者开始追求最能表现自我个性和价值的产品。在这种消费行为转变的过程中，故事化营销的价值越发凸显，故事成为抢占消费者心智的持久利器。

讲故事是感性营销的一种重要手段，科学广告派的鼻祖克劳德·霍普金斯继承发展了约翰·肯尼迪的情理广告理论，认为"广告之于商品，犹如戏剧之于人生，它既是商品，又高于商品"。广告应寓情于理、以理服人，重视故事的情景和气氛烘托。品牌形象理论为品牌故事创造了人格，品牌故事的任务则是将人格化的品牌形象生动地展现出来。芝加哥学派代表人物李奥·贝纳强调广告文案具有"内在戏剧性效果"。在他看来，产品相当于"演员"，广告就是一个"舞台"，"戏剧性"的程度直接决定广告效果的成败。他们将广告的故事性做到极致，如"月光下的收成"，虽然朴实无华，但深深地打动了消费者的心。

今天，讲故事不再是一门古老的艺术，也不仅仅限于日常生活，讲故事代表着一种更有质量的互动沟通手段。讲故事不仅更能抓住人们的注意力（Wylie，1998），更能让抽象的概念和价值变得具体，产生更好的情感沟通效果，比统计数据更具可信度（Loebbert，2005），故事在记忆中保留的时间更长，更容易传播。站在品牌传播的角度来看，品牌文化本身存在于消费者的内心认知之中，品牌在本质上是一种关系，建立品牌的过程就是与消费者建立联系，维持并强化这种关系的过程，最终成为一种承诺和保证。品牌文化借助故事向消费者传递品牌承诺，"品牌故事赋予品牌以生机，增加人性化感觉，也融入人们的生活"（杜纳·E.可奈普，2008）。1985年，海尔创业第二年，海尔用砸掉76台不合格冰箱的故事，让市场、让消费者真实感知到海尔"零缺陷"的品质观；2012年85岁的褚时健带着褚橙进京，75岁再次创业的励志故事让褚橙迅速成为能够感动消费者的畅销水果；2014年9月，音乐人、手工吉他品牌Lee Guitars创始人李宗盛通过一段名为《致匠心》的广告片，缓缓讲述其固执、缓慢、少量、专注内心声音的匠人态度故事，让人们生动感受到新百伦（New Balance）系列产品背后的工匠之心。

二、故事化营销的价值

（一）社交媒体时代品牌传播的内容危机

传统媒体时代，品牌文化传播更多关注的是媒体的平台资源，某种程度上来说，媒体平台直接决定了品牌文化传播的广度效果，也就是说品牌文化传播所选择的媒体平台覆盖范围越大，所产生的传播效果（广度层面）可能越大。但是面对社会化媒体，这种传统的惯性思维需要扭转，因为即使是微博、微信这样的媒体平台，也很难再像传统媒体的跨页广告，或者Web1.0时代置顶头条的形式去强制影响传播受众。在媒介技术与媒体环境的演变过程中，传播的权力被越来越多地还给了网民，即传播受众本身。传播学者尼尔·波滋曼认为"一种信息传播的新方式所带来的社会变迁，决不止于它所传递的内容，其更大的意义在于，它本身定义了某种信息的象征方式、传播速度、信息的来源、传播数量以及信息存在的语境"。互联网及移动互联网技术释放社会话语空间，通过提升个人获得信息与推送信息的能力，促进信息自由流动。与此同时，伴随着个体赋权，以及UGC的快速增长，社交媒体平台上激增的内容生产者开始高度多元化。微信公众号在2015年年底，已经突破1000万的规模。根据腾讯2017年第三季度业绩报告显示，微信和Wechat合并月活跃账户数已经达到9.8亿，QQ和QQ空间月活跃账户数分别达到8.43亿和5.68亿，社交媒体用户总体数量庞大。但是同时，内容生产者数量激增直接导致社交媒体平台呈现内容泛滥的"繁盛景象"。高数据量的内容信息背后是低传播效果的现实，在2016年发布的《中国微信500强月报》中提到，在微信公众号500强的阅读统计中，19%的10万+贡献了超过70%的阅读数，"这说明在整个内容产业中，头部内容正在凸显出来"。

内容生产者的多元化与媒体渠道数量的激增，共同决定了社交媒体时代受众注意力高度碎片化带来的内容危机。媒体碎片化带来的传播渠道泛化与受众注意力的高度分散，导致传播成本越来越高，效果却越来越差，品牌信息成功到达传播受众的难度在逐渐增加，传播业在社会媒体环境里，遇到了前所未有的困境。

面对不缺乏信息，也不缺乏参与热情的传播受众，优质内容是推动品牌文化信息在社会化媒体平台上流动扩散的重要因素之一，媒体环境的变迁改变了品牌文化内容的传播手段，但不变的是优质内容对于传播效果的决定性作用。

社交媒体内容的信息质量本身（尤其是其中所蕴含的情感、传递的资讯）更是其能否成为病毒源，获得社会化媒体口碑传播力量的核心要素，是推动信息在消费者间二次乃至更大范围扩散的第一推力。社会化媒体平台上，优质内容才是推动网民投入分享的动力所在，通过社会化媒体平台释放传播受众感兴趣的优质内容，以此激发受众通过社会化媒体平台与品牌对话，并主动扩散品牌传播内容的行为，这是社交媒体时代对品牌传播提出的内容挑战，讲故事就是创造优质内容的重要方式之一。

（二）故事化营销是品牌传播的催化剂

智威汤逊广告公司首席执行官唐锐涛曾经说：我们的目标是把"老鼠变成米老鼠"。"老鼠"代表着最普通的常见产品，虽然数量众多，但消费大众不一定喜欢。可是米老鼠就不一样，虽然同样也是老鼠，但"米老鼠"有故事可以给人们带来快乐，因此能够收获人们对它的热爱。老鼠和米老鼠最大的差别在于，"米老鼠"是品牌，产生这种变化的过程就是"讲故事"。故事营销的本质就是内容营销，内容营销的本质，就是把自己的故事用受众喜闻乐见的方式表达出来，激发受众的阅读兴趣，搭建品牌文化和传播受众之间桥梁的关键。几乎每一个成功的品牌背后都有一个精彩的故事。成功的品牌都很擅长"讲故事"，它们懂得如何把品牌的历史、内涵、精神向受众进行叙述，并在潜移默化中完成向传播受众进行品牌文化理念的灌输。"未来的营销方式，将由参与式媒体提供和消费者互动的媒介以及讲故事的技巧所组成（Wipperfuith，2006）。"

故事不仅是品牌传达其品牌文化之象征意义的手段之一，对社会大众而言，故事也是其通过叙事对品牌文化进行框定与解读的一种过程，当这种解读"与消费者记忆中的已存故事相互匹配的时候，就会被消费者用来实现自我建构或自我表达，于是该品牌与消费者的自我之间便能形成一种'自我-品牌联结'（self-brand connections）"。

硬宣传模式，很难达到理想的传播效果。因为在"现代组织中，语言完全围绕数字进行，到处推崇鲜明、严格准确、明晰、直白这些优点，这个世界背负太多讲究实用的意义"，但是面对有效的传播沟通效果时，这些严格准确而又直白的规则都不奏效，而以恰当的方式讲述的故事却能起到严密分析和直白展示达不到的效果。"我们把故事的叙述语言作为一种最适合的工具，来交流'复杂适应系统'中主体的性质、形状和行为。"

三、故事化营销的切入点

大多品牌故事是有关品牌创始人的，带有传奇色彩，饶有趣味。有的品牌故事是品牌创立和发展过程中的重大事件。品牌故事能体现品牌理念，能增加品牌的历史厚重感、资深性和权威性，能加深消费者对品牌的认知，增强品牌的吸引力。好的品牌故事是消费者和品牌之间的"情感"切入点，赋予品牌精神内涵和灵性，使消费者受到感染或冲击，全力激发消费者的潜在购买意识，并使消费者愿意"从一而终"。基于故事管理学派的观点，品牌故事是属于"认知型"故事，其用意在于告知消费者"我是谁，我来自何处，未来方向在哪里"（Denning，2005；Loebbert，2005）因此，品牌故事的主题也需要对应回答上述三个问题。

（一）品牌的创建历史故事

一个优秀的品牌创建背景故事，往往能够为品牌的信任背书。例如，全球知名的法国矿泉水品牌依云（Evian），背后就有一个颇具传奇色彩的故事支撑。1789年夏天，一个法国贵族不幸患上了肾结石，难以治愈。当时正流行喝矿泉水，他决定试一试运气。有一次，他来到阿尔卑斯山下的依云镇，饮用了当地的泉水，并坚持了一段时间，不久竟发现自己的肾结石奇迹般痊愈了。这件奇闻迅速不胫而走，专家们随后做了专门分析，发现泉水里面富含各种对人体有益的矿物质，用科学的事实证明了依云水的疗效。随后，人们蜂拥而至，都想亲身感受一下依云水的神奇作用。甚至连当地的医生都将依云水作为药品，用于治病。有经营头脑的人开始将泉水用篱笆围起来，向闻讯而来的人们出售。更神奇的是，连拿破仑三世也慕名而来，并且喜欢上了这种神奇之水。据说，依云水的名字就是拿破仑三世赐予的，以纪念依云镇出产的这种矿泉水。有了皇帝的青睐和提携，依云水一时之间名声大噪，声名远扬。

（二）品牌创始人的故事

每个品牌的创业故事都包含其创始人个体的特殊经历、文化特征及所处地域的历史发展变迁轨迹。品牌创始人经历故事本身就是一种传递品牌文化的重要渠道。大部分品牌背后都有可以挖掘的创始人经历故事。例如，香奈儿的创始人可可·香奈儿（Coco·Chanel）女士的故事，就是香奈儿品牌精神面貌的一种投射。12岁时，因母亲去世、父亲离家出走，Gabriella Chanel被送到孤儿院，连登记的姓氏也被错写为Chaznel。她在这里却磨炼出一种坚韧的个性，并学会了缝纫。因在咖啡店驻唱"Qui qu'a vu Coco"（《有谁看见了Coco》），从此被昵称Coco Chanel。1909年，她从一间小小的帽子店起家，并在商人Pierre Wertheimer先生的资助下，于1914年开创了Chanel时装屋，总部位于巴黎31 Rue Cambon，并延续至今。Chanel女士的时装观对当代女性影响深远，她的敢言也成为许多力争上游的女性的榜样；1913年，她将裙子剪短，令女人首次露出脚踝，被后来的时装大师Yves Saint Laurent先生赞美为"解放了女性"。她留下名言，"Less is More"（简约就是美），改造黑色"丧服"（也有说是"女佣服"）为只需变化首饰就成了适合日夜穿着的"经典小黑裙"（Little Black Dress）。她出身卑微，但凭自己的时尚品味教训阔太太大小姐们，"你不能因为有钱就把所有的珠宝都堆在身上，那也太难看了"，她将人造珠链混搭名贵珠宝，掀起风尚。Coco Chanel女士对高级定制女装的影响令她被《时代杂志》评为20世纪影响最大的100人之一，仅在纽约公共图书馆中，有关Coco Chanel女士的图书目录多达85种。

（三）品牌发展过程中的故事

借助品牌成长发展过程的故事向消费者输出品牌的态度和价值观，星巴克的一位咖啡师了解到老顾客在等待肾脏移植，便亲自做了配型测试并且成功移植；一位门店女员工为鼓励患癌少女勇敢与病魔作斗争，将自己剃成了光头……很多类似细节故事的传播扩散，让消费者感知到星巴克的品牌态度和价值观，有效实现星巴克以情感来连接消费者的初衷。正如星巴克创始人霍华德·舒尔茨所说："我们并非做咖啡生意，我们做的是人的生意。"员工认同公司的道德观念和价值之后，心甘情愿地通过每一次服务为顾客提供完美的咖啡体验。

品牌本身承载着地域文化、字号文化、建筑文化，以中华老字号品牌为例，大多深受中国传统文化中的仁德精神和诚信精神影响，在经营中形成较好的诚实守信原则，成为品牌态度的一部分。比如，知名中华老字号德懋恭在130多年的发展过程中，始终坚持"注重商业信誉，谦恭待人"的行为准则；藻露堂一直以"遵古炮制，童叟无欺"为经营理念，恪守"修和虽无人见，存心自有天知"的医德；贾三始终秉承"谨、勤、和"的经营理念和"诚一不二"的从商信条……这些蕴藏体现品牌诚实仁德经商信条的故事，都能让消费者生动感知品牌的诚信态度。

（四）品牌与历史人物、神话传说的故事

挖掘品牌与历史人物之间的故事，是从历史人物角度增加社会大众对品牌的感性认知渠道。源远流长的历史故事能够赋予品牌生动的文化内涵，增加消费者对品牌的特殊情感认知。例如，陕西老字号太白酒与包括"诗仙"李白等众多唐代历史人物的故事，"太白积雪六月天"为关中八景之首，吸引历代不少名人墨客、雅士，登山览胜，饮酒赋诗，如唐玄宗、杨贵妃、韩愈、杜甫、苏东坡等人，都曾游过太白山，饮过遐迩闻名的太白酒。唐天宝元年，"诗仙"李白奉诏从西蜀经褒斜道赴长安，慕名到金渠镇，开怀畅饮此美酒，赞不绝口，似有醉意，酩酊中吟成千古绝篇《蜀道难》，随后产生了"太白酒醇醉诗仙"的典故。后人为纪念李白，在太白山建造了"太白庙"，又将李白曾饮过的当地所产名酒，定名为"太白酒"。

对于品牌塑造来说，构成品牌核心精神、展示品牌核心价值的故事化营销才有价值。因此，在讲述品牌故事之前，需要首先明确品牌的核心价值主张或者品牌态度，明确品牌的首要任务及品牌秉承和传达的道德观念。设想应该获得怎样的效果或达到何种目标，继而规划某些情节和事件，以产品与消费者互动的手段，通过标志性事件，表达品牌的功能或附加的情感，帮助品牌故事更好地实现预期的效果。继而再用讲故事的方法进行传播演绎，突出品牌在故事中的重要性，即品牌在故事中所起的作用。不同于文学中的讲故事，品牌故事是创造的，而不仅是描述的。

【拓展思考与实训】

请为你喜欢的某个品牌设计一份故事化传播方案。

案例十五

绚丽的墙上风景：公牛开关的场景营销

拓展资源

【品牌故事】

说起"公牛电器",大家第一时间会想到移动插座。这个并不起眼,家家户户都用,也谈不上什么高科技含量的产品,"公牛"把它做到了极致。自 2001 年至今,公牛插座已连续 15 年蝉联行业全国销量第一;2015 年公牛销售总额 56 亿;2016 年它的销售额达到 67.5 亿,年增长达到 20.5%;2017 年销售额达到 90 亿,成为中国移动插座和转换器行业的第一品牌,当之无愧的"插座领导者"。2018 年,公牛集团获"2018 中国年度影响力品牌"大奖。

公牛插座创始人阮立平的家乡在浙江慈溪,这里是中国家电生产基地之一,因此插座等配套产业也相当活跃,20 世纪 90 年代就有大大小小几百家插座生产企业。阮立平原本在杭州机械研究所工作,做插座销售的亲戚们奔波于各地,时常把他这里当作落脚点。时间久了,阮立平就发现当时的插座粗制滥造,也没有设计感,这样的产品会给用户带来极大的安全隐患。技术出身的阮立平看不下去了,1995 年,辞去工作,贷款两万元,与卖插件的弟弟阮学平一起创业,专做"用不坏的插座"。那时,正是乔丹和芝加哥公牛队在 NBA 的巅峰时期,喜欢打篮球的阮立平便把公司取名"公牛",创办了公牛电器公司。

初创业时,条件简陋,资金有限,生产技术水平也不高,但公牛坚持宁缺毋滥。因为找不到质量过关的开关配件,所以第一批公牛插座是没有开关的。直到 1996 年,"公牛"自己设计生产出开关配件,才被用到它的插座上。由于使用安全,质量有保证,消费者给予高度认可。怀着这样的信念,公牛从"用不坏的插座"到"最安全的插座"再到"行业的领导者",从插座到墙壁开关再到数码精品,从浙江到全国再到全球 30 多个国家和地区,一路走来,颇为精彩!

【案例背景】

作为国内最成功的插座品牌,公牛既不是最早的,也不是唯一的,却是最具品牌价值的。"公牛"不仅靠质量取胜,更在营销中牢牢地抓住了消费者的心。

插座的购买大多不是有计划的提前采购,对于平时不关注产品信息的消费者而言,商店里的广告比电视里的广告更有效。所以公牛插座一直非常注重渠道网络的建设。目前在全国 3000 多个县级城市中,公牛在一半的市场做到了县、镇、村三级渠道全覆盖,家电卖场、电子城、五金店和小卖店等多种属性的地方,形成 50 多万个销售点,并在终端网点做了大量的门头形象建设,在全国竖起 15 万店招,形成全方位的接触场景,对品牌传播起到了重要作用。

除了安全插座,公牛墙壁开关插座在业界也是赫赫有名(图 15-1)。

案例十五 绚丽的墙上风景:公牛开关的场景营销

图15-1 公牛墙壁开关家族

墙壁开关插座诞生于20世纪80年代,自电灯诞生伊始,拉线开关应运而生,黑色圆盒,垂直拉线,拉动瞬间带来美好光明。90年代,方形面板、拇指般按钮的小按钮开关,开启了墙壁开关的新时代,点缀了墙面,也提高了使用体验。进入21世纪,翘板式开关革新了小按钮开关,外形更显美观,新结构设计创造了更加可靠的产品品质。

开关插座自引进我国以来,虽然市场容量一直呈稳步增长态势,但多年来墙壁开关产品只升级不换代,缺乏核心科技,基本是千篇一律的白色。随着物质生活水平和人们装修品味的双重提高,过去追求质量的功能性家居已逐渐被日益强调艺术性的装饰性家居所取代,传统白色开关因无法同装饰化日益显著的现代家装完美配搭,已渐渐成为时尚敏感度高、追求家装完美细节的消费者眼中不和谐的砂眼。

2007年,公司全面进入墙壁开关插座领域,将"装饰化"作为重要的战略定位,生产高品质墙壁开关插座为主,相继推出了G10、G11彩色装饰系列、G18幻影纹理系列、G19金属装饰系列、G20 3D钻面系列、G22玻璃装饰系列、G29水晶装饰系列等开关插座产品,打破了墙壁开关一"白"到底的设计定律,开关由功能性走向装饰性,让开关真正成为"墙上的一道绚丽风景"。

为迅速推广公牛墙壁开关插座,公牛先后通过电视广告(图15-2)、平面广告、公关新闻稿件、公牛官网改造、"公牛开关杯"网络室内设计大赛、销售终端创新装饰(图15-3)等多种方式,联手强势媒体,连接线上线下,通过一系列品牌推广活动,迅速提升了产品知名度和品牌影响力。

2017年,公牛携手东方卫视《生活改造家》栏目,推出全新广告运动。公牛希望通过节目中的具体案例场景展示,展示公牛产品适用的各种场景,让更多的"90后""00后"消费者了解到公牛装饰开关不仅能满足家装者对开关、插座产品的功能性需求，还能在不同的家装风格中起到不可或缺的"绿叶"作用，让更多的装修者尽情任性地装出自己喜爱的家装风格，将"改变让生活更美好""让墙上多一点艺术"的理念传达给更多人，开启了公牛场景营销的新模式。

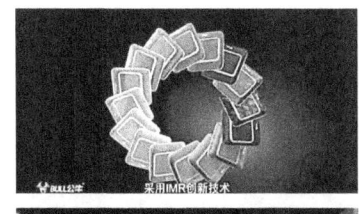

图 15-2　公牛《开关新一代》电视广告

图 15-3　公牛装饰开关销售终端

（整体风格以白色为主，搭配五彩缤纷的产品以及时尚的模特画面，充满多彩、时尚、简约和活力。）

【案例分析】

《生活改造家》是由东方卫视在 2017 年推出的一档为城市生活的奋斗者们服务的体验式家装节目（图 15-4），从 2017 年 4 月 20 日起每周四晚 22:00 播出，共 12 期，目前已经全部播出结束。《生活改造家》以"改变，让生活更美好"为口号，不仅为委托人改造房屋，更着力改变委托人的生活状态，对生活进行从硬到软的全面升级。在节目中，公牛产品及相关元素频繁出现，却不显突兀，在场景上完美契合，既展示了公牛产品功能性的一面，也传播了其人文性的一面。下面以其中几期为例，来看看公牛是如何与节目中的场景有机融合的。

图 15-4　东方卫视《生活改造家》节目

第三期（2017年5月4日）：设计师开挂改造50平老房，装下8口人9张床，还有超大储藏空间。

这期《生活改造家》面临的是一个8口之家的改造任务，委托人夫妇和两个女儿、委托人的父母、姥姥、姨妈一共8口人住在50平的一室一厅一厨一卫的房子里，厨卫还是用木板简单隔开的。本该享尽天伦之乐的一家人，却只感受到压抑。在这个家中，几乎没有一个能够让所有人一起活动的区域，连中国家庭最重要的吃饭时间，他们都得各自分开，因为门厅的饭桌太小。面对人多房小的极限状况，设计师采用了"空间折叠法"加以改造。

改造后的房子里，每个人都有了自己独立的空间。委托人夫妇带着小女儿住进了主卧，委托人父母住进了客厅可伸缩的沙发床，老姨住进了单独的客房。特别独特的设计是，太姥姥和大女儿的卧室装上了带有发光灯膜的天花板，这间睡房即使密闭起来，也会带来阳光下的感受，这对有眼疾的太姥姥来说非常贴心。设计师特意选用了公牛G22高晶玻璃开关，这种开关配有安全指示灯，夜里起床无需在黑暗中摸索，能快速找到开关的位置，实用又美观（图15-5）。

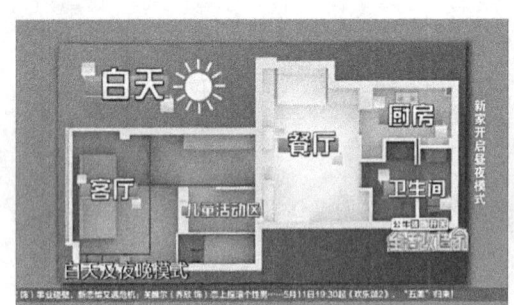 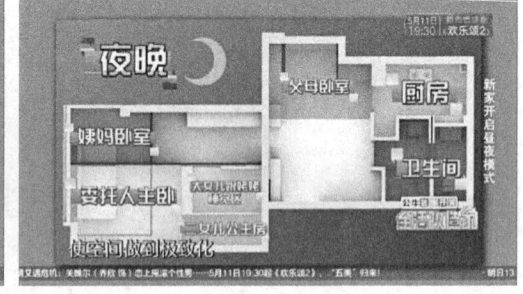

图15-5 《生活改造家》第三期

改造后的客厅，更成了孩子们的乐园。为大女儿准备的白板墙，让她可以尽情涂抹肆意创作。白板上还特别安置了带有保护门装置的公牛拉不脱插座，不仅方便了做家务的母亲，还杜绝了孩子插拔插座时的漏电事故隐患。儿童活动房里，"驻足"墙上的天鹅、小猴子、小象这些妙趣横生的卡通玩偶，让房内充满了童趣，搭配满月银色的公牛G22高晶玻璃开关，色调温暖，大方舒适。

第八期（2017年6月8日）：邋遢摄影师改头换面，旧屋换新颜

这一期委托人的男友姜衡是一名"在家办公"的摄影师，对他而言，家不仅是生活起居的场所，也是他拍摄照片、冲洗作品的工作室。缺乏良好收纳习惯的他让居所变的一团糟：杂物堆砌，房间还弥漫着异味。

设计师没有对委托人的住房"大动干戈"，而是利用原来被杂物遮挡的一扇房门将房屋总体分为工作和生活两大功能区，为观众展现了"功能分区"的神奇。通过对生活区与工作区的完美区分，让委托人在工作区有一个简洁宽敞的工作环境，在生活

区则能够放松休闲。此外，设计师通过不同的软装，营造出简约沉稳的工作空间与温馨现代的生活空间。在工作空间，设计师以灰黑色为主色调，在四个墙角设计了银色的遮光布帘，完美隐藏各类摄影器材的同时，与整体风格统一。在生活空间，设计师将原有的壁炉改造成展示架，加上后现代风的茶几、简约布艺沙发、金属衣架等家具，打造出略带工业风的温馨生活空间（图15-6）。

图15-6 《生活改造家》第八期

配合两个区域不同的装修风格，设计师还特意在两个区域分别选用了不同颜色的装饰开关。在工作区，设计师挑选了公牛碳晶黑色G22触控屏遥控开关，黑色高晶玻璃的表面能更好地融入整个摄影环境，在保持装修风格统一性的同时，可远程遥控调节室内光线，方便摄影师随时开关灯具调节室内拍摄光线，帮助他更好地完成拍摄。在生活区，设计师则选用了满月银色的公牛G22高晶玻璃开关，优雅的银灰色面板现代感十足，有助于提升整个生活区域的温馨感。

同时，在摄影师的日常工作中，设备用电频繁。只有选择安全可靠的开关插座产品，才能够起到保护昂贵摄影器材的作用。然而，男主工作区原有的电线走线十分混乱，甚至还有一些直接用胶布缠在一起的电线插头，存在重大安全隐患。对此，设计师选用了带有集成电源的公牛客厅影音专用插座。这款插座特有的总控开关可以一键控制电源，对于用电设备众多的摄影师来说，使用更加安全便捷（图15-7）。

 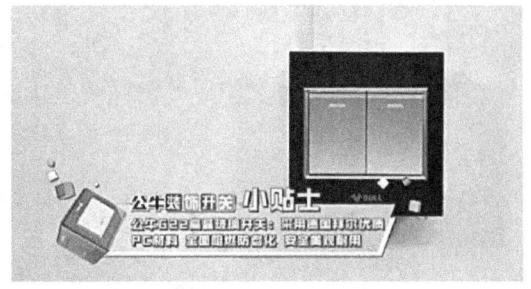

图15-7 《生活改造家》第八期中选用的公牛开关插座

这些巧妙的设计，让委托人直呼不可思议。正是通过在"工作室中的家"这种具体改造案例的应用，公牛装饰开关让人们了解到原来墙面装饰可以不局限于墙纸、装饰画等"大"物件，只占墙面方寸位置的"小"细节也需要重视起来，从而逐渐拓宽人们对于墙面装饰的理解。

第十二期（2017年7月6日）：不忘初心，爱心校舍变身竹排民族风

2017年7月6日，东方卫视《公牛装饰开关·生活改造家》迎来了收官之作。本期节目的委托人余婷是一位来自武汉的年轻教师，她的培训学校共有60多个学生，但学校建筑破旧，夏不挡雨冬不挡风。余婷希望为孩子们创建一个安全、温暖的求学环境。

这次改造的重点首先是对教学环境的提升，以满足孩子们多样化的学习环境需求。改造后教学楼外的空地上，设计师利用竹排抗热防潮的特性搭建而成了88平方米的可拆装户外平台。白天，这里是作为餐厅与休闲区使用，晚上，摇身一变就成了一个小礼堂，可以观影或是进行一些其他的集体活动。但投影仪势必也会带动用电量的需求，考虑到武汉雨水充沛，户外经常会遇到日晒雨淋，所以设计师选择了公牛防雨淋插座进行处理，即使在户外遇到有雨水的状况，也能保证淋溅不渗透，有效防止雨水倒流，杜绝渗水漏水。另外，特有的T型埋线槽设计，方便了日常电源线的整理，有效防止使用过程中插头缠绕和意外脱落，非常贴心（图15-8）。

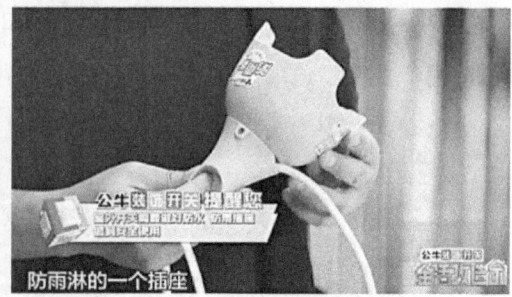

图15-8 《生活改造家》第十二期

设计师还把一间废旧仓库改造成了多功能教室。随着多媒体教具、音响、电脑等一系列电子设备的出现，一款能承载大量用电的插座也成了设计师必须要解决的问题。为了避免随地拖着的电线造成许多不便与危险，设计师选择了公牛组合插座，多孔位的设计完全能够满足日常教学不同的用电需求，优质的材料、贴心的安全防护门设计也为小朋友增加了一道安全屏障。

此外，为了保障孩子们晚间起夜的安全与便利，设计师在走廊上安置了小夜灯。出于对美观的极致追求，设计师还特意为孩子们选用了高颜值的公牛 G22 高晶玻璃开关作为墙面装饰，其晶莹剔透的外观，细化了空间的美感，同时在细节之处也培养了孩子对于美的认知（图 15-9）。

图 15-9　改造后的多功能教室

从上面几个案例可以看到，每一期节目都将"产品应用化场景植入"的营销理念运用得淋漓尽致，从而能够让消费者自然而然地了解、接受并认可品牌所传递的内容。

一、充分利用节目媒介资源，有效提升转化率

公牛装饰开关作为《生活改造家》的独家冠名商，在节目一开始，就以用电安全隐患为铺垫介绍普及用电安全小知识，增强观众安全防范意识。

之后设计师在线上官方旗舰店或在线下实体门店进行公牛开关插座的选购，同时专业讲解每种公牛产品的选用原因，与房屋装修风格的搭配契合，侧面介绍公牛装饰开关的功能多样性（图 15-10）。

图 15-10　公牛装饰开关门店选购

再以特写镜头从不同的角度深入宣传了产品的优势所在，给观众留下公牛装饰开关美观又实用的印象，有效提高了公牛品牌在消费者购买时的偏好度，也传播了产品的购买渠道信息。

在节目播放过程中，公牛没有仅仅采用传统的广告植入方式，而是采用了更加多元化、创新化的品牌露出方式，如：开工手工物料植入，角标，口播压屏，下节精彩，定制人名条，购买提示等各种压屏与小贴士，提醒您，联合转场，定制产品验收仪式、公牛定制物料，如抽纸盒、沙发靠垫、水杯等（图15-11）。告知相关信息的同时也增加了品牌的曝光率，让消费者感受到品牌温度和人文关怀。

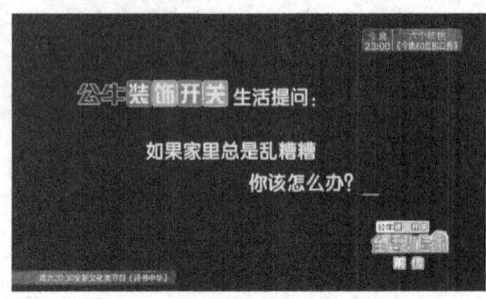

图15-11　公牛装饰开关《生活改造家》中多元化的广告植入方式

这些基于场景下的植入式广告相比于传统单刀直入的广告形式更容易让消费者产生参与感，更乐于接受广告内容，产生共鸣，从而激发出对产品的好感度和好奇心，也更能够影响其下一步的消费行为。这些广告形式既保证了媒体资源的有效利用，也控制了广告展现频次，同时精心设计的广告内容，避免给受众带来过度打扰，在营造良好用户体验的同时，有效提升了转化率。

二、定制品牌专属场景

通常来说，电视节目受到技术手段、内容、空间限制，很难像移动网络与社交媒体一样，将场景营销应用自如。但是，《生活改造家》作为一档体验式家装节目，改造过程中插座开关的安装是必不可少的。在这12期节目中，不论是为视障老人打造无障碍之家，还是为追梦的创业青年实现的公寓改造，设计师都能巧妙运用公牛装饰开关，解决委托人生活中存在的实际困难。讲究色彩搭配和个性化元素的公牛装饰开关作为重要的墙面装饰反复出现，充分将情节与场景完美结合，赋予公牛产品特定的场景意义，让消费者可以在类似场景自然联想到产品，让"装饰开关""让墙上多一点艺术"等品牌诉求不断强化。

此外，没有场景也可以创造场景。《生活改造家》节目结合公牛装饰开关的产品功能点，在装修改造完毕的收工环节，特别设计了"点亮公牛装饰开关，点亮新家"的仪式。"按下门口挂着的公牛装饰开关（图15-12），点亮牛头，开启新家大门，开启新生活。"这个仪式感满满的环节，配合文案"公牛装饰开关 点亮新生活"，不仅将产品与节目相融合，也让观众和委托人一样感同身受，非常有新意，也让冷冰冰的家装品牌多了一丝温度，增强了品牌的亲切感。

图 15-12 "点亮公牛装饰开关 点亮新家"环节

三、关注与用户的情感共鸣，传递价值和理念

"场景"是"场"和"景"的叠加，"场"为物理属性，由时间维度和空间维度所构成；"景"则从属心理，对景的感知涉及理性认知和情感介入。因此，所谓"场景"无外乎由客观"场"的塑造诱发受众内心"景"的感同身受。在场景消费中，商品不仅要满足人们的物质生活需要，消费的过程也要满足心理、精神等多方面的需要。在这个强调用户体验的时代，借助符合用户生活形态的场景化设计，重塑品牌的连接和沟通方式是决定营销成败的关键。通俗地说，就是以触发心灵对话和生活场景体验来达到营销的目的。

大多数品牌在投入场景营销时，往往更加关注"场"的把控，而忽略"景"的构建。而好的广告传播必须能够和受众建立起更深的情感沟通，将目标消费者从旁观者转变为参与者，与品牌产生共鸣，能够完成情感层面的升华。此次公牛独家冠名《生活改造家》节目，正是希望让更多年轻人了解到公牛装饰开关的"品牌温度"，拉近品牌与"90后""00后"的距离。在节目中，设计师的改造方案很重视改造细节，将人文关怀体现得淋漓尽致。比如：配合小公主房，营造温馨浪漫的居住环境；针对视觉障碍人群，加入了大量原木色的木质家具，营造了房间的温馨感；添置智能产品，方便与孩子间的沟通交流；用公牛厨房专用插座替代原先电线裸露的厨房插座，避免安全隐患等。

《生活改造家》节目首播即获得当日晚间全国卫视节目收视冠军，取得了同时期所有家装类节目中平均收视最高的成绩，其中第二期节目 35 城收视率达 0.78，多次获得"全国当日综艺节目排名第一""全国同时段综艺节目第一""35 城同时段综艺节目第一"的佳绩，五大门户网站播放量超 2000 万，微博主话题 # 生活改造家 # 阅读量超550万。以节目为主题的促销活动亦创下超过此前举办的同类促销活动的销售佳绩，可谓是品牌曝光和销售转化的双丰收。

【知识链接】场景营销

一、传统意义上的场景营销

场景一词最早来源于影视作品，原指文学、戏剧或影视作用中的场面或情境，既包括场所和景物等元素，也包括空间和氛围元素，是较为复杂的综合概念。简而言之，即在一个单独的地点展示的一组连续的镜头。

而生活当中，场景也无处不在，场景自人类诞生就已经存在。场景营销亦伴随着商业的出现而诞生，对于营销来说，场景也一直都在。瑞波特（Rayport）和斯威科拉（Sviokla）于1996年提出的商业营销空间理论中，contextual被译为"上下文有关的"，该概念的应用更侧重于在电子空间，如在互联网时代谷歌、百度等搜索引擎基于用户行为的上下文，给用户推送的广告信息，这是场景营销概念的雏形。2000年，大卫·肯尼（David Kenny）和约翰·F.马歇尔（John F.Marshall）曾在《哈佛商业评论》上发表过一篇文章，文中将场景营销定义为"在消费者需要的时刻为他们提供其需要的信息"。

随着互联网技术的发展，搜索广告、关键字链接等算是早期比较典型的场景化营销模式。此时用户面对的是"输入场景""搜索场景"，关键词即为用户需求，满足需求或者有关联度的广告内容自然会引起用户的兴趣。基于搜索定位和归纳分析的综合服务是场景化时代应用的一个大趋势，并且早已超出了商业营销的单一范畴。

互联网时代，浏览器和搜索引擎广泛服务于资料搜索、信息获取和网络娱乐、网上购物等大部分网络行为。正如郑新安（2015）指出的，场景化营销是基于用户在输入场景、搜索场景和浏览场景这三种具有代表性的场景中，以充分尊重用户网络体验为先，围绕网民输入信息、搜索信息、获得信息的行为路径和上网场景，构建了以"兴趣导向＋海量曝光＋入口营销"为线索的网络营销模式。

针对场景进行准确的营销并不是兴起于互联网时代，传统的营销中就十分看重对消费者即刻需求的满足，如星巴克咖啡、宜家家居等企业通过对门店装修、氛围、服务的设计打造，吸引了大量消费者参与体验。网络营销兴起之前，商家主要通过海报展示、传单派发、活动庆典等方式构建线下场景进行场景营销。马特·格罗宁（Matt Groening）在1989年为苹果Mac打造的一系列小册子封面就是根据用户的不同情况来讲不同的故事：如果你感觉压力过大，Mac能让你的生活回归有序；如果你失业了，Mac会帮助你开启新的职业生涯；如果你有拖延的习惯，Mac准备好助你提升生产力。苹果将消费者置于最真实可感的现实生活来告诉用户：我们在倾听你们，我们在了解你们的问题，我们与你感同身受。严格来说，线下场景营销属于传统营销，伴随着线下商业的出现而萌芽、生长。

场景营销最初就是在广告营销等传统营销的基础上发展起来的一种营销理念和营销方式，强调消费方式的不同。在传统营销视角下，消费是物品消费；在场景营销视角下，消费是场景消费。场景消费与物品消费的区别在于：物品消费中消费者看重的是物品的所有权、商品功能和实际效用，而场景消费中消费者看重的除了物质满足外更有心理满足和精神满足。总而言之，场景消费虽然注重商品的物理属性，更加注重并利用商品所有的表现能力和象征意义，通过对商品、人、时间、空间等要素的组合勾勒出具有特定含义、特定氛围或特定效应的生活场景。

二、移动互联网时代的场景营销

随着移动互联网和智能手机的普及，基于 GPS 定位功能和 Wi-Fi、Beacon 技术的信息推送，场景营销进入粗放式的线上线下整合的阶段。在这一阶段，消费者除了在线下场景中进行体验和消费，还能接受到线上基于粗粒度的用户数据而发送的营销推送，建立起初步的整合场景。这些智能数字终端设备能更加紧密地与人的行为相结合，能更加深入地介入到人的日常生活，能在更大范围和更强深度内搜集人的行为信息，成为精确探知和灵活掌握个人信息和生活状态的"传感器"。比方说，对长期生活在西安的消费者，根据地理位置提示，可以及时推送附近的商场正在进行的空气净化器促销活动。不仅如此，对即将前往成都的消费者，根据地理位置信息，可以推送当地的消费信息。随时随地进行消费的场景已经真实地出现在我们的日常生活中，场景营销则变得更为便捷和多元化。

移动互联网时代的到来，为场景营销的变革提出了要求也提供了基础。由于市场环境、媒介环境和消费者行为的改变，移动互联网时代下的营销方式，必然是一种整合性的、互动性的、精准性的，打通线上线下的营销方式。在这种时代背景下，以场景为核心，能够有效地组织起时间、地点、用户和关系，连接用户线上和线下行为，对用户进行实时、精准的信息和内容服务。这种与用户的准确、生动的互动沟通，能够有效帮助企业提升品牌形象和转化率。我国学者吴声在《场景革命》一书中表示，在移动互联时代，"场景"不是一个简单的名词，它是重构人与商业的连接。场景营销的核心在于挖掘具体场景中消费者的心理状态和需求，而场景是唤醒消费者某种心理状态或需求的手段或方式。

从营销流程角度看，场景营销中的"场景"有三种层次：一是物理场景，即商家利用网络尤其是移动媒体平台打造的物化的场景；二是网络媒体所代表的虚拟化的场景；三是物理场景和虚拟场景与消费信息结合所产生的消费场景。移动互联时代的场景营销真正促使场景营销从现实场景营销向虚拟场景营销转变，从而激活虚拟营销场景，使现实场景和虚拟场景不断交融，为营销场景不断地加大了想象空间。

未来，随着"互联网+"对各个传统行业的升级，除了现有的吃喝玩乐等休闲娱乐场景，教育、医疗、建筑等多个传统行业，也会随之开辟出"新的战场"，为场景营销提供更多的场景承载。AR、VR、无人机等新技术的出现，将使场景的打造更加丰富和炫目，赋予场景更多话题性和传播力。借助新的媒介形式，如在线直播，场景营销的影响力将最大范围地扩散。未来的场景营销，必然朝着丰富化、多样化和深度化的方向发展。

【拓展思考与实训】

1. 公牛开关如何借力媒体资源，采用多元化、创新化的广告植入方式，将产品应用化场景巧妙地植入到节目中？

2. 场景营销中，如何在关注"场"的把控的同时，强化"景"的构建，从而和受众建立起更深的情感沟通，与品牌产生共鸣？

案例十六

网红之势：
卫龙辣条的借势营销

始于 1999 年

拓展资源

【品牌故事】

谈到"80/90后"心中的童年零食,"卫龙"一定是会在消费者脑海中闪现的品牌。卫龙辣条由漯河市平平食品有限责任公司于1999年创立。卫龙辣条的面市,有着一定的偶然性,可以说它并不是一个有着明确市场定位,精心打造多年的产品,而是作为其他产品替补的应时之作。1997年,作为平江酱干的原材料大豆的价格大幅上涨,几乎翻了一倍,这波大豆行情的剧烈波动使得大多数生产酱干的企业亏损连连。于是,卫龙创始人开始着手寻找能替代大豆这一原材料的新品,来挽救滞销的酱干生意。随即,他们发现面粉是当时市场上最便宜的原料。经过几个月的精心研制,终于生产出了接近面筋的熟食类产品。与传统的酱干相较而言,新开发的辣条类面筋产品价格低廉,制作工艺也较为简单,关键是口味大众化,一经推出赢得了市场的一致好评。2003年至2004年间,"卫龙"系列食品接连上市,卫龙成为河南省著名品牌。截至目前,卫龙已经开发出了烧烤味、香辣味、泡椒味、五香味、鸡汁味、五香卤汁味、麦辣鸡汁味等十余种口味近百个规格的产品及"点心面""拉面丸子""魔芋爽"等新品。

作为中国辣味休闲食品行业的领军企业,卫龙率先进行了大规模的广告投放。2010年,卫龙拓宽休闲食品生产领域,开创"亲嘴"系列,进军豆制品行业,并邀请当红明星赵薇、杨幂倾情代言"亲嘴"系列产品。卫龙的营销兼具情怀与潮流,辣条这种便宜的零食完成了从"垃圾食品"到食品界"网红"的华丽转身。卫龙产品现已畅销国内三十多个省、自治区和直辖市,甚至漂洋过海卖到美国,成为名副其实的知名品牌。2015年,卫龙正式开设天猫旗舰店,凭借品牌在互联网上的话题度,迅速开拓了线上渠道(图16-1)。2017年上半年,卫龙辣条母公司漯河平平食品整体销售收入达到8.1亿元,全年销售达到20亿元。

图16-1 卫龙淘宝旗舰店宣传语

【案例背景】

一、行业安全问题频出

辣条行业成本低，门槛低，技术含量不高，市场需求大，行业火爆的背后催生了各种辣条制作小作坊如雨后春笋般出现，一时间，产业乱象丛生，安全问题百出。2005年，辣条业第一次全国性危机爆发。央视曝光了平江县一家食品厂非法使用霉克星。2007年，又有群众举报平江四个面筋熟食厂在原料中非法使用添加剂霉克星。辣条安全问题频出，极大地打击了消费者的购买信心，连卖辣条的也对"辣条"这个词避而不谈，宣称他们卖的"不是辣条，而是面筋制品"。2010年起，国家在熟食领域方面的管理制度更加严格，所有加工过的熟食食品必须经过专业认证。这项规定使得辣条生产厂家一筹莫展。在此之前，不要说国家级辣条行业的生产标准，就连地方性辣条行业的生产标准都是缺失的。然而不达标就不能拿到食品生产许可证。与此同时，因辣条频发食品安全问题，消费者早已对辣条失去最初的信任，对辣条原材料众说纷纭，甚至流传着辣条原材料是卫生纸、避孕套、地沟油等耸人听闻的说法。在此背景下，辣条供大于求的现象更为严重，截至2010年下半年能盈利的企业不过10%左右。面临行业生产标准提升与消费者信任缺失的双重困境，辣条企业想要赢得竞争，唯一的办法就是改造升级。但是升级改造耗资巨大，数千万元的改造费用相当于企业数十年的利润。卫龙创始人以极大的魄力坚持转型升级，2014年投巨资建设了全自动生产车间。为了洗清"垃圾产品"的误会，卫龙特别邀请专业的摄影团队进入到车间拍摄公司宣传片。此举既顺利消除了消费者对辣条的负面认知，也开启了卫龙辣条的品牌之路。

二、消费升级，市场潜力巨大

改革开放以来，我国共出现了三次消费升级。第一次消费结构升级出现在改革开放之初，粮食消费下降，轻工产品消费上升；第二次消费结构升级出现在20世纪80年代末至90年代末，家用电器消费快速增加，耐用消费品向高档化方向发展；目前中国整体经济的进一步发展驱动第三次消费结构升级转型，表现为消费者对商品品质的追求。虽然我国当下的休闲食品行业发展势头强劲，各大零食企业纷纷推出新品，看上去一片市场繁华的景象。但是在消费升级的背景下，真正得到国内消费者认可信赖的休闲食品品牌极为稀缺，市场仍有巨大空缺。同时，消费者对健康的追求日益增加，人们普遍认为辣条食品是垃圾食品，消费观念向低热量、低脂肪、低糖的健康营养型发展。

三、草根族悄然崛起

草根来源于英语 grassroots，grass 意指草，root "根"的词根 +s 代表大多数。陆谷孙先生主编的英汉互译的词典《英汉大辞典》中，将"grassroots"的义项列为三种：①群众的，基层的；②根本的；③乡村地区的。在中国如今的汉语语境下，"草根"一词由平凡、具有顽强生命力的原义"草的根部"，拓展为代指相对于精英群体的普通民众。自 2000 年以来，"草根明星""草根电影""草根舞台"等词汇逐渐在各大媒体的报道中频繁出现，"草根"成为当下中国大陆的一种文化现象。"草根"不仅蕴含着"民间"或者"民俗"的意义，还有"极具个性的，非传统的，非官方，非主流"的意义。卫龙的产品定价低廉，这就决定了其消费主力是社会普通民众。在高端消费群体日渐萎缩的情况下，市场上有"得草根者得天下"的说法。所谓"得草根者得天下"其实质是一种长尾经济，即目标人群定位为普通民众，并以契合其心理的通俗化内容宣传产品，因为他们虽然个体力量微小，但聚沙成塔，也能拥有强大的消费力量。

【案例分析】

在营销圈，卫龙被誉为"逗比勇士"。之所以会有这个名称，是因为卫龙品牌频频创新，它要改变大家对辣条的印象。卫龙经过市场调研发现，目标人群对产品的味道、口感最为重视，其次注重产品的价格是否低廉，同时购买者还希望辣条有一定的时尚感，方便其在快节奏的现代生活里加班、出差、旅游时携带，因此卫龙将产品定位为健康、时尚、休闲的快速消费品。卫龙善于借势热点，从高热度的品牌和热点当中吸取自身可以助力成长的内容，又把握了传统的、经典的童年味道和有热度、有调性的新式创意之间的度，其"勇敢""诚实""自黑"的品牌调性在年轻人中引发了广泛共鸣。

一、借势营销
（一）借势青春怀旧之风

辣条伴随着几乎所有"80/90 后"群体的童年记忆，包括校园的时光、儿时的友谊以及父母的严厉管教。卫龙辣条的核心受众群正是"80/90 后"群体，卫龙所有的营销和推广策略也基本都是围绕"80/90 后"群体展开的。自《那些年我们一起追过的女孩》引发全民大怀旧后，青春怀旧之风便成为一种典型的消费心理。特别是当"80 后"已变为拿保温杯的油腻中年人，当第一批"90 后"已近而立之年，怀旧情绪在整个社会中悄然蔓延，其覆盖面广，接受度高，很容易迸发出强大的市场能量。卫龙准确把握住消费环境的变化，顺应时代，顺应消费者儿时的记忆，推出了记忆中的辣条。

(二）借势其他品牌

苹果手机是一个特别能创造和产生话题的产品。2014年9月苹果6上市，2016年9月苹果7上市，卫龙均模仿苹果的广告设计，赢得了公众的眼球。例如，2016年卫龙推出的苹果风格海报，对苹果7进行了多角度模仿，无论从产品，还是细节，通通使用了科技范儿，显得非常高档。过去不太健康的零食好像也有了更多可选、可吃、可品的特性，成为可以细看和细品的美食。卫龙辣条还配合此次活动更新了整体形象，辣条产品选择白色包装，淘宝天猫旗舰店的页面视觉设计也改变了风格，以白色为主，展现出整体的整洁性。因为白色通常意义上代表着纯净，有利于缓解大家对辣条不卫生的错误认知，让人很难与街边五毛一包的辣条联想到一起。卫龙还借此推出了新产品Hotstrip。"辣条"与高大上的风格在消费者心中形成了强烈的反差，广告极富震撼力。为了保持和苹果风格一样的高格调，卫龙广告设计中都有英文（图16-2）。比如文案里的Hotstrip，这个词在百度里搜不出来，它是由hot（辣）和strip（条）两个词组合而成。网友纷纷表示：看着这些我从小吃到大的东西，有一种恍如隔世的感觉。

图16-2　卫龙借势苹果推出的Hotstrip产品广告

模仿苹果线下旗舰店。继2016年9月份借势苹果设计图之后，苹果成为了卫龙极致模仿的标杆。为了让卫龙的模仿秀得到进一步关注，在"双十一"之际，卫龙在微博发布了若干张照片（图16-3），照片中卫龙店面到处洋溢着苹果线下旗舰店的装修风格，细节模仿的是一丝不苟。而后卫龙通过媒体辟谣说，网络上流传的"旗舰店"照片是公司参加福州秋季糖酒会而设立的展位，并非所开的线下旗舰店。但是在整个辟谣的过程中，又把过去的事情整合重新炒作，形成了新一轮话题传播。

图16-3　卫龙模仿苹果在某糖酒会推出的线下体验店

图16-4 卫龙《字体风格》广告

同年,卫龙推出广告语"不是所有的辣条都叫卫龙",为"大面筋"产品推出系列平面广告《字体风格》(图16-4)。这则系列广告中的文案分别为:①不是所有的辣条都叫卫龙,辣条就是任性;②生活有时需要来包辣条,冷静思考人生;③辣条这么狂拽炫酷吊炸天,来包辣条压压惊。文案中多处用到流行的网络用语,易引起消费者的共鸣。有的文案则是对一些经典广告语进行改编,例如改编自"不是所有牛奶都叫特仑苏"的"不是所有的辣条都叫卫龙",既使受众会心一笑,加深了品牌的记忆,又从另一侧面体现了"卫龙辣条"的品牌调性。

(三)借势影视

2015年4月份,卫龙辣条做了一个"奔跑吧,辣条"的活动,借势《跑男》和使用《跑男》的活动形式,活动主要以软文形式出现。主题就是大家在初高中的时候,学习压力大,爱吃零食,最喜欢选择辣条。压力期一过,到了大学之后千万别忘了曾经陪伴大家日夜学习奋战的零食界的好朋友,从而延长了辣条用户的消费生命力,增加了辣条的消费场景。

2015年10月,卫龙做了一个视频,称其为《卫龙大电影之逃学卫龙》,取周星驰《逃学威龙》的谐音,做了一个校园短片,希望影响到自己的主要群体——学生以及曾经在校园中对辣条有情感的人群。

2017年10月7日,湖南卫视热播综艺节目《亲爱的客栈》中,陈翔的一句台词"我是一个有原则的人,辣条我只吃卫龙的"再次引爆辣条话题。大家为了求得和明星一样的口味爱好,纷纷跑去小卖部购买卫龙辣条。

卫龙成功做了情怀,做了话题和事件,但是并没有使得辣条本身的定位和价值得到改观,短时间内产品还有没有提升价值的可能性呢?有没有全新的市场能重新给辣条定位呢?BBC出品的一部三集的纪录片《中国新年》给了卫龙一个全新的思路。《中国新年》介绍中国人过春节的风俗习惯,其中就提到了辣条,称其是中国25岁以下年轻人最受欢迎的小吃。一部纪录片,一句话就把辣条提升到了一个新的高度。对现在的中国市场来说,辣条的定位和影响已经形成了惯性。消费者认为辣条就是一个不入流的小吃。对于美国市场来说,大家都感觉到非常好奇:除了老干妈,竟然也能找到在美国销售的辣条。在这个新的市场,人们重新审视辣条,有一种浓浓的草根文化。

于是，卫龙借势推出了一个热词"奢侈品辣条"，以奢侈品的概念把辣条包装成了一个在海外颇有身价的零食，在这个词上面，所有人都感受到了一种强烈的矛盾冲突。奢侈品和辣条怎么能共存呢？这就像拎着LV吃路边摊一样违和，但正是这种矛盾提升了产品的价值。

（四）借势"双十一"

2015年11月，卫龙围绕"双十一"做了一个"寻找天蝎座"的活动。他们用沙画视频的形式做了两集沙画故事。沙画描述的是校园情结，表现的是校园的爱情，传递的观点是即使在如今选择更多的年代，当时的初心还是美妙动人的。一方面符合卫龙的校园营销，另一方面也强调了口味和爱好的始终如一，强调用户忠诚度。

2017年"双十一"前夕，在每家店铺都拼美工、拼设计，打造视觉大片的时候，卫龙却异军突起，别出心裁地推出了两个视频，分别为《鉴货》（图16-5）和《Let's购》（图16-6），两个视频抢足了噱头，内容也是笑料满满，充分体现了"戏精"的精髓。视频《鉴货》借鉴了经典节目《鉴宝》的表现形式和一些专业名词，套入卫龙大辣条的产品，产生一种喜剧效果，让人忍俊不禁，看起来滑稽，却吸引着观众。

图16-5　卫龙在"双十一"推出的《鉴货》视频

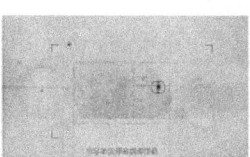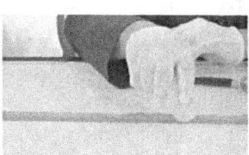

图16-6　卫龙在"双十一"推出的《Let's购》视频

《Let's购》同样模仿一般电视购物的模式，对于产品还有"精美的"包装，两个主持人的神情和语气充满着夸张，观众明明知道这个电视购物是虚拟的，但仍愿意继续看下去。视频在宣传产品本身的同时，也展现了企业的经营理念：快乐。

（五）借势热点新闻

2017年11月，借上海维多利亚的秘密内衣直播秀热播之际，卫龙淘宝官方旗舰店也主打超模风格（图16-7），遥相呼应上海维密新闻事件，使得卫龙辣条这种完全与时尚不搭界的产品完美地蹭了一次热点。

图 16-7 借势维密推出的超模风天猫页面

（六）借势传统节日

春节不仅是阖家团圆的节日，也是各个品牌进行营销推广的绝佳时机。2019年卫龙辣条以"90后"的童年玩具、土味旅行照、"喜提"体短片为切入点，成功地在网络流行文化与传统新年之间建立了情感联系。

图 16-8 卫龙洞洞乐礼盒宣传页

第一，年货礼盒精准定位"90后"人群。年货作为春节的核心元素，是春节节日仪式的一种载体。卫龙推出的洞洞乐年货礼包针对目标消费群体"90后"求新求变的心理，在千篇一律的年货礼包中脱颖而出。该礼包模仿旧时玩具洞洞乐，22个洞各有玄机，内附独立包辣条以及套圈水机、发光弹射陀螺、发条青蛙、发光拉哨等经典玩具（图16-8）。卫龙通过十分符合品牌调性的洞洞乐年货礼盒，在唤起了"90后"的童真童趣之余，建立了品牌区隔。

第二，"土味旅行照""喜提"体短片强化情感连结。除了洞洞乐，卫龙还出了一组土味旅行照（图16-9）。"惊闻！快过年了，全国各地都在喜提辣条，其中有你吗？"该组土味旅行照暗和了网络上近期流行的土味文化潮流和春节外出旅游的新潮过年方式，女主角的夸张姿势令人忍俊不禁。随后，卫龙又制作了以流行语"喜提"为主题,以"80/90后"熟悉的超级玛丽游戏界面为背景的短片《2018你喜提了什么?》(图16-10),盘点全国各地普通人一年来的成绩:有人喜提大澡堂子,有人喜提活锦鲤,有人喜提奖学金,有人喜提年终奖……原本来源于微商的"喜提"体为该广告赋予了丰富的话语内涵,方言的运用使广告更具喜感,片尾"2019年货节喜提辣条咯!"则将品牌与短片深入联结,为品牌注入了流行文化元素。短片带动了网友的话题讨论,大家纷纷留言分享自己的收获,既有正经派:喜提儿子、喜提教资等;又有搞笑风:喜提花呗账单、喜提了一岁等,UGC互动模式为品牌带来了巨大的声量。

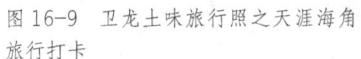

图16-9 卫龙土味旅行照之天涯海角旅行打卡

图16-10 卫龙《2018你喜提了什么?》

此外,在传统节日"七夕"佳节中,卫龙也有上佳表现。七夕是典型的"浪漫经济",但是如今的节日早就不再是情侣们的专属了,它已经成为大众消费的载体。七夕各大品牌借势营销很是常见,或直接,或含蓄。2018年"七夕"节,卫龙以浓浓的中国风广告在各个品牌广告借势营销中脱颖而出,让人耳目一新(图16-11)。

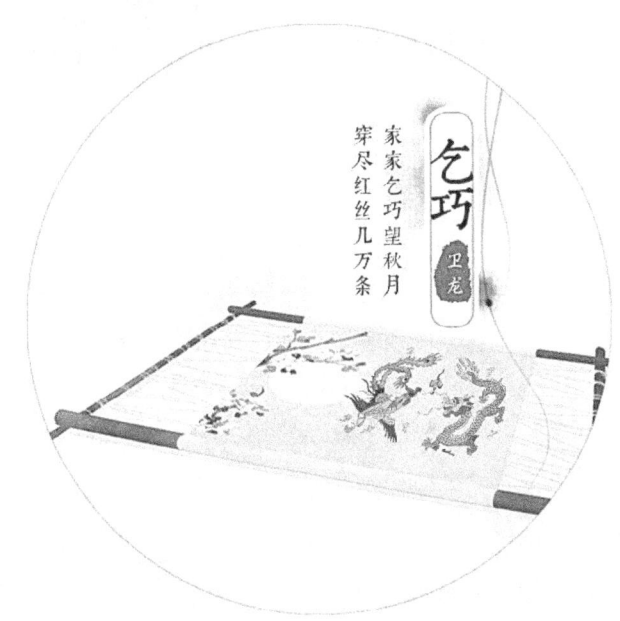

图16-11 卫龙"七夕"微博广告

（七）借势游戏

2017年6月18日，卫龙公司上线了"卫龙霸业"手游。以国产游戏传奇系列制作而成的H5小游戏画风粗犷，充满恶搞元素。此次营销活动新颖特别，借助游戏以及最后通关的优惠券引导网民到卫龙的淘宝店铺购买卫龙产品。游戏上线当天1小时公司服务器卡爆，不完全统计节点访客量达200-300万人，3天内打开次数达到10万到12万，极大地提升了卫龙的品牌知名度。

二、事件造势

（一）旗舰店被黑为跨界合作造势

2016年6月8日，天猫的卫龙食品旗舰店被黑客攻击，整个店铺首页上满屏幕的黑底红字，写着"凭什么不给我发货"（图16-12）。直至中午12点左右，卫龙官发布微博，表示目前首页已经恢复正常。面对粉丝们的继续追问，卫龙在一个小时后公布了这起被黑事件的"真相"：原来是一名网名为"大魔王"的顾客，要求卫龙天猫客服发货到"新疆克拉马干沙漠77号府邸第32颗白杨树"，这才导致了这起恶意被黑事件。在网站短暂恢复正常之后，下午卫龙天猫旗舰店再次被"我要给你点颜色看看"等网络表情包覆盖。对于这起"惨案"，广大网友瞬间炸开了锅，一波又一波不明真相的网友开始在微博激烈讨论，寻求事件真相，就连新浪科技这类官方新闻类微博，也对此事进行了报道。

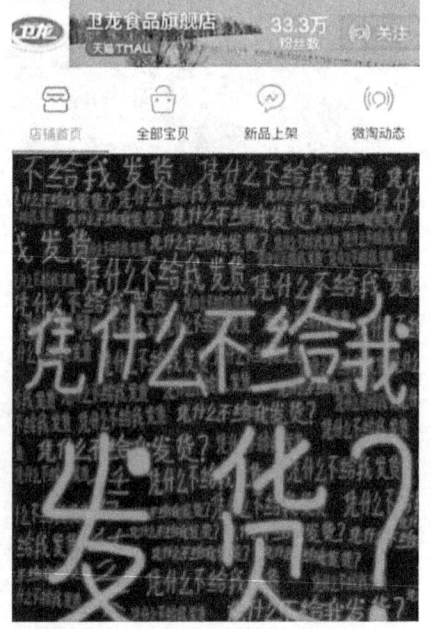

图16-12 卫龙天猫店被黑页面截图

在微博上，有人发起了话题#辣条被黑了#，当天的话题关注度持续上升，甚至一度超过了还在进行中的#高考#，并且微博热度一直持续高涨，互动量高达了17万，进入实时热搜榜第10名，热门话题第4名。当天卫龙的百度搜索量也达到了近期的巅峰状态，搜索量大约达到了平时搜索量的3.4倍。从店铺的后台数据显示来看，当天的访客量、成交量也达到了高峰值，并且当天的访客量达到类目第一。

这场"辣条被黑了"事件，实际上是精心策划的一次互联网营销事件。卫龙天猫店铺澄清了事实，原来这是与一家以搞笑元素为主的漫画公司的合作活动，双方还合作应用了许多幽默的表情包，如"我要给你点颜色看看"等，此后的社交网络中一度也出现了"其实我该来包辣条静静""吃包辣条压压惊"等表情包。卫龙在互联网上的形象一直都具有趣味性，核心受众都是娱乐、游戏、二次元的重度用户，这成为此次合作的基础。事实证明也是如此，双方合作创造的"蠢贱形象"与夸张的"自傲"形成了强烈冲突点。随着双方合作的深入，"辣条在手，天下我有""来包辣条静静""对方不想跟你说话，并向你扔了一包辣条"等网络流行语也被广泛传播。

（二）网红张全蛋直播辣条生产厂区做话题营销

卫龙创始人始终在塑造一个健康、快乐、积极、活泼的品牌形象，市场团队经常对外称卫龙是一个网红。邀请网络红人张全蛋到生产车间进行淘宝直播更是增加了这份默契。网红达人直播网红产品，张全蛋有接地气的外表和夹杂着方言的英语，赢得众多吃瓜群众捧腹。他的视频中吐槽过小米和锤子，也创造过流行语，在视频中淋漓尽致地向广大网友诠释一个质检员的职业操守。而张全蛋的身份和定位，对于厂区观察来说，又极为合适。当张全蛋进入卫龙厂区，通过一个流水线工人的视角观察厂区，对观众而言，是可以接纳并且是理所当然的。直播当晚的高峰时期，直播间观众数量达到了20万人，观众能在直播当中看到流水线的干净、整洁、安全，像无菌室医生那样全副武装的工人，整个操作流程都非常符合一个品牌该具备的内核。通过这一事件，卫龙结合产品本身，从视觉到营销，一步步颠覆人们对辣条的原有认识和偏见理解。

（三）小视频营造恶搞风和蠢贱形象

事实上，卫龙和辣条一直被互联网人群当成一个可消费和戏谑的谈资，而这种话题会被互联网不断放大和传播，从而使得卫龙和辣条的形象最终被固化为"逗逼"。借着互联网上广大网友对卫龙和辣条这种逗逼风认知，卫龙的部分运营采用恶搞和自嘲，让网友觉得越好玩越好。比如，卫龙的线上运营团队拍摄了一段小视频，主题被设定为"校园黑帮惊现辣条交易"，视频中的演员穿着校服却摆出黑帮成员的架势，接着在几回叫嚣之后掏出了几包辣条……诸如此类的视频在卫龙的微博、微信等渠道进行传播，营造了逗逼风和蠢贱风。可以说，卫龙自己就是一个网红，其大咧咧的自嘲和贱贱的气质，十分符合当下网民的喜好。

卫龙从用户出发，借助互联网平台，营造出具有趣味性、娱乐性、独特性的新消费场景，找到与自身品牌相契合的点，逐渐扫除人们对辣条的偏见和认识，促进了品牌的建立。卫龙的怀旧营销给予我们如下启发：一是从用户群的喜好入手；二是找准与产品、品牌的结合点，从产品口味、规格、外包装等方面进行多方拓展；三是借势热点事件与策划营销事件并重，借势热点事件一定要选择稳定、正面、符合产品需要的调性的热点事件，同时热点事件能够引发用户讨论；四是注重节奏，与店铺营销相配合。预热—引爆—收尾，环环相扣，以此达到销售的目的。

【知识链接】

一、借势营销

借势营销是事件营销的一种形式,是将销售目的隐藏于营销活动之中,将产品推广融入到一个消费者喜闻乐见的传播环境中,使消费者在这个环境中了解产品以及企业文化、品牌个性的营销手段。具体可表现为借助新闻、借助消费者自身的传播力、依靠轻松娱乐的方式等。

二、怀旧营销

怀旧元素被企业通过一定的方式融入到品牌的激活过程中,并引起消费者对过去某段时间的特殊回忆,同时将对这段特殊回忆的某些感情诱发出来,并将这段感情和品牌精髓结合起来,使得消费者在品牌身上找到了某种独有的感情寄托和感情回味。品牌正是通过抓住这种独有的感情,提升其在消费者心中的印象,进而增加消费者的购买机会,最终以情感为纽带链接品牌和消费者,增加了两者之间的黏度和忠诚度。传统意义上怀旧营销的特定受众主要是40岁以上的人,尤其是退休年龄阶段的人,但当前怀旧群体有低龄化的趋势。

【拓展思考与实训】

1. 请通过卫龙的事件营销总结传统媒体环境下的事件营销与网络环境下的事件营销的异同点。

2. 请为卫龙品牌撰写一个事件营销策划案。

案例十七

勇敢站在男权 ICON 对面的"无畏女孩"

STATE STREET GLOBAL ADVISORS

拓展资源

【品牌故事】

道富环球投资管理（State Street Global Advisors，简称SSGA）是全球第二大投资管理公司，隶属于总部位于美国波士顿的全球跨国金融企业"美国道富公司"，掌控着2.5万亿美元的资产，公司业务涵盖外汇、股票、固定收益及衍生工具等，通过提供数据服务、自营投资组合、资产管理、电子交易平台等业务达到服务投资一体化的大型金融集团。2016年3月8日，道富环球投资管理推出了一个交易所交易基金SPDR® SSGA性别多样性指数ETF（代码：SHE），专门投资于那些拥有较多女性企业领导层的公司股票，已在纽交所上市。"道富投资"关注性别平等问题，近些年一直号召金融机构和大公司应该增加董事会中的女性比例，强调公司的多元文化和女性领导力。

【案例背景】

从商业发展史来看，男性依然在政治和商业中占据多数权利岗位。虽然女性管理者具有自身内在优势，并通过努力不断在男性商业世界里脱颖而出，但进入最高管理层的女性依然凤毛麟角。早在2007年麦肯锡就发布报告指拥有显著性别多样性的欧洲公司的资本回报率为11.4%，高出平均水平10%，息税前利润高出平均水平48%，股价增长率高出泛欧600指数1.7倍。MSCI在2015年11月发布的一项研究：MSCI全球指数里拥有"女性领导力"的公司在2009年12月至2015年8月的每年平均资本回报率为10.1%。这样的公司满足下列三个条件之一：一是公司首席执行官为女性，另外董事会至少有一名女性董事；二是董事会至少有三名女性董事；三是董事会女性比例高于所在国的平均水平。研究发现不具备这些特征的公司的每年平均资本回报率为7.4%。SHE的推出正是基于MSCI的这项研究。但是目前，企业女性高管的比例远低于女性就业比重，美国标普500的公司女性董事只有19.2%。道富环球投资认为，性别多元化是改善公司业绩和增加股东价值的方式，缺少女董事是个长期存在的问题，至少每个公司都该有一名女性董事。正如道富环球投资总裁兼执行长奥汉利（Ron O'Hanley）所说："我们呼吁企业采取具体措施，以增加董事会的性别多元性。要成立一个有效力的独立董事领导团队，就需要有各种多元的想法，而这就有赖延揽拥有不同技能、背景和专长的人。"本打算在国际妇女节前一晚做关于公司治理主题演讲的奥利汉，与广告代理公司一拍即合，在国际妇女节当天创造了这个"无畏女孩"，成就了一个经典案例。

【案例分析】

自由女神、帝国大厦、华尔街铜牛是纽约游客的必看景点，1987年10月19日，全球股市在纽约道琼斯工业平均指数的带头下开始暴跌，引发了金融市场恐慌及后来的经济衰退。这一天也被人们称为"黑色星期一"。事件发生后，为了重振美国人民的信心，1989年12月，意大利艺术家阿图罗·狄·摩狄卡（Arturo Di Modica）用卡车把自己创作的铜牛运到纽约证券交易所对面，安在一棵圣诞树下，当作"送给美国人民的圣诞礼物"。短短一天之内，人们蜂拥而至，来看这头空降的铜牛。但很快，警察就赶来把牛移除了，可群众不愿意了，由于当时纽约民众对这头象征"牛市"的吉祥物非常喜欢，于是最终在大家强烈的呼声中，这只牛被纽约市政府部门重新安置在了两个街区外的博林·格林（Bowling Green），也就是它如今的位置。从那天起，它逐渐变成华尔街的象征。

2017年三八国际妇女节前夕，华尔街地标奔跑铜牛对面立起了一个约50英尺高、250磅重的女孩铜像（图17-1）。这个名为无畏女孩（Fearless Girl）的铜像，人如其名，一个亚裔小女孩双手叉腰，微昂着头，自信的微笑，一副无所畏惧，目光坚定地直视华尔街著名的"冲锋的公牛"雕像，勇敢地和对面的铜牛遥遥对峙，挑战华尔街这个一向由男人主宰的世界。女孩脚下有个圆形的小铜牌，上面写着："Know the power of women in leadership. SHE makes a difference.（了解女性领导的力量，她让世界有所改变。）"

图17-1 "无畏女孩"雕像

"无畏女孩"一经现身，引来各大媒体的报道。曾经围着铜牛转的游客们全都移情别恋，纷纷跑到小女孩这边来求合影，"无畏女孩"一时成了轰动纽约的新鲜事。

这是麦肯纽约（McCann New York）在2017年三八妇女节，为其客户美国资产管理巨头道富环球投资管理公司创作的一支广告。此雕像委托艺术家克里斯滕·维斯巴尔（Kristen Visbal）创作，整体规模要小于华尔街的铜牛铜像。艺术家克里斯滕说，华尔街一直以来都是个男权主导的世界，她希望通过这个雕塑告诉大家，女性可以在小巧精致的同时，仍然保持强大的影响力。该广告创意的初衷是道富环球呼吁华尔街提供更多的女性职位，大众显然对这个女孩和她传递的理念非常买账。

随后这个广告被赋予了更多的意义——性别、种族、挑战权威等，很快成为纽约一个新的热门景点。也正是因为这样，纽约政府同意把这个原本计划只展出到2017年4月2日的铜像，经过纽约市长授权，最终决定延长展出到2018年底。而根据Adweek2018年2月最新报道，这座正对着华尔街铜牛的小女孩雕像将被永久保留，纳入标志性市容建设中，但出于对交通和安全的考虑，纽约地方官员正在考虑将"华尔街铜牛"和"无畏女孩"共同迁移到新地点。

虽然这个标示着"女权崛起"的雕塑，背后的赞助团队却是实打实的男性主导公司（注释：McCann和SSGA两家公司的管理层中，女性占比仅仅分别为27%和18%）。但DDB北美CEO及2017年夏纳国际创意节玻璃狮评审团成员温迪·克拉克（Wendy Clark）说："这个简单的铜像传递出一种语言和文化。"一个象征女性权利的女孩铜像，放到了华尔街意味着财富和男性地位的铜牛对面，正是这种反差带来了一种情感触动。

SSGA一位女发言人对媒体表示，此举旨在唤起华尔街对在金融界打拼的职业女性们的关心。这些女性不仅很难进入华尔街高层,也和男同事之间存在"同工不同酬"的问题。SSGA的数据显示，罗素3000指数成分股公司中，25%的公司董事会中没有女性。SSGA副首席投资官罗莉·海内尔（Lori Heinel）表示："作为一家管理近2.5万亿美元资产的公司，我们希望董事会和管理层关注那些我们认为将推动我们核心业绩的问题。你会发现，让董事会更加多元化，让高级管理层更加多元化，将推动企业创造更好的业绩。"道富环球希望通过这个行为呼吁性别平等，尤其是呼吁客户公司的董事会能增加女性成员的比例。这家华尔街金融巨头不仅仅通过树立铜像引起外界关注性别话题，还向其投资的3500家公司发信，如果一家公司不采取措施增加女性董事的数量，他们将行使投反对票的权力。

在广告推出之后，道富环球旗下一个正对性别多元化的指数（SSGA Gender Diversity Index）增长了374%（该指数主要跟踪美国集团在保障女性在职场当中的地位以及领导力）。她所传递的思想也确实开始在这个由男性主导的地区被广泛讨论。根据Adweek的统计，12周内"无畏女孩"在Twitter曝光次数达48亿，在Instagram曝光数超过7.45亿。在2017年的夏纳国际创意节上，"无畏女孩"（Fearless Girl）横扫夏纳国际广告创意节，获得玻璃狮（Glass）、公关狮（PR）以及户外狮（Outdoor）三个大奖。据估计，这项广告活动在6个月内为广告主创造了超过700万美元的广告价值，SSGA 则对外表示，这项营销活动直接导致了其投资的 476 家公司中，有 76 家公司将"积极致力于促进女性平权运动"。单从商业价值看，"无畏女孩"将成为广告史上非常经典的一个案例。

【知识链接】事件营销

一、事件营销的概念

Event Marketing 直译为"事件营销"或者"活动营销"，是企业通过策划、组织和利用具有名人效应、新闻价值以及社会影响的人物或事件，引起媒体、社会团体和消费者的兴趣与关注，以求提高企业或产品的知名度、美誉度，树立良好品牌形象，并最终促成产品或服务的销售目的的手段和方式。简单地说，事件营销就是通过把握新闻的规律，制造具有新闻价值的事件，并通过具体的操作，让这一新闻事件得以传播，从而达到广告的效果。

事件营销是一种公关传播与市场推广手段，集新闻效应、广告效应、公共关系、形象传播、客户关系于一体，并为新产品推介、品牌展示创造机会，建立品牌识别和品牌定位，形成一种快速提升品牌知名度与美誉度的营销手段。20 世纪 90 年代后期，互联网的飞速发展给事件营销带来了巨大契机，消费者的注意力成为企业市场竞争互相争夺的稀缺资源，如何在这样的市场脱颖而出成为企业营销的关注点。在此情况下，一种集新闻效应、广告效应、公关效应、形象传播等于一体的市场推广手段——事件营销应运而生。通过网络，一个事件或者一个话题可以更轻松地进行传播和引起关注，成功的事件营销案例开始大量出现。海尔张瑞敏砸冰箱事件成为中国改革开放初期事件营销的著名营销案例。

1984 年，34 岁的张瑞敏入主青岛市电冰箱厂。他是短短一年中被派来的第四位厂长，前三位都已负气离开。他刚一上台，就颁布 13 条规定，从禁止随地大小便开始，揭开了海尔现代管理之路。

1985 年的一天，一位朋友要买一台冰箱，结果挑了很多台都有毛病，最后勉强拉走一台。朋友走后，张瑞敏派人把库房里的 400 多台冰箱全部检查了一遍，发现共有 76 台存在各种各样的缺陷。张瑞敏把职工们叫到车间，问大家怎么办？多数人提出，也不影响使用，便宜点儿处理给职工算了。当时一台冰箱的价格 800 多元，相当于一名职工两年的收入。张瑞敏说："我要是允许把这 76 台冰箱卖了，就等于允许你们明天再生产 760 台这样的冰箱。"他宣布，这些冰箱要全部砸掉，谁干的谁来砸，并抡起大锤亲手砸了第一锤！很多职工砸冰箱时流下了眼泪。

张瑞敏说："长久以来，我们有一个荒唐的观念，把产品分为合格品、二等品、三等品还有等外品，好东西卖给外国人，劣等品出口转内销自己用，难道我们天生就不如外国人，只配用残次品？这种观念助长了我们的自卑、懒惰和不负责任，难怪人家看不起我们。从今往后，海尔的产品不再分等级了，有缺陷的产品就是废品，把这些废品都砸了，只有砸得心里流血，才能长点记性！"一场砸冰箱的事件，不仅使海尔成为当时注重质量的代名词，同时也征服了海尔所有的人。

在接下来的一个多月里，张瑞敏发动和主持了一个又一个会议，讨论的主题非常集中："如何从我做起，提高产品质量。"三年后，海尔人捧回中国冰箱行业的第一块国家质量金奖。

海尔砸冰箱成为中国企业注重质量的一个最典型的事件，并因此成为众多教材中事件营销的"经典案例"。通过这一事件的传播，海尔注重企业管理、注重产品质量的形象被积极树立起来。

二、事件营销的特性

（一）免费

事件营销应该归为企业的公关传播而非广告传播，虽然绝大多数的企业在进行公关活动时会列出媒体支出预算，但从严格意义上来讲，一个事件营销的公关事件应该具备能够充分引发新闻媒体的关注和采访报道兴趣的特征。事件营销最重要的特性之一，就是利用现存的非常完善的新闻报道和新闻传播机制，来达到传播扩散企业和品牌信息的目的。

（二）具备明确的目的

任何一个事件营销都应该有一个明确的传播目的，这一点与广告传播的目的性完全一致。事件营销企划的第一步就是要确定此次事件营销的传播目的，继而创意构思事件营销的具体内容和执行细节。

社会化媒体时代，消费者也发生了全新变化，原来"原子化"的、零散的消费者个体成为一个个具有社会圈群的社交化了的消费者群体。社会化媒体以真实的人际关系为基础，利用互联网的传播特性，不断扩展个体的社交网络。社交网络中的真实性可以消除用户的不信任感。另外，个体迫于交往中的压力更容易表现出"从众心理"，相较于以往的营销工具，社会化媒体为企业或品牌进行事件营销创造了良好环境。

（三）事件营销的风险性

事件营销的风险来自于媒体的不可控和消费者对事件的理解程度，品牌精心策划的事件本身是否具有足够的吸引力引发新闻媒体机构的关注和报道兴趣？新闻媒体机构对事件的报道形式和角度如何更好控制？信息的消费者或者说消费者们对该事件新闻可能会做出怎样的解读？如果一旦消费者知晓事件新闻是一起"精心谋划""包装创造"出的"新闻"这一真相后，会不会引发消费者对该事件以及该事件背后的企业或品牌的反感情绪？这些问题，都是事件营销可能具备的风险。事件营销本身就是借力和打力的方式，那么事件营销也存在被借力的可能，也存在不可预测的牵涉性风险，事件营销的扩大不可预测，且具有不可控制的风险。

三、事件营销要素

（一）事件营销要有显著性

事件中的人物、地点和事件的知名程度越高，其新闻价值也会相应提升。政界名人、文化艺术界知名人士、历史名城、古迹胜地都比较易于引发大众的注意力，也容易成为媒体报道的焦点。在前述案例中，华尔街本身就是全球举世瞩目的金融行业代表，华尔街的铜牛更是华尔街的重要标志性符号，在全世界都享有颇高的知名度。正因为如此，在华尔街铜牛对面突然出现的"无畏女孩"，迅速成为大众瞩目的焦点。

（二）事件营销要有接近性

从新闻价值的角度来看，越是在心理层面、相关利益层面和地理空间层面与消费者接近和相关的事件，其新闻价值越大。以本案例中的"无畏女孩"为例，一方面，男女平等的话题是长时间以来全球大众普遍关注的社会问题，与公众具有天然的话题接近性。另一方面，华尔街作为知名公共场所，不论对工作生活在本地的民众，还是外来旅游者，都和他们无疑具有空间上的接近性。

（三）事件营销要有反差性

人类本身就有天生的好奇心，人们对新闻也具有反差性的需求。就引发注意力的要素而言，刺激物的刺激程度是决定能否有效引发人们注意力的重要影响因素，因此事件营销要求整个事件发生过程需要具备一些强烈反差的特点，比如明显的视觉体验反差、情感认知反差，等等。在一起事件营销中，具备的反差性越多，该事件引发大众关注兴趣的能力自然会提升，从而成为新闻媒体竞相追逐报导的对象。但并不是说，只要能够成功激发消费者关注、引发新闻媒体报道的事件，就能成为一起成功的事件营销，因为在事件营销策划中还有第四个关键要素：事件本身需要具有正能量。

（四）事件营销要有正能量

在事件营销的事件企划中，必须要以同时兼顾知名度和美誉度为目标。仅有知名度的提升，缺乏品牌美誉度的事件营销不能算作成功的事件营销，反而会成为企业或品牌形象的减分项。因此，在事件营销中，事件本身是否带有社会正能量，事件的传播扩散能否对外传递出企业或品牌的正能量，都是事件营销成功与否的重要衡量因素。这也是每一家企业、每一个品牌应该承担的企业社会责任。

四、事件营销传播策略

（一）借助事件积极引发消费者情感共鸣

感性诉求是营销传播中的一种重要手段。身处一个蓬勃消费时代，在一个相对富裕的社会里,消费者的目的,不再是只为需要而消费,而更多的是为消费而消费,为感觉而消费。在营销传播中融入亲情、爱情、友情等情感,激起消费者的怀旧或向往的情感共鸣,从而诱发消费者提升对品牌的好感度或购买动机。在社会化媒体时代,借助事件营销进行传播时,也需要积极借助任何能够引发消费者情感共鸣的话题,实现企业或品牌与消费者之间的情感共鸣,进而建立品牌与消费者之间的联结关系。另外,情感共鸣也会使得拥有自媒体传播权力的消费者乐意自发加入对该事件的再次传播过程,话题的传播性呈几何级增加态势。例如,2017年8月底,此前不知名的一个微信公众号"樱桃画报"的一篇题为《如何假装做一个好妈妈》的推文,在短短几日内,获得超过1300万次的阅读,有效戳中年轻妈妈们内心情感便是其快速获得极高人气的原因。

(二)立足于公众情绪视角,避免"自嗨式"事件营销

事件营销的立足点不仅仅只有企业利益,更应该从公众立场思考问题,从公众视角出发,注意维护公众的情绪感受,否则很容易使得事件营销成为一种企业的自嗨行为。例如2014年4月,兰州发生自来水苯污染、自来水停止供应,市民饮水困难引发全国各界关注,恒大集团连夜调集华北库存,用最快速度,最短时间安排1000辆货柜车发往兰州,向兰州人民捐赠50万箱1200万瓶恒大冰泉矿泉水。这次事件中恒大冰泉借助民众关注度极高的民生事件,一方面履行了恒大集团的企业社会责任;另一方面,借助新闻事件的关注度极好塑造恒大冰泉和恒大集团的美誉度,最终获得知名度和美誉度双丰收的结果。从类似的案例中可以看出,成功的事件营销策划需从公众、目标消费者的视角出发,主动维护公众情感,避免品牌的"自嗨式"事件营销。

(三)恰当选择事件营销的"话题"

选准"话题"和"新鲜事",事件营销希望能够快速引起人们的注意,但是对事件话题的选择上需要注重话题类型与品牌之间的关联性,与品牌失去相关性的事件话题,即使能够有效引起大众的关注兴趣,也不能为品牌带来增效。2012年10月,奥地利跳伞高手费利克斯·鲍姆加特搭乘热气球搭载的吊舱进入12.8万英尺(约合39公里)的高空,而后纵身跃下,用血肉之躯突破音速,就此创造历史,成为世界上用肉体突破音速第一人。此项太空边缘跳伞挑战计划名为"红牛同温层",由功能饮料生产商红牛提供赞助,在美国新墨西哥州的罗斯威尔上演。该项目代表红牛斯特拉托斯项目(Red Bull Stratos)的高潮,红牛一直将自己定位为极限运动运动员和比赛的赞助商,希望通过这种类型的极限运动精确地打造红牛的品牌形象。据统计,全球有超过百万次人通过网络观看了此次高空跳伞的直播视频。在进行事件营销前,一定要对事件进行分析,考虑事件与品牌的切合度。同时,在选择事件营销的话题时要慎用"社会问题",尽量避免涉及敏感的社会问题。如果找不到准确的切入点,没能把握好营销尺度,很有可能一次事件营销会演变为企业的一次危机事件问题。"正确的场合

说正确的话",场合和话语表达是事件营销的两个重要变量,在事件营销中,不仅要选择恰当的话题,恰当的话语修辞也是事件营销成功与否的影响因素之一,二者缺一不可。

五、事件营销策划的注意事项

事件营销本身是有风险的一种选择,企业在使用事件营销时要有道德底线,有所为有所不为。需要注意以下几点:

1. 符合国家各项法律法规:由于新闻事件受国家各项规定的限制,在事件营销的策划操作过程中要谨慎确定事件营销传播的内容及其操作过程是否符合国家各项法律法规;

2. 注意防范侵权行为的发生:事件营销可能涉及各项版权、名誉、形象的限制,在实际操作中应该从多方利益考虑,避免侵权行为导致的法律纠纷和负面反响;

3. 规避敏感词:在事件营销的实际准备中应该谨慎考虑传播用词,避免搜索引擎的敏感词语。

企业在选择进行事件营销时,不能只一味追求热门话题,对违背社会道德准则和超越社会道德底线的事件要避而远之。对所选事件的性质、内容,营销传播路径以及传播时机都要控制得恰到好处,掌握好对"度"的精准把握。

西蒙·曼华林(Simon Mainwaring)在他的畅销书 *We First* 中写道:"各国政府和公益组织的权力所限,已经无法满足因社会化媒体紧密相连的人民所需,而以往利益至上的企业(尤其是跨国企业)应该承担更多的社会责任,做好事得信赖是企业未来安身立命之根本。"如果每个企业或者品牌都能面对一个与自身利益相关的特殊群体输出创意正能量,那么累加所有企业的力量说不定就能成功改造我们目前生活着的千疮百孔的世界。这种正能量不是简单意义上的企业慈善,在更加趋于价值导向的社会化媒体时代,价值是一个品牌或者一家企业真正获得消费者认可与社会认可的唯一凭证,事件营销本身就是彰显塑造企业正能量形象的重要时机。

【拓展思考与实训】

整理一些事件营销的优秀案例,尝试归纳事件营销的主要类型,并思考如何挖掘事件营销的切入点?

案例十八

"一搜百映"：爱奇艺的搜索引擎营销

悦 享 品 质

拓展资源

【品牌故事】

爱奇艺，中国高品质视频娱乐服务提供者。2010年4月22日正式上线以来，秉承"悦享品质"的品牌口号，积极推动产品、技术、内容、营销等全方位创新，为用户提供丰富、高清、流畅的专业视频体验，致力于让人们平等、便捷地获得更多、更好的视频。目前，爱奇艺已成功构建了包含电商、游戏、电影票等业务在内、连接人与服务的视频商业生态，引领视频网站商业模式的多元化发展。2016年爱奇艺移动端以2.99亿人的月度覆盖位列行业第一，总体占比高达58%，凭借人均单日使用次数5.01次，成为视频用户首选。爱奇艺的用户年轻态、高收入特点明显，大学本科以上学历比例较高，呈现高学历人群特点。

消费者在视频观看上的时间越来越多，但是却对广告的耐心变得越来越低，而且今天的消费者已经有办法对广告说不了。收视群体的迅速增多和日益下降的广告收入，成为视频广告最大的困扰。如何实现广告主、用户、视频网站共赢呢？基于网络视频用户不同的收视行为，爱奇艺先后推出了热门IP花式贴片广告，基于视频情景的创可贴广告，基于用户选择的可跳过式视频贴片广告，闪植，基于百度搜索关键词定向的一搜百映，基于性别年龄定向的众里寻TA，广告接力赛，磁力贴片等广告解决方案。其中，2013年推出的"一搜百映"产品，是爱奇艺精准贴片产品系列中的超级经典款，以其得天独厚的大数据资源和百度搜索技术，为视频网站提供最快最大的流量入口，并对消费者进行全面画像，从而成功帮助各行业广告客户解决精准投放需求。"一搜百映"广告的关键在于依托百度搜索大数据平台优势，对消费者进行精准定向，从而实现精准人群广告投放。从2015到2017年，爱奇艺依靠会员业务和广告业务的高速增长，收入实现了高速增长，从52.2亿增长至173.8亿。

【案例背景】

中国网民花费在视频观看上的时间越来越多。2016年5月的数据显示，综合视频人均单日启动次数为6.05次，人均单日使用时长为118.27分钟。尼尔森调研显示：互联网视频让三分之一的年轻、高价值受众重新坐回到了客厅电视大屏幕前，其中18-34岁人群占据53.8%，而传统电视受众这一比例仅仅为22.8%。

但是消费者对视频广告的耐心正在变得越来越低。美国计算机科学教授拉米什·西塔拉曼（Ramesh Sitaraman）分析了670万独立访客的2300万次视频播放数据，结论称如果视频在2秒之内没有完成加载，人们就会放弃观看。人们平均会等待一个网页下载完成的总时间是4秒。国内视频网站广告等待时间却越来越长，消费者变得越来越难以忍耐。

以爱奇艺视频为例：

◆主页视频广告时间，分别是 75s、65s、60s、65s、45s、15s。

◆电影板块广告时长多为 45s–60s，不同电影划分广告时长有所不同，动画电影无广告。

◆连续剧板块广告时长与电影板块类似，多为 45s–60s。

◆综艺板块广告时长不固定，在 15s–75s。

面对越来越长的广告，消费者要么用广告屏蔽软件或者浏览器的广告屏蔽插件屏蔽广告，或者无奈充值会员跳过广告，更多的情况下消费者一边看视频一边抱怨：广告时间太长，视频中也不断插播广告，不断弹出的广告还找不到关闭的方式等。不管哪一种情况，广告时长的一味增加只会破坏用户收视体验，加剧用户对广告的反感，难以提升广告价值。投放的广告要么无法到达消费者眼前，要么效果不佳，最终受伤的还是广告主。

视频广告面临的营销困境，也是很多广告主在移动互联网时代的普遍困扰：如何降低广告营销成本？如何将视频广告投给有需要的人？如何实现广告主、用户、视频网站三赢？

【案例分析】

一、爱奇艺 PC 端三星 Galaxy S4 系列广告（2013 年 5 月至 7 月）

2013 年 5 月 7 日爱奇艺与 PPS 刚刚合并不久，细心的网民就会发现如果自己在最近几天内用百度搜索过三星手机、Galaxy S4 等关键词或者"什么手机的照相功能最好？""性价比高的智能机？"等问题，当其随后打开爱奇艺视频观影时，尽管打开的视频类型和节目内容不同，却总会看到 4 月才全新上市的三星 Galaxy S4 的几个贴片广告。

（一）三星 Galaxy S4 "心意合一" 移动篇

不管你身处何处，三星总能及时捕捉到生活中最有趣的瞬间。这则广告运用明亮的色彩、欢快的场景对其拍照功能进行完美呈现（图 18-1）。同时多角度呈现了手机流线型的外观和"想你所想，用你所用"处处与你"心意合一"的新功能。

图 18-1 三星 Galaxy S4 "心意合一" 移动篇

据中国广告评估网对 2013 年 1 月 1 日到 2013 年 9 月 11 日期间参与电视广告营销的 15 个手机品牌共 55 条广告片创意评测结果显示,本则广告在消费者注意力吸引和购买驱动力方面的表现效果非常好。

(二)三星首批 Galaxy S4 的商业广告

"Sound Shot"广告中(图 18-2),儿子即将远行,年迈的母亲充满了担忧与不舍。于是出行的儿子将旅途中的美景和有趣的事情都拍摄下来,并辅以背景声音,如海浪声、羊叫声、钟声等。有声有色的照片给母亲带去了儿子的挂念,让母亲能仿若亲临共同体会旅行的乐趣,消弭了母亲浓浓的思念之情和担忧之心。

"Group Play"广告中(图 18-3),球员们通过 Galaxy S4 的 Group Play 功能共同分享了一首节奏鲜明、极具活力的音乐,赛前的紧张和焦虑在美妙的音乐声中消散无影,球员士气大振。

图 18-2 Galaxy S4 广告 "Sound Shot" 视频截图

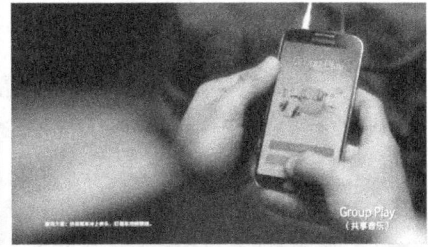

图 18-3 Galaxy S4 广告 "Group Play" 视频截图

"S Translator"广告中，一位外国女孩独自来到中国旅游。虽然人生地不熟，且语言不通，但是姑娘利用Galaxy S4手机的实时翻译功能不仅成功地解决了坐车、吃饭以及与人交流的问题，更享受了精彩的旅途风景，留下了美好的回忆。

图18-4　Galaxy S4广告"S Translator"视频截图

　　三星这三则广告虽然没有太多的奇思妙想和绝佳的创意，主要将内容集中在产品的亮点功能上，分别呈现了手机有声拍照、Group Play功能和实时翻译等重点性能。但却让消费者猛然发现，广告似乎变得不那么讨厌，甚至还有点相见恨晚的意味，而原本漫长的广告时间似乎也变得可以忍受，似乎这些恰巧正是他目前所迫切希望看到的。背后的原因就在于这几则三星Galaxy S4广告出现得似乎恰到好处，它完美的有声拍照功能、漂亮时尚的手机外观无一不深深吸引了观众的关注和兴趣。调查显示，三星Galaxy S4广告的点击率是普通贴片广告的1.47倍。

　　更为有趣的是，与传统视频广告不同，三星Galaxy S4在爱奇艺PC端投放的广告活动还远远没有结束。对三星Galaxy S4这一新产品而言，似乎我们对其性能了解不多，于是需求被激发的观众又到百度去搜索广告中出现的关键词，例如："三星Galaxy S4""三星心意合一""有声拍照"等，进一步了解产品信息。百度大数据独创的回搜分析技术还表明：产生这一行为的用户量是普通贴片广告的242%倍；同时，之前搜索过与三星手机相关的关键词或竞品词的人，在看过三星Galaxy S4"心意合一"贴片广告或其他Galaxy S4贴片广告后，因为确实有需求，故而比从未搜索过此类关键词的人更容易回到百度进行重新搜索，以进一步了解三星手机的新功能。

　　这正是爱奇艺在依托百度海量搜索行为数据优势基础上，进行"一搜百映"精准贴片广告投放的结果。这一次，广告掌握了主动权，不仅使消费者对三星Galaxy S4

图 18-1 三星 Galaxy S4"心意合一"移动篇

据中国广告评估网对 2013 年 1 月 1 日到 2013 年 9 月 11 日期间参与电视广告营销的 15 个手机品牌共 55 条广告片创意评测结果显示，本则广告在消费者注意力吸引和购买驱动力方面的表现效果非常好。

（二）三星首批 Galaxy S4 的商业广告

"Sound Shot"广告中（图 18-2），儿子即将远行，年迈的母亲充满了担忧与不舍。于是出行的儿子将旅途中的美景和有趣的事情都拍摄下来，并辅以背景声音，如海浪声、羊叫声、钟声等。有声有色的照片给母亲带去了儿子的挂念，让母亲能仿若亲临共同体会旅行的乐趣，消弭了母亲浓浓的思念之情和担忧之心。

"Group Play"广告中（图 18-3），球员们通过 Galaxy S4 的 Group Play 功能共同分享了一首节奏鲜明、极具活力的音乐，赛前的紧张和焦虑在美妙的音乐声中消散无影，球员士气大振。

图 18-2 Galaxy S4 广告"Sound Shot"视频截图

 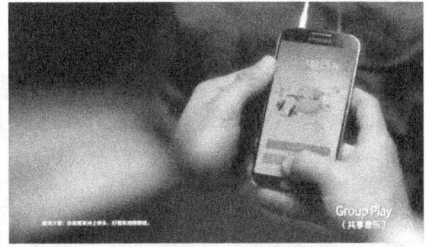

图 18-3 Galaxy S4 广告"Group Play"视频截图

"S Translator"广告中，一位外国女孩独自来到中国旅游。虽然人生地不熟，且语言不通，但是姑娘利用 Galaxy S4 手机的实时翻译功能不仅成功地解决了坐车、吃饭以及与人交流的问题，更享受了精彩的旅途风景，留下了美好的回忆。

图 18-4　Galaxy S4 广告 "S Translator" 视频截图

三星这三则广告虽然没有太多的奇思妙想和绝佳的创意，主要将内容集中在产品的亮点功能上，分别呈现了手机有声拍照、Group Play 功能和实时翻译等重点性能。但却让消费者猛然发现，广告似乎变得不那么讨厌，甚至还有点相见恨晚的意味，而原本漫长的广告时间似乎也变得可以忍受，似乎这些恰巧正是他目前所迫切希望看到的。背后的原因就在于这几则三星 Galaxy S4 广告出现得似乎恰到好处，它完美的有声拍照功能、漂亮时尚的手机外观无一不深深吸引了观众的关注和兴趣。调查显示，三星 Galaxy S4 广告的点击率是普通贴片广告的 1.47 倍。

更为有趣的是，与传统视频广告不同，三星 Galaxy S4 在爱奇艺 PC 端投放的广告活动还远远没有结束。对三星 Galaxy S4 这一新产品而言，似乎我们对其性能了解不多，于是需求被激发的观众又到百度去搜索广告中出现的关键词，例如："三星 Galaxy S4""三星心意合一""有声拍照"等，进一步了解产品信息。百度大数据独创的回搜分析技术还表明：产生这一行为的用户量是普通贴片广告的 242% 倍；同时，之前搜索过与三星手机相关的关键词或竞品词的人，在看过三星 Galaxy S4 "心意合一"贴片广告或其他 Galaxy S4 贴片广告后，因为确实有需求，故而比从未搜索过此类关键词的人更容易回到百度进行重新搜索，以进一步了解三星手机的新功能。

这正是爱奇艺在依托百度海量搜索行为数据优势基础上，进行"一搜百映"精准贴片广告投放的结果。这一次，广告掌握了主动权，不仅使消费者对三星 Galaxy S4

产品性能有了更加深入的了解，更引导着消费者进入我们所预期的搜索与浏览过程，亦或是直接深入到广告活动的终端——购买过程。

二、爱奇艺"一搜百映"广告模式类型

"一搜百映"广告模式，即通过收集和分析每个爱奇艺用户在百度的搜索行为，继而捕捉他们的潜在消费倾向，并在用户下一次的观看行为中对其定向推送相应广告的精准贴片广告。"一搜百映"目前已经发展到"一搜百映2.0版"，可搭配云交互贴片广告，更拓展至移动终端。

（一）"一搜百映1.0"：精准投放

在上面的案例中我们可以看到，消费者在百度搜索时，就已经被锁定为三星手机的潜在购买群体，故而在随后的观影中才会在第一时间内看到三星手机广告。从一开始，广告主和媒体就通过百度搜索关键词定向精准地抓住了确实需要购买三星手机的人群。广告既保证了只投放给搜索过相关关键词的人群，做到了精准投放，避免了对非搜索群体的干扰。同时，需求被激发的消费者对产品的回搜更能够帮助广告主极大提升ROI。从效果评估层面而言，更使得效果评估即时且精确。当然，如果从消费者最初的搜索开始关键词就已经被限定，那么整个过程就会变得更加可控。

（二）"一搜百映"云交互贴片广告：满足广告主各种互动需求

为进一步优化用户对于视频贴片广告体验，爱奇艺在精准定向的基础上，通过"云交互贴片"广告技术，让用户在爱奇艺贴片广告上直接实现注册、游戏、SNS分享等多种互动功能，使得广告能展现更多品牌信息，大幅提升营销内容接触度，加强与精准人群的深度沟通，有效提高了用户购买及产品试用转化率。

互动广告和贴片广告在时间上是重叠的，但在播放时，二者互不干扰。互动广告是叠加在贴片广告之上，所以有优先播放的权限。用户打开视频，贴片广告开始播放。这时，用户如果点击内嵌的互动广告播放按钮，互动广告在新窗口页中展开，贴片广告自动暂停。互动贴片广告让用户观看互动广告时的鼠标位置、观看重点、时长等行为数据更清晰可控，更易提升广告空间的性价比。"一搜百映"是基于用户主动搜索行为的精准投放，能够让爱奇艺更准确、更快速地获知用户需求，云交互贴片技术则让这种需求满足变得更加简单方便。据美国互动广告局（IAB）统计数据显示，传统视频前贴广告点击率仅为1%，而在视频广告内加入互动效果，会使广告的点击率提高到3%-5%，用户停留时长也显著提高。

比如，芬达梦想王国"一搜百映"云交互贴片广告中，观众既可以点击内嵌的交互广告进行场景切换，也可以点击外链接进入游戏界面玩游戏，同时看到广告产品的更多信息，并且通过点评在微博上展开互动。

（三）"一搜百映"移动版：多屏精准投放

2014年7月，爱奇艺"一搜百映"移动版上线，解决了广告主多屏精准投放的需求。安吉斯无线汇屏数据报告显示：多屏投放的到达率高达62%，高于pc屏的51%。自此，"一搜百映"广告在pc端和移动端都已经实现。仅2014年就与130多家客户合作，对爱奇艺搜索的贡献度达到80%。

2015年2月1日至12月9日，芬兰移动游戏公司Supercell邀请尼森拍摄的《部落冲突》超级碗电视广告在YouTube上累计播放约8900万次，成为2015年YouTube最受观众欢迎的广告片。

图18-5 《部落冲突》超级碗电视广告

可见，消费者排斥的是过量且无用的信息，并不会拒绝观看他想要或所需的内容。想要获得消费者的爱，首先必须找寻到消费者最真实的需求。在"一搜百映"广告活动中，搜索关键词被认为是用户发出的需求信号，据此可以对用户进行进一步购买需求的定向。对于产品而言，消费者往往是有需要才会进行搜索。所以，企业苦苦寻觅的目标人群就是这些搜索人群，而爱奇艺则是通过百度搜索词得以定向精准地抓取确实需要购买产品的人群。其次，在了解消费者需求的基础上，通过以精准广告为主导的最有效的海量广告流量应对当前环境，才能为更多的广告主提供最为适合的广告投放解决方案。

"一搜百映"产品正是爱奇艺以其得天独厚的大数据资源和百度搜索技术，为视频网站提供最快最大的流量入口，并对消费者进行全面的画像，从而成功帮助各行业广告客户解决精准投放需求。

三、"一搜百映"的运作逻辑:基于百度搜索行为的精准广告投放

"一搜百映"广告的关键在于依托百度搜索大数据平台优势,对消费者进行精准定向,从而实现精准人群广告投放。统计数据显示,高达 90% 的爱奇艺用户背后都是带着百度的数据,这对爱奇艺而言到底意味着什么?爱奇艺到底又是如何依托百度这样的大平台实现搜索行为定向和精准广告投放呢?

(一)百度是用户使用最多和最常用的视频网站进入渠道

随着搜索引擎网民规模的快速增长,搜索行为正在成为网民的最主要行为之一。中国互联网络信息中心(CNNIC)发布的《第 37 次中国互联网络发展状况统计报告》中指出,截至 2015 年 12 月,我国网民规模达 6.88 亿,普及率为 50.3%,而搜索引擎用户规模达到 5.66 亿,使用率为 82.3%,用户规模较 2014 年底增长 4400 万,增长率为 8.4%。

表 18-1 2015 年中国搜索引擎普及率高于互联网普及率

	网民规模	同比增长	普及率
互联网	6.88 亿	3951 万(6.1%)	50.30%
搜索引擎	5.66 亿	4400 万(8.4%)	82.30%
移动搜索引擎	4.78 亿	4870 万(11.3%)	77.10%

搜索引擎作为互联网基础应用,使用率仅次于即时通信,排名第二。毋庸置疑,搜索引擎和搜索数据的价值在互联网市场中具有极为重要的作用与影响力。而百度的搜索流量入口地位在国内搜索引擎市场则处于绝对领先位置。易观产业 2016 年第一季度调查数据显示,在国内这一庞大的搜索引擎市场中,百度搜索引擎占据国内 84.12% 的市场占有率。不论是 PC 端还是移动端,百度都占据着王者地位。

而自 2014 年中国移动互联网用户全面超越了 PC 端互联网用户,意味着移动互联网时代来临。2015 年,移动搜索市场快速增长的态势持续加强,移动端搜索引擎用户量和价值同样难以忽视。截至 2015 年年底,手机搜索用户数达 4.78 亿,使用率为 77.1%,用户规模较 2014 年底增长 4870 万,增长率为 11.3%。手机搜索在手机互联网应用中位列第三,仅次于手机即时通信和手机网络新闻。

百度借助其在 PC 端数据优势,在移动搜索市场同样成绩斐然。根据比达咨询《2016 年第一季度中国移动搜索市场研究报告》数据显示:2016 年第一季度中国移动搜索市场,百度以 76.8% 的市场份额继续位居第一;百度搜索用户渗透率为 78.1%,位居第一;百度已有超过 2/3 的搜索流量来自移动端。

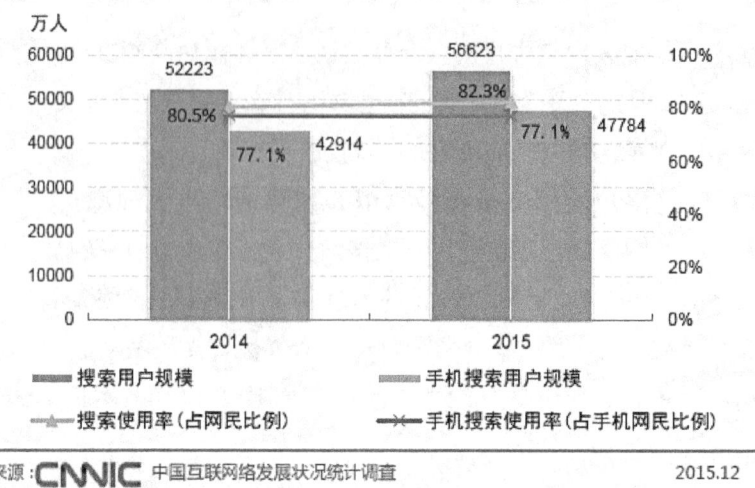

图 18-6 移动端搜索用户规模及使用率

随着互联网的高速发展，搜索引擎已经成为互联网时代网民日常获取信息和知识的主要方式。百度作为全球最大的中文搜索引擎，日响应来自 138 个国家或地区的 60 亿次搜索请求，成为我国互联网最主要的入口和门户，也是用户进入视频网站最主要和最常用的渠道。

（二）底层基础：百度海量数据精准定位目标人群

百度庞大的搜索能力和极为壮观的网民规模是爱奇艺"一搜百映"的底层基础。移动互联网时代，消费者行为模式从 AIDMA 转化为 AISAS，搜索成为核心，搜索往往是购买前的最后一道决策行为。百度作为全球最大的互联网搜索引擎服务商，依托其基础搜索业务打通地图、购物、本地生活服务、新闻、社交等多种内容的搜索服务。百度实际上每天不仅拥有 50 亿的网页搜索，还包括 10 亿以上百度贴吧的人群访问，2 亿首百度音乐的播放量和 2 亿百度视频的搜索量。尤其是每日 50 亿的网页搜索量里面还包括了百度知道和百度经验这些非常精准的，针对个人生活、消费、技能等方面的需求咨询。百度已然成为一个综合性的、满足用户从生活到消费，从消费到娱乐等各方面需求的一个综合性的平台。消费者在百度平台中所有的浏览行为和浏览内容都会被记录、整理分析和汇总。

更为重要的是，搜索数据属于用户主动行为所产生的数据，是用户最真实需求的反映。在云广告时代下，海量数据是最为稀缺的资源。爱奇艺依靠的正是拥有了这种稀缺资源的百度，其数据背后所蕴含的是足以详细勾勒出消费者具象的庞大信息量。三星 Galaxy S4 手机选择一搜百映，就是看重了处于最后一公里的海量搜索数据的巨大价值。

（三）技术核心：挖掘兴趣偏好，锁定品牌核心受众

"一搜百映"广告的技术核心，在于通过巧妙地挖掘百度搜索引擎海量数据价值来优化爱奇艺视频广告服务，做到对目标消费群体的精准投放的同时减少对非目标用户的广告打扰。具体分为以下几个环节：

1. 用户识别：百度以 30 天为周期对用户的搜索行为进行分析，进而对用户的兴趣偏好做出判断，精确地定义出数十个具有不同行业消费兴趣特征的优选人群。

2. 用户对比：在百度的用户数据库和爱奇艺的用户数据库比对的基础上，找到具有共同属性的用户，同时将用户的兴趣偏好属性补充进入爱奇艺原有的用户数据库当中。

3. 匹配精准贴片：爱奇艺对来访的用户的兴趣属性进行识别，如果可以匹配，就播放相关度较高的精准贴片广告。

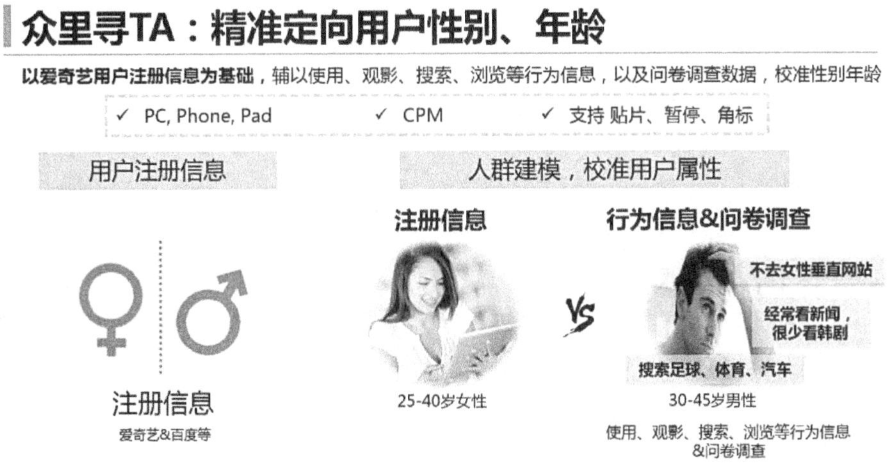

图 18-7 "一搜百映"匹配目标消费者的流程

目前，传统电视广告和常规视频贴片广告仅限于以性别、年龄、学历、职业等人口学常规属性数据来区分消费者。视频网站对投放人群分类的依据主要基于内容分类、用户浏览记录和历史点击行为等因素，这种为用户"画像"的广告形式可以在传统媒体广告或互联网品牌广告展现上起到很好的投放效果，但在数字云时代想要抓住消费者的注意力就显得力不从心，甚至无能为力了。

爱奇艺"一搜百映"精准贴片广告的推出，有效规避了传统视频广告"画像"的缺陷。每个在百度搜索的用户，都会在其搜索行为和搜索内容反映出自己不同的兴趣偏好和需求。通过爱奇艺大数据分析，可以实时透过用户搜索行为精确对视频用户进行画像：该用户最近一个月通过"百度"和"百度图片"搜索过 SRX、Q3 等品牌信息，搜索过秦皇岛、北戴河自驾等信息，所以该用户具有购车需求，尤其是城市 SUV 类型汽车的购买需求。这种既包括多维度用户属性，如：年龄、性别、地域、兴趣等，又包括消费、购买兴趣行为的实时信息的数据分析，为广告投放提供了极具价值的参考。

因此，广告主在爱奇艺上进行"一搜百映"贴片广告投放时，区分的不再是带有共同特征的模糊群体，而是一个个具有切实购买意愿的个人，兴趣点不同，看到的广告也不同。如果能根据兴趣点不同创作出不同的广告，广告效果将更强大。

（四）基于行为分析的效果研究

与传媒媒体及网络媒体效果难以评估相比，"一搜百映"广告是一款可以进行验证的广告产品。它既可以利用第三方的验证报告来向广告主证明其选择的哪个关键词更容易成为热词，也可以通过百度精算报告验证广告的投放效果如何，是否激发起消费者的兴趣。"一搜百映"广告效果评估体系具体包括以下几个方面：

1. 精准性验证（Targeting）——艾瑞命中分析

精准性验证，是"一搜百映"效果评估指标体系中最基础指标，验证是否将广告真正展现给搜索过关键词的用户而非散投。"一搜百映"广告的精准性验证目前是由第三方来验证实施的。

2. 点击效果（Click）

传统的曝光率、点击率、CTR等指标，也是"一搜百映"效果评估指标体系中基础的指标。如迪卡侬云交互贴片广告效果：

投放时间：2017年1月11日至1月26日（PC端和移动端）

广告时长：15S和30S

效果评估：新顾客总曝光23,937,340次，老顾客总曝光329,955次；新顾客总点击量3,350,705次，老顾客总点击量43,793次。

3. 回搜效果（Search）——百度回搜分析

回搜效果是以回搜率或回搜比值指标评估广告效果，是"一搜百映"效果评估指标体系中最重要的创新指标，能够印证广告是否具有针对性。

回搜率，是将看过广告的人七天之内搜索广告的频率和那些没有看过广告的人七天之内搜索的频率进行对比。

$$回搜比值 = 回搜率 / 基准搜索率$$

在前述三星Galaxy S4的案例中，看过广告后，返回百度搜索三星GALAXY S4广告中出现的"三星心意合一""有声拍照"等关键词的用户量，回搜比值是普通贴片的2.47倍。

通过回搜指标，广告主可以知道广告曝光之后，用户有没有回搜，回搜比例有多少。回搜指标的意义在于记录看过广告后回搜行为,体现广告对消费者品牌认知的影响。回搜率越高，说明与未看过广告的消费者相比，消费者对于品牌的记忆和认知越显著。

在传统的曝光、点击甚至对网络产品调查喜好的认知基础之上，爱奇艺和百度合作可以发现广告主投放广告之后七天之内有没有以及有多少用户回到百度搜索产品相关的信息。这种方式非常类似于我们广告投放时为了解用户在品牌知名度、偏好度等方面是否有所提升所做的调查问卷。但是，相比传统问卷调研，在线搜索行为能更好、更快、更准确地反映广告曝光质量。

当然，用户看完广告后也许当时没有时间去点击；也许点击之后没有时间完整浏览页面；也许用户已经留下一些比较深刻的印象，会在此后一段时间搜索你的品牌。这些效果则可以通过百度精算回搜比值报告来呈现。

表 18-2　回搜指标体系

评估类型	时间	指标体系
短期	月/季	精准度分析/回搜分析/点击分析
中期	半年	百度指数
长期	半年到一年	回搜分析

短期：回搜分析尤其适合对短周期的广告投放效果进行评估，当然，对长周期的效果评估也具有相当强的适应性。

中期：以月度或者季度为单位，通过百度指数帮助广告主监测众多品牌的变化趋势，以制定中期阶段性的营销策略。

长期：通过大数据在半年到一年的长周期范围内，不断把广告主品牌放在核心竞争的小范围之内，进行大数据的对比和分析，发现品牌变化的情况。

通过短期、中期、长期一系列大数据平台的分析，帮助广告主从一周广告投放，到半年一年的品牌变化监控与分析，实现从战略到战术层面的营销方式调整与优化。

【知识连接】搜索引擎营销：最具有 ROI 优势的营销平台

搜索引擎作为互联网最大的用户门户平台之一，其覆盖面广、营销高效的特点备受广告主青睐，越来越多的广告主开始把搜索引擎营销看作是企业重要的新营销渠道。

搜索引擎营销是指根据用户使用搜索引擎的方式，利用用户检索信息的机会尽可能将营销信息传递给目标用户。简单来说，搜索引擎营销是基于各个搜索引擎平台的一种网络营销，利用人们对搜索引擎的依赖与使用习惯，在人们搜索信息的时候达到营销的目的。搜索引擎营销追求最高的性价比，以最小的投入，获得最大的来自搜索引擎的访问量，并产生商业价值。我们可以把搜索引擎营销定义成这样一种营销方式：用关键词来锁定不同的人群，通过相关的搜索结果页和网站上比较有针对性的信息与消费者互动以此来达到营销的目的。也就是说，搜索不同关键词的消费者都有着各自的兴趣点和社会属性，而营销者则可以根据关键词来细分不同的消费者，选择有针对性的搜索结果信息和网页进行营销，达到精准营销的目的。

搜索引擎营销的兴起，源自于网民行为的改变。由于互联网信息内容资源的爆炸性增长，网民依托原有的记忆网址方式和网页、网站导航方式无法更为全面地查找信息，也无法访问最新的网站。而搜索引擎的出现，帮助网民找到了互联网统一的入口，网民逐步放弃了原有的浏览方式，转变为通过搜索引擎的关键词查找感兴趣的内容，直接单击搜索结果，跳转到感兴趣的网站上。从此，互联网进入了信息资源能够有序呈现的时代，而网络营销也进入到以搜索引擎营销为出发点和根基的时代。

中国网络用户对搜索引擎的依赖程度，最能够直接证明网民行为的改变是搜索引擎营销的起点。中国的搜索引擎出现于2000年左右，到2002年中国的网民数量已经达到6000万，但搜索引擎服务依然不是很普及，只有1500万的用户规模，在网民中的覆盖率也只有25%，2003年覆盖率也没有超过50%。这一时期，搜索引擎营销对大部分企业广告主而言还是一个陌生的字眼，只有很少的网络服务行业（如B2B在线贸易平台）广告主先期尝试了搜索引擎营销。搜索引擎在短短几年内就成为了互联网的入口，以及用户最为依赖的基础网络服务，它在改变了人们生活方式的同时，也改变了企业的营销环境。随着搜索引擎服务在网民中的加速普及，到2005年已经有将近2/3的网民成为搜索引擎的忠实用户，"关键词""竞价排名""谷歌""百度"已经成为中小企业广告主口口宣传的新名词，中国搜索引擎营销不论在广告主数量上，还是广告主的投入及广告形式上都有飞速的发展，中国网络营销真正进入搜索引擎营销时代。

根据易观产业数据库（Analysys）2016年底发布的《中国搜索引擎市场季度监测报告2016年第3季度》数据显示，2016年第3季度中国搜索引擎运营商市场规模为211.4亿元人民币，相较于2016年第2季度上涨0.7%，同比上升0.5%。虽然搜索引擎运营商市场规模增长趋缓，但搜索引擎仍然是重要的流量入口之一，伴随搜索引擎对各垂直领域连接程度加深，商业价值得到进一步开发。另一方面，搜索引擎仍然是极具营销价值的渠道之一，关键字广告转化效果高于大多数渠道，营销费用投产比可观，广告主对关键字广告预算投入上升也会推动市场规模增长。

搜索整合营销与传统营销不同：传统广告大多是单向的，是由广告主驱动的，而与搜索伴生的搜索营销则由消费者的需求来驱动，这是其最大的革命性。

搜索引擎中，用户每一次的搜索行为都代表着未经满足的市场需求，即时响应消费者需求的搜索广告具有极高的精准度，其价值传递更加明显，营销ROI可检测性更高。这也是众多广告主选择搜索引擎营销的重要考虑因素之一。在搜索营销中，用户是主动在搜索品牌或和品牌相关的信息，谁能够及时、快速地响应用户的这种需求，谁就能够把握住用户搜索所带来的商机。

【拓展思考与实训】

1. 在移动互联网时代，如何降低广告营销成本？

2. 搜索引擎和搜索数据的价值在互联网市场中具有极为重要的作用与影响力，但百度日渐式微，依托百度大数据的精准营销该如何应对？

3. "一搜百映"广告效果评估体系包括哪些？如何进行评估？

案例十九

从"文物"到"礼物":
故宫淘宝的品牌进化与协同创新

故宫博物院
THE PALACE MUSEUM

拓展资源

【品牌故事】

"故宫淘宝"是故宫博物院为售卖周边产品，2010年10月在淘宝网上线的唯一淘宝店。"故宫淘宝"以北京故宫文化为主体，以其Q版趣味和古典雅致的风格在网络上进行推广与销售。"故宫淘宝"自上线以来，对于故宫文化产品的开发一直坚持原创，目前以"故宫娃娃""生活潮品""文房书籍""手账周边""宫廷饰品""包袋服饰"以及"特价宝贝"七大板块进行售卖。"故宫淘宝"自正式运营以来，淘宝粉丝数量已达到321万，店铺好评率99.83%。网络店铺与同行业相比，商品描述相符度比同行业高68.93%，服务态度比同行业高71.75%，发货速度比同行业高63.14%。"故宫淘宝"这一文创品牌以其特有的故宫文化与富有创新性的产品风格，在网络市场独树一帜。不仅有效传播了故宫承载的文化内涵，同时多角度、多维度、多层次的创新，更使故宫文化贴近大众，逐渐走进大众视野。

【案例背景】

随着社会经济的发展和人类文化水平的普遍提升，大众对文化产品的需求日益增长。文化创意产业、文创产品等热门词汇的频出开始引起大众对于文化的关注。其中，博物馆衍生文化成为了文创产品的典型内容。博物馆文创产品是指博物馆利用自身的馆藏文化与文化创意产业相结合，同时发挥创造性思维，将馆藏文化整合加工成带有博物馆文化特色的创意产品。博物馆的文化资源丰富，为文创产品提供了丰富的创作思路，也为文创产品的开发奠定了优良的文化基础，使博物馆文创产品成为了文化创意产业重要的组成部分。我国地大物博，历史悠久，有丰富优质的博物馆资源可以挖掘。通过文化创意产品的开发挖掘，不仅能够促进博物馆自身的发展，创新调整博物馆运营结构与模式，还能够拉近博物馆与大众之间的距离，使博物馆文化的正向传播与教育职能得以实现。

2009年，国家文物局对大陆地区的博物馆进行抽样调查，调查结果显示98%的博物馆都还没有自己的文化创意产品。随着社会经济、文化生态的进一步发展，现在几乎所有的博物馆都有了凸显自身特色的文创产品，但目前文创产品及文化创意产业存在同质化严重，各地发展不平衡，人才缺口较大以及观念更新不及时等问题。博物馆在文化创意方面也面临着巨大的挑战。

故宫博物院作为中国博物馆的杰出代表，逐渐认识到现有消费者的消费观念、心理、行为及社会文化生态环境的变化，紧跟互联网时代发展的潮流，在文创产品的研发过程中更加贴合消费者需求。同时，借助新媒体优势，创新营销理念，先后和阿里巴巴、腾讯等大型互联网公司合作，线上线下共同发力，对故宫文化与文创产品进行大力推广。"故宫淘宝"作为故宫博物院线上最成功的文创品牌,依托故宫博物院的文化优势,借助产品风格的转型,营销手段的改变,扩大了品牌的影响力和自身文创产品的开发力度,促使品牌从最初的默默无闻到现在走红网络,品牌发展势头不容小觑。

【案例分析】

在故宫淘宝从"文物"到"礼物"的品牌蜕变发展过程中,它始终围绕品牌的自我进化与协同创新方式进行文创产品研发、传播与营销。自我进化与协同创新在深度挖掘品牌文化内涵、更新调整传播内容、创新营销传播方式的品牌发展中相伴相生。"故宫淘宝"受社会变迁、受众需求等因素的影响进行自我进化与调整,为品牌的不断创新提供思路与发展方向。匠心独运的文创产品以及别具一格的营销传播内容是促进"故宫淘宝"品牌进化发展的动力与保证。从传统文化载体到文创品牌,从品牌内容到受众文化认同,从品牌文化认同到营销传播方式,自我进化与协同创新始终助力品牌的成长,为品牌突破自我,塑造独特的品牌形象创造可能性。在品牌的传播中,"故宫淘宝"不断增强受众黏度,扩大了品牌知名度与影响力。

一、从传统文化载体到文创品牌,深度挖掘文化内涵

故宫博物院既是明清紫禁城建筑群与宫廷史迹的保护管理单位,也是以明清皇室旧藏文物为基础的中国古代文化艺术品的收藏、研究和展示的博物馆。院藏文物种类丰富、体系完善,故宫也因得天独厚的文物藏品及其皇家文化特色,在我国博物馆事业发展中占有重要的地位。

深度挖掘丰富的明清皇家文化元素,努力将故宫的建筑、故宫的文物、故宫的历史故事,找到一个符合当代人喜欢的时尚表达载体。开发渠道从单一到多元,博采众长,积极探索,勇于创新,采用自主研发、合作研发和借鉴社会力量相结合的形式进行产品开发,不断探索适合自身发展的文化产品设计、生产、销售的良性循环道路。研发具有故宫文化内涵,鲜明时代特点,实用性强、环保、质优,价格合理,贴近于观众实际需求,深受消费者喜爱的故宫元素文化产品。多年来,故宫博物院文化创意产品研发已经卓有成效,风格多样的文化产品已经蔚然成系列,受到了各个年龄段受众的欢迎。

在2008年及2009年,故宫博物院先后举办了两届"故宫博物院职工文化产品设计及产品创意竞赛",编印了《故宫博物院首届职工文化产品设计与创意竞赛获奖作品集》,并将职工设计的烛台、云纹书档等获奖作品进一步完善研发为文化产品。2012年,故宫博物院在院内组织开展了"故宫人最喜爱的文物"评选活动,邀请了

故宫博物院学术委员会委员、业务领域专家、全院职工和志愿者共同参与，以文化产品研发和市场营销的视角，在院藏可移动文物和不可移动文物范围内由专家评委从故宫博物院 26 个文物类别中推荐 100 件文物，请全院职工和志愿者进行投票，评选出了 11 件"故宫人最喜爱的文物"，并出版了《故宫百宝——故宫人最喜爱的文物》图书。

2013 年，由故宫博物院主办，北京故宫文化产品开发公司、北京故宫文化传播有限公司、中央民族大学美术学院共同承办了"紫禁城杯"故宫文化产品创意设计大赛。这次活动是故宫博物院首次面向公众举办，是对故宫文化产品研发在更广泛范围和专业层次的尝试。该活动旨在更好地传播中华民族优秀的传统文化，挖掘并利用故宫文化资源，发挥故宫文物藏品的教育和文化传播功能，促进中国传统文化与当代时尚的结合，引发社会对故宫文化产品的关注，唤醒创意设计灵感，以便研发出更多、更好的能够传播故宫文化的优秀文化产品。经过 4 个月的作品征集，"紫禁城杯"故宫文化产品创意设计大赛组委会共收到投稿作品 675 件，最终大赛评选出金奖 3 名、银奖 6 名、铜奖 9 名、优秀奖 30 名。

此外，故宫博物院紧跟潮流，加强与其他文博单位在文化产品研发方面的交流与合作，参加了 2014 年 4 月举行的"第三届中国苏州文化创意设计产业交易博览会""第九届中国义乌文化产品交易博览会"。在义乌，故宫博物院参展的文化产品共有近 1000 种，有根据故宫藏品元素研发的高仿书画系列产品、紫砂系列产品、陶瓷系列产品、图书系列产品、丝绸系列产品，以及最新研发的钥匙链、明信片等产品，引起了公众和媒体的驻足和关注，获得了良好的展示和传播效果。

"故宫淘宝"借助故宫博物院在国内首屈一指的文化资源与背景下，依托其丰富的创新经验与文创产品的研发能力，2010 年 10 月"故宫淘宝"在淘宝网的唯一专卖店正式开张，以电子商务的形式推广传播故宫文化，形成了"故宫淘宝"这一文创品牌。"故宫淘宝"有约 200 件以故宫元素设计的各类文化创意产品，这些小巧玲珑、实用方便的文创产品成为人们互通交流的礼物，也成为故宫文化、中国传统文化的承载者和传播者。

在 2012 年前后，"故宫淘宝"不论是微信还是微博，推送的内容基本都是一些正经的故宫科普知识，线上线下售卖的大部分周边产品还只是平常的明信片、徽章等常见的纪念品，几乎无新意可言。也许是难以戳中受众痛点，公众账号的关注度不高，周边产品销量不佳。

2013 年"故宫淘宝"改版，加强页面设计和故宫文化元素的利用，整体设计、文辞用语更加符合当下尤其是年轻人的审美和时尚需求。整个店铺页面的店招、导航、海报、隔断、边框等，都使用了故宫的屋顶、宫门、金水河（桥）等式样，甚至指示箭头都采用了"乾隆大阅图"里所画的箭，活用了故宫文化的各种元素；产品介绍增加了"创意说明"，将每件产品背后关于故宫建筑、文物、历史故事的相关背景知识一一介绍，让大家在购买的同时，感受到其中的文化内涵、历史知识。品牌以更加亲民、更加"接地气"的形式呈现，让文化传播和博物馆的教育职能得以实现。与此同时，新媒体技术的快速发展，新的传播内容与手段层出不穷。人们可以通过不同方式获取自己所需要的信息，大众的消费观念、消费心理、消费行为都在随着社会的发展不断发生转变。"故宫淘宝"基于此也开始尝试通过新媒体形式传播传统文化、历史典故。比如曾经一度"引爆"微信圈和微博圈的《雍正：感觉自己萌萌哒》（图19-1），就由"故宫淘宝"设计团队制作动画、文案、解说词，微信阅读量超过一百万，微博中诸多大V和媒体争相转发。后来"朝珠耳机"引发关注，也是从一位网友在交互平台上发布相关内容开始，通过微博、微信的大量转发，引起了媒体和公众对"故宫淘宝"及相关文化产品的"聚焦"，让故宫的文化创意产品走进了大众视野，赢得了更多肯定。

图 19-1　雍正：感觉自己萌萌哒

强有力的文化背景做依托，网络店铺的改版售卖，产品内容的深度挖掘与创新，微博、微信等新媒体传播形式的应用，聚拢了大量故宫文化的"粉丝"，为"故宫淘宝"的品牌形象更新、进化及传播推广奠定了坚实的基础。

二、从品牌内容到受众文化认同，聚合凸显品牌特色

故宫——雄伟浩瀚，大气壮观，同时又高冷神秘。故宫传递更多的是历史文化知识，大众在参观体验过程中也与故宫之间形成了一定的距离感，而"故宫淘宝"迅速拉近了用户与故宫之间的距离。在互联网时代下，用户群体年轻化，更加注重娱乐性与个性化事物。根据故宫博物院的数据显示，25岁至34岁的人群为"故宫淘宝"用户的主要人群，这部分年轻人大多为"80/90后"群体，对于新鲜事物、热门话题、潮流产品、互联网非常推崇。加之近年来，中国风开始流行于广告、电影、音乐、服饰、建筑、文创等文化艺术领域，"故宫淘宝"顺势而为，借助互联网的发展契机，搭载中国风热潮，结合当下年轻人对于产品与内容的强烈需求，开始进行品牌的革新。品

牌产品与内容既不拘泥于传统文化的束缚，又有了更加多元的发展和创新。

2013年7月4日，台北故宫博物院推出一款文创产品。因康熙在批阅奏折时，最爱在文末朱批"朕知道了"（图19-2），所以台北故宫将其真迹复制与纸胶带做结合。台北故宫在知名社交网站的粉丝团贴出该款纸胶带的照片，立刻引起两岸网友热烈讨论及购买。该款纸胶带创意源自院长冯明珠于2005年策划的"知道了：朱批奏折展"，该展导览手册由当时任研究员的冯明珠执笔主编，目前已再版九次，封面印有康熙皇帝满汉文朱批真迹"知道了"。受到台北故宫这一创举的启发，北京故宫也开始了各种创新尝试。

图19-2 "朕知道了"纸胶带

北京故宫真正开始转型是从2014年开始的，从那个时候起，故宫淘宝的官方微博与微信的风格开始有了变化，开始增加一些轻松活泼的内容与产品。微信、微博是目前受众使用人数最多，使用频率最高的社交软件，受众习惯使用此类社交软件获取信息，并在网络上互动转发。2014年8月1日，故宫淘宝官方微信推送了一条内容，题目为《雍正：感觉自己萌萌哒》，随后被各类微博、微信公众号相继互动转发。《雍正：感觉自己萌萌哒》是故宫技术人员通过技术让静态的雍正帝"活"了起来，挑选了行乐图中的九个场景，雍正帝或是临河垂钓，或是智斗猛虎，或是松下抚琴，再配以轻松活泼的文字：朕就是这样的汉子，感觉自己萌萌哒。凭借这一条生动鲜活的推送，故宫淘宝官方微信竟突破10万+的阅读量，雍正帝也一跃成为当时的热门"网红"。从此之后，"故宫淘宝"在微博、微信上的推送一改往日的严肃庄重，走起了"软萌贱"的路线。卖萌的皇帝、剪刀手的宫女、追热点的鳌拜等，软萌贱的故事画风颠覆了受众对故宫的了解，极易触及受众的兴趣点。

"故宫淘宝"除在新媒体的推送上下足了心思，对故宫文创产品本身也加大创新投入力度。在《雍正：感觉自己萌萌哒》窜红网络之后，相继推出了"朝珠耳机""奉旨旅行"腰牌卡（图19-3）、顶戴花翎官帽防晒伞、"朕就是这样的汉子"折扇等一系列文创产品。产品本身都是受众日常使用或者常见的物品，但是在产品的创意中融入故宫元素，尤其将历史人物卡通化，古典元素现代化，原创画、妙趣横生的文案与产品相结合加以调侃，增强产品的趣味性与娱乐化，更加贴合受众的使用需求与感受。

比如，"故宫淘宝"的一些文创产品是趣味化的皇宫物件，加入皇帝形象或皇帝曾经的经典语录，形成新的文创圣旨、折扇、奏折等（图19-4）。

图19-3 "奉旨旅行"腰牌卡　　　　图19-4 故宫文创—折扇

"故宫淘宝"的文创产品都是将清代宫廷所特有的物品、元素与现代时尚单品相结合，体现出复古、时尚、实用的特点。加之有趣的售卖方式，让传统文化的遗存与当代人的生活、审美追求、实际需求对接起来。同时，这些文创产品在使用过程中也能够成为中国传统文化的承载者与传播者。在互联网思维之下，"故宫淘宝"形成了以故宫传统文化为根基、"软贱萌"为主线的娱乐性与趣味性品牌特色，受众以"集体无意识"的方式接受并进行传播，融合受众的各种认同，形成了对"故宫淘宝"内容与产品的肯定性认知，创新促成"故宫淘宝"的品牌优势与价值。

三、从文化认同到创新营销，激活品牌传播价值

"故宫淘宝"在新媒体环境下，以产品内容与社交情感构建互联网思维下的受众文化认同。在取得受众文化认同的基础之上，通过新媒体内容、文创产品以及线上线下店铺的互动传播，增强受众与品牌的黏度，通过创新营销方式，借助互动营销、软文营销、借势营销等互联网品牌营销方式的组合，将新文化与旧传统完美融合，激活品牌价值，创新地将承载中国历史与传统文化的博物馆产品打造成传播势头迅猛、受众关注度高、符合互联网时代要求的特色文创品牌。

（一）互动营销

新媒体营销需要不断扩大传播量和阅读量，"故宫淘宝"除计划性地发布信息，提高发布频次外，还重点加强与受众以及其他官方账号的实时互动，采用幽默诙谐的网络语言进行回复、点赞、转发，不仅加强了与受众之间的亲密感，拉近距离，售卖产品，同时还为新产品的研发营销提供新思路。2016年1月11日，"故宫淘宝"发了一条微博："有人建议做款冰箱贴，既充满历史感又言简意赅，冰箱贴上就两大字：冷宫！所以这都是什么粉丝啊。"这条微博发出后，有网友迅速反应提出与海尔合作，

之后海尔也大方回应。就这样在微博的互动中，半年后，由"冷宫"冰箱贴的思路创新出"御膳房""尚书房"等趣味性冰箱贴产品正式上线（图19-5）。

图19-5　冷宫冰箱贴

再如，近两年大火的彩妆产品，"故宫淘宝"不甘落后，紧跟潮流，研发出故宫原创彩妆。这一创意也来源于受众的智慧与需求。在2016年，"故宫淘宝"推出了原创系列纸胶带，由于该款纸胶带颜值高，用途广，开始有受众用纸胶带来装饰口红彩妆，打造私人御用定制款（图19-6）。基于此，2017年4月，"故宫淘宝"脑洞大开在微信、微博公众号推送了一篇文章《假如故宫进军彩妆界》。在这篇推文中，"故宫淘宝"畅想出由点翠类首饰为创意源泉的点翠眼影，色泽柔和，不怒自威；花鸟画腮红，清新红润，一抹娇羞；宫墙色口红，千里江山指甲油等，这些不成熟的想法一经提出，获得大批受众的点赞支持。此后近两年，整个创意团队一直在为他们提出的想法反复进行设计研究。终于在2018年12月11日，"故宫淘宝"推出了故宫仙鹤（图19-7）与故宫螺钿两个系列彩妆产品，包括眼影、腮红、口红，以及点

图19-6　故宫纸胶带打造私人定制彩妆　　　　图19-7　故宫仙鹤系列彩妆

翠眼影与海水高光两个主题单品,产品一经推出,引发受众的转发热议。由于产品上架后销量火爆,"故宫淘宝"只能将部分彩妆产品转为预售发货。

除与受众在新媒体上互动,引发创意,创新营销方式外,"故宫淘宝"还积极与同行互动点评。四川广汉三星堆博物馆是各大博物馆官方账号中内容生动、粉丝活跃度高的账号,且自称"我堆"。"故宫淘宝"在微博上经常以"我宫""你堆"相互称呼,让账号有了"贱萌"的人格化效果,吸引大批粉丝互动。以拟人的方式与消费者、同行互动交流,赋予品牌以社会交往和编织关系网络的能力,使"故宫淘宝"成为故宫文化粉丝的交往聚合点,也为粉丝们搭建了别样的文化交流平台。

(二)软文营销

"故宫淘宝"的成功之处还在于其能够准确地把握网络传播的规律,巧妙植入软广告。在推广新的文创产品时,"故宫淘宝"会从新鲜有趣的故宫文化知识出发,利用网络语言来讲故事,科普历史的同时结合"标题党",吸引受众点击文章进行阅读,通过设置悬念和"抖包袱"的方式,层层递进,最后自然而然地引出一款新的文创产品。受互联网思维及表达的影响,受众更乐于使用网络语言,网红段子相互调侃,传递信息。"故宫淘宝"抓住用户心理特点,

图 19-8 《从前有个皇帝他不好好读书》

在公众号中化身段子手,例如微信公众号的一条推送《从前有个皇帝他不好好读书》,在摘要中"后来他就死了。"(图 19-8)这样的神转折,诱发了受众的猎奇心理。实际上文章是从同治皇帝的历史故事入手,运用幽默搞笑的网络语言、当下流行的表情包与漫画配合引出"知识就是力量,要牢牢掌握自己的命运",最终导入新款书签产品的宣传售卖信息。

以故事软文的形式导流售卖产品,既在情理之中,又是意外惊喜,不易触发受众的反感情绪。这种方式能让读者在获得知识和乐趣的同时,进一步了解故宫文化,产生文化认同并购买产品。由此可见,企业在开展新媒体营销的时候,不能把微博、微信单纯地当作发布广告的平台,要具备互联网思维,通过互联网语言对产品进行包装。

(三)借势营销

近两年来,借势营销成为互联网生态下各大品牌惯用的营销手法。借势中的"势"就是我们俗称的热点,包括节日、热点话题、突发事件、热点新闻等。2016 年,"葛优躺"突然爆红网络,一直维持高热度。8 月 2 日,"故宫淘宝"借势发出一条微博,

配文:"切身体会:还是这个姿势舒服。"(图19-9)"葛优躺"来源于1993年情景喜剧《我爱我家》第17、18集里面葛优的剧照姿势,经过在网络上的发酵引申后,用来形容个人"颓废"的现状。如今快节奏的生活中,人们对"葛优躺"的状态羡慕而嫉妒。很多人因为生活的需要不得不努力地追赶适应快节奏生活,因此"葛优躺"会显得不那么容易。"故宫淘宝"紧抓这一热点,揣摩受众心理,结合自身文化属性特点,以古人各类坐姿来调侃借势"葛优躺",引发受众围观与评论。

图 19-9　切身体会:还是这个姿势舒服

2016年7月8日,《大鱼海棠》在国内上映,该影片是目前国漫中最杰出动漫之一,糅合了很多中国传统文化中的元素,以及意义深远的故事,成为一部中国不朽的经典动漫。上映同日,"故宫淘宝"与目前国内规模最大的手工制作布鞋的生产企业内联升鞋店联合推出大鱼海棠主题系列布鞋(图19-10),并发起互动留言抽奖限量送布鞋活动。2018年8月2日,"故宫淘宝"借势中秋节的节日热点,与北京稻香村合作推出2018年中秋限量月饼"桂彩中秋特地圆"(图19-11),月饼主题出自宋徽宗赵佶瘦金书法《闰中秋月》诗帖。礼盒整体以宋朝汝窑天青色为主调,缀以冰裂暗纹;月饼图案均来源于宋徽宗绘制花鸟画;月饼饼皮为奶黄皮,甜味减淡,并增添松软感;馅为流心馅,有桂花、蛋黄、榴莲、玫瑰四种口味。2018年中秋限量月饼以其富有特色的设计理念、清新的设计风格与当下受众喜爱的新式月饼相结合,俘获了大批受众的芳心。

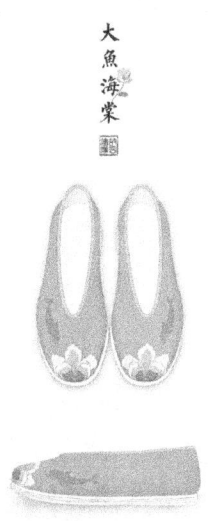

图 19-10　大鱼海棠系列主题系列布鞋

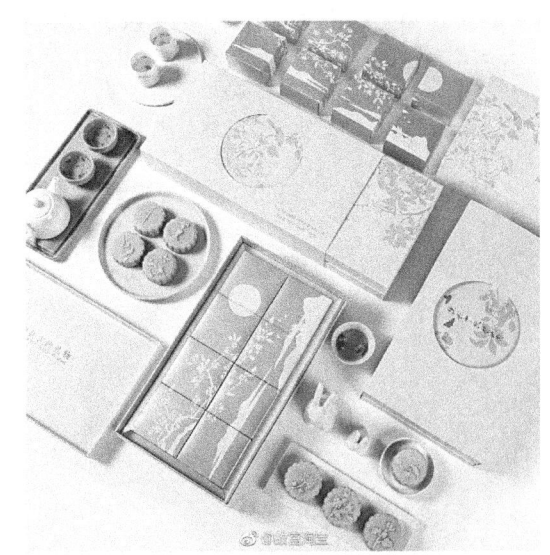

图 19-11　2018中秋限量月饼"桂彩中秋特地圆"

在"故宫淘宝"各类借势营销中,首先,"故宫淘宝"总是能够找到热点事件本身与自身品牌形象的有效关联,抓住热点的时效性与普遍性,与其他 IP 或者品牌合作,合理性与贴合度较高,不仅能够达到品牌间互利共赢的良好收益,也能在传播过程中达到四两拨千斤的效果。其次,借势的营销过程始终围绕"故宫淘宝"自身的品牌优势,强调突出产品优势,围绕品牌在创意上下足功夫,激发受众的心理认同与消费欲望。最后,结合抽奖优惠等附赠活动,突破热点事件限度,延续话题,增强传播效果。

【知识链接】

一、品牌协同创新

给品牌赋予一种可供无限开发利用的工具价值,一种可供加工创造的产品元素,一个可供讨论的话题或者一个可供围观参与的事件,甚至把产品研发和品牌再造的主动权交到消费者手上,使品牌成为一个开放的 API,让品牌具备与消费者协同进化、共同成长的能力。

二、品牌社交情感

借助各种社会化媒介和社交网络应用,品牌以人的角色融入消费者的社交圈子,以人的方式与消费者互动交流,赋予品牌以社会交往和编织关系网络的能力,更进一步是品牌作为平台为消费者的社会交往提供聚合点。

三、文化认同

中华文化辞典把文化认同解释为一种肯定的文化价值判断,即指文化群体或文化成员承认群内新文化或群外异文化因素的价值效用符合传统文化价值标准的认可态度与方式,经过认同后的新文化或异文化因素将被接受、传播。

【拓展思考与实训】

请为故宫淘宝设计一款春节主题的文创产品。

案例二十

"公益+": 公益广告《蠢蠢的死法》之创意观

拓展资源

【案例背景】

2012年,墨尔本有979人掉落火车轨道,随后澳大利亚墨尔本铁路运输公司(Metro Trains)发起了一个"Be Safe Around Trains"系列铁路安全宣传活动。《蠢蠢的死法》(Dumb Ways to Die)就是为这次公益主题推广而创作的一部公益音乐视频广告,提醒大家"没有比在火车周围不注意安全而死掉这种死法更蠢的死法了"。

【案例分析】

这个3分钟的MV,曲风无比小清新,歌词却很暴力,画面更是血腥中夹杂着小清新,又萌又可怕。通过黑色幽默的动画音乐短片展现各种危险的场景,将原本会枯燥的道路安全注意事项创作为歌曲,并配合动画演绎,最终形成这首歌曲视频(图20-1)。在让人们会心一笑的同时,欣然接受整个活动所传递的正面公益信息:请在火车轨道附近注意安全。这只公益音乐微视频在上线24小时内迅速走红。

图20-1 《蠢蠢的死法》广告部分画面

这只音乐视频广告由墨尔本麦肯公司策划,并由新西兰动画设计师朱丽安·福斯特(Julian Frost)完成设计和制作。动画中展现了21种由于缺乏安全意识而造成的"血案",如放火烧你的头发(set fire to your hair),拿根棍子戳灰熊(poke a stick at a grizzly bear），吃上一堆过期的药（eat medicine that's out of date），电工活儿你自己来（do your own electrical work），吃上一管万能胶（eat a tube of super glue），站在火车站的站台边缘（stand on the edge of a train station platform），开车绕过铁轨前的禁行栏杆（drive around the boomgates at a level crossing），冲过火车站台之间的铁轨（run across the tracks between the platforms），等等。简洁温馨的动画人物设计，反而让这些有些小小重口味的死亡场景带有几分笨拙的可爱。加上由 Tangerine Kitty 演唱的这首民谣风格的小清新主题曲，抓耳的旋律让人忍不住跟着一起轻轻哼起来。

在该公益主题推广的网站上，配合《蠢蠢的死法》（Dumb Ways to Die）音乐视频，还推出配套的动画人物海报（图20-2），延续音乐视频的内容，提醒人们在火车轨道附近注意安全。

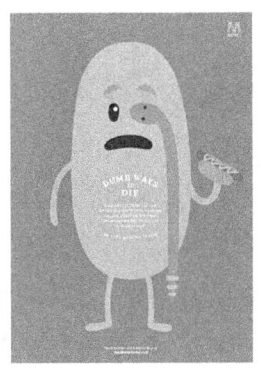

图20-2 《蠢蠢的死法》动画人物海报

除此之外，该活动网站还列举出关于车站的安全知识，并有一个小小的红色按钮，旁边有一行小字写着"我庄严的宣誓绝不在车站里做这些蠢事"，通过互动有趣的方式，强化宣传主题（图20-3）。

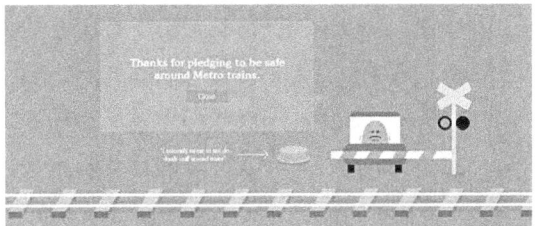

图20-3 网站主题互动版块

扁平化的视觉设计风格，迎合当时全球年轻消费者对以苹果为代表的扁平化UI设计风格的喜爱；不严肃，不说教，不煽情，不做作的公益广告创意，使得这只音乐视频在发布的24小时内，即飙升至 iTunes 排行榜前十名的位置。几个月之内，这段三分钟的网络音乐视频在 Youtube 社交网站上已取得近九百万的超人气点击量及128371的好评，在当时的病毒视频榜单中稳居首位，一举超越包括欧美乐坛当红歌手蕾哈娜（Rihanna）和席卷全球的 Psy 鸟叔的《江南 Style》。

之后澳大利亚麦肯团队和当地游戏开发商 Barrel Of Donkeys 一起研发完成了《蠢蠢的死法》同名手机游戏。游戏主角继续沿用《蠢蠢的死法》中的所有卡通人物，将原著里 21 个不同角色的死法进行串联，变成了一款考验玩家反应的游戏。玩家需要在短时间内做出动作，不然小关卡内的人物会像视频一样惨死。游戏分为 15 个不同的关卡，每一关完成的要求也不同。随着关卡的深入，给予玩家的时间将越来越少。跟广告的主旨相同，游戏版通过列举了一大堆蠢蠢的死法，意在提醒大家：没有比在火车周围不注意安全更蠢的事了。而且更重要的是，通过游戏的交互形式，这些"死法"变得鲜活起来，带来数倍于广告的乐趣。

【知识链接】公益广告与"公益+"创意观

一、公益广告的概念

公益广告最早出现在第二次世界大战后期的美国，对应的英文词汇为 Public Service Advertising，该词最早出现在美国战争广告委员会的文件中。在二战期间，委员会策划了许多战争宣传活动，但并未使用这个术语。只是在 1945 年战争结束，讨论这个委员会未来的走向时，在《战争到和平：商业与广告的新挑战》报告中，回顾了战争广告委员会自 1942 年 1 月 15 日成立至 1945 年 8 月 14 日战争结束期间所做的贡献。在展望未来的发展前景时，第一次使用了 Public service advertising。

美国公益广告运作的主要机构广告理事会（Ad Council）认为：公共服务广告一般界定为"服务于公共利益的广告"。这种类型广告的目标是重大社会问题的教育和认识，致力于改变公众的态度和行为，促进正面的社会变迁。

我国的现代公益广告事业起步于二十世纪八十年代，我国的第一条公益广告出现在 1986 年，是贵阳电视台播出的《节约用水》公益广告。当时，贵州由于持续干旱而造成严重缺水，为了提高市民的节水意识，贵阳市节水办公室与贵州电视台合作，制作并播出了"请君注意节约用水"的电视广告。这条公益广告播出后，引起了贵阳市民的强烈反响，产生了较好的传播效果。据统计，在当年第四季度，贵阳市自来水消耗量比上年同期减少了 47 万吨。公益广告首次发挥了强大的作用。我国的现代公益广告事业经过三十年的发展，产生了一定的社会传播效果。

二、公益广告的困境

在托马斯·C. 吉恩、克里斯·T. 艾伦、理查德·J. 西曼尼克的《广告、促销与整合营销传播》一书中，清晰界定了关于广告概念的三个必备要素，即有偿、大众传播、劝服。劝服性是广告传播区别于新闻等其他传播的重要特征。对公益广告来说，和商业广告一样都需要广告创意的支持，以便达到获得目标受众注意的目的。

不同于以销售利润为目标的商业广告创意，公益广告创意并不以销售为目标，重点关注受众对传播内容的兴趣、认知变化，乃至行为变化与行动参与。因此，公益广告创意与商业广告创意既有相同点，也有差异。相同点在于两者都需要快速引发目标受众的注意兴趣与行动参与，不同点在于公益广告不以销售利润为目的，更加注重对态度认知的改变，乃至行为的改变。从这个角度来看，对公益广告创意的要求要高于商业广告创意。

阿尔·里斯在其名著《公关第一、广告第二》中提出一个人们常见的现象，即"墙纸效应"：当把一个房间里400平米的墙壁上一寸不漏地贴满壁纸时，进入这座房子的人们便不会注意到壁纸的存在了，这就是所谓的"墙纸效应"。对身处媒介内容大爆炸时代的受众而言，面对不同媒体上所呈现的数量庞大而又看上去差不多的公益广告时，人们知道有公益广告的播放，但是公益广告里"说了些什么"却被完全忽略，导致公益广告成为"wall paper"的直接原因就是传统公益广告自身的诸多局限性。

三、击碎对"公益广告"创意的传统认知

（一）社会化媒体时代重新认识公益广告创意

公益广告作为公益传播的一部分，公益广告应该真正发挥其社会服务功能，而不是仅仅作为贴在公共生活中的"墙纸"出现，这样是对公共资源的一种严重浪费。更何况，今天的公益广告正处于互联网新媒体的环境之中，再次讨论公益广告创意时，应该首先击碎对公益广告创意的传统认知。互联网是一次真正的解放，不同于文艺复兴和启蒙运动的解放，互联网完全不是对500年来人类文明进程的一次再加速或再背书，互联网的思想触角不仅在改造传统的生活、工作、交往、交易方式，也在不断戳破传统固见与定识的边界。

传播技术的不断发展和传播媒介的创新扩散拓展了人类生命存在的时空形态，人类传播活动的进步取决于传播技术的发展，以传播技术为先导，每一种新媒介的出现，都会带来传播革命，改变整个传播环境，进而对整个人类社会的发展进程产生深刻而又深远的影响。麦克卢汉强调"任何技术都倾向于创造一种全新的社会环境"。互联网技术、移动互联网技术催生出一个全新的社会化媒体世界，人们随之开始习惯社会化阅读、社会化办公、社会化购物、社会化公益、社会化投诉、社会化听歌、社会化问答、社会化分享……有限的注意力在社会化媒体中被不断碎片化，传统媒体的广告传播效果开始走下坡路，专家权威的影响力开始失语。这些因素共同决定了传统公益广告创意经验在失效，对公益广告创意需要进行重新认知。

（二）公益广告创意产生互动的重要性

在单方向传播的传统媒体时代，公益广告传播更多关注的是媒体的平台资源，某

种程度上来说，媒体平台直接决定了公益广告传播的广度效果，也就是说公益广告传播所选择的媒体平台覆盖范围越大，该广告产生的传播效果（广度层面）可能越大。但是面对社会化媒体，这种传统的惯性思维需要扭转，因为即使是微博、微信这样的媒体平台，也很难再像传统媒体的跨页广告，或者Web1.0时代置顶头条的形式去强制影响消费者。在媒介技术与媒体环境的演变过程中，传播的权力被越来越多地还给了网民，即消费者本身。在社会化媒体大爆炸的时代，口碑传播找到了更广阔、更快速的平台，分享行为成为一种快速扩散传播的力量。社会化媒体平台上，从来不缺乏分享的热情，而优质内容才是推动网民投入分享的动力所在，社交媒体内容的信息质量本身（尤其是其中所蕴含的情感、传递的资讯）更是其能否成为病毒源，获得社会化媒体口碑传播力量的核心要素，是推动信息在消费者间二次乃至更大范围扩散的第一推力。

媒体环境的变迁改变了广告内容的传播手段，但不变的是优质内容对于传播效果的决定性作用。即便在社会化媒体没有盛行的年代，作为流行文化的一部分，广告凭借成功的内容就能够渗入人们的社交生活。例如2006年，联合利华旗下的"多芬"拍摄了一个女子由相貌普通的"邻家女孩"摇身变成一个气质非凡的"超模"的过程。广告片最后的标语写道："毫不奇怪，我们对美的理解已经被扭曲。"这则75秒的视频《蜕变》，引发了全球网民对女性真美的讨论，在短时间内，该视频获得全球5亿次网名的关注。

社会化媒体环境下，每个社会个体自身的社交关系链构成的众多圈子形成了其自身权力的基础。优质创意内容是未来推动公益广告信息在社会化媒体平台上流动扩散的重要因素之一，不要板着传统"说教"的面孔向社会大众硬性推送公益广告信息。公益广告必须比以前更密切地与社会大众保持互动，公益广告创意的角色必须深入到学会如何影响移动互联网环境、社会化媒体环境下的社会大众，以优质创意内容激发社会大众互动参与公益活动的热忱，通过互动性将社会大众的影响力汇聚起来，成就公益广告传播的可观收获。

四、以效果为导向的"公益+"创意观

站在广告发展的历史角度来看，现有的广告理论框架基本都是构建于以报纸、杂志、广播、电视为代表的传统媒体，广告的功能角色也经历了早期的告知、劝服，以及20世纪60年代开始的诱导功能和20世纪90年代开始的沟通功能。每一次变化都取决于社会生产力进步带来的市场竞争需求，以及媒体的发展情况。进入20世纪80年代以后，前身为阿帕网的互联网开始进入民用阶段，互联网不仅把消费者的时间和注意力从传统媒体转向电脑屏幕和手机屏幕，Web2.0和全球繁荣发展的社会化媒体更让消费者产生了深刻变化。诞生在"六度分隔"理论与互联网亲密结合基础之上的

诸多"社会性软件"（Social Software），支持人们建立更加互信和紧密的社会关联；移动互联网和智能手机让我们随时随地与他人传播与分享信息，互联网使信息得以自由流动，所有人平等享有分享信息的权力，传统的广告传播模式和操作方法逐渐失效。

媒介技术的每一次进步都浸透着人类渴望突破自身交流困境的努力。而每一种新的媒介技术的使用和普及，都在其特殊的社会文化背景之中形成了一种全新的交流构型，也为公益广告创意开辟了全新概念与方向。即便在媒介技术已经颠覆传统广告模式的今天，广告创意的内核依然未变：创造性沟通。广告创意需要将这种创造性沟通的能力和不同的技术、空间、媒介载体等内容重新结合的基础上进行整合创造。传统媒体时代，只需一个固定创意就能延展出TVC、海报、报纸平面、户外广告，单一创意内容可以复制应用于所有传播渠道，却忽略了媒体平台的差异性与独特性，在消费者无限赋权和传播渠道碎片化的今天，公益广告需要一种定制思路的创意观。感性诉求、理性诉求，或者对比、夸张、比喻、比拟等广告创意手法均属于通用的创意技法，也是广告创意的基本功之一。以效果为导向的公益广告创意观是一种需要结合生活场景和新的媒介技术，基于更好互动沟通效果的"公益+"创意观。

（一）公益+音乐（视频）

《蠢蠢的死法》这一案例中，使用音乐+微视频的创意形式，就是在互联网时代对"公益+"公益广告创意的一种尝试。作为世界语言，音乐无需翻译便可直抵人心，它更加容易与人们的生活方式融为一体，越来越多的品牌借助音乐营销获得成功，特别是那些针对青年人的品牌。上个世纪80年代，"燕舞，燕舞，一曲歌来一片情"的音乐让燕舞音响拉开了中国音乐营销的序幕。百事可乐是善于音乐营销的代表性品牌。1983年，由流行天王迈克尔·杰克逊担任主角并配乐的电视广告播出后，百事可乐新广告语"新生代的选择"的口号便一炮打响，在百事可乐赶超可口可乐的过程中功不可没。进入中国之后，百事依然在营销上沿袭了音乐路线，张国荣、刘德华、郭富城、王菲、古天乐、蔡依林等一大批受到年轻人追捧的音乐巨星成为百事的形象代言人。音乐营销不仅是音乐，与广告信息的关联强度，以及能否引发多次传播扩散都是衡量音乐营销成功与否的标志。对公益广告创意来说，特别是面向年轻群体的公益广告传播，借助音乐行销的力量是值得尝试的一种创意表达形式。

微视频是伴随互联网应用而诞生的产物之一，适合在移动状态和短时间内完整观看，具有完整故事情节。微视频广告的鼻祖，有据可考的是广告制片人艾德·罗宾逊在2001年花费一万美元拍摄的一段搞笑且惊人的视频——一个成年男子用嘴巴为橡皮船充气，一个儿童冲过来坐上船时他的脑袋不幸被轰得稀烂。罗宾逊把其公司网址附加了视频末尾，使用电子邮件将其传给了五个朋友，然后，他就坐等佳音。就在那个周末，超过6万人看了这个时长12秒的广告短片。不到三个月，罗宾逊的网站获得了50万的访问量。

微视频指短则30秒，长则不超过20分钟的视频短片。作为一种总体结构，微视频的形态具有多样性的特征，微电影、微动漫、微栏目、微纪录片等，都被称为微视频。短、快、精、随时随地便于参与是微视频的最大特点。依托先进的视频传输和分享技术，伴随移动互联网和移动智能终端设备的普及，微视频迅速蔓延到整个网络传播体系，通过与互联网的无缝结合，微视频能够实现快速、大范围的传播。2005年，一则小罗连续4次射门击中门柱的视频，一度在网络上热传，成为知名的病毒视频，实际上其中有效植入了赞助商Nike的品牌信息，达到了品牌自发的、大范围的传播效果。在移动端逐渐成为成熟的微视频传播平台的今天，微视频营销能够充分利用用户的碎片化时间，成为广告传播重要的创意输出介质。结合公益广告主题，创意高质量的视频内容能够让公益广告信息在全媒体传播实现更加有效的传播效果。因为，优质的公益广告影视内容能够在社交网络平台上获取更多关注以及网民自发的二次传播。

（二）公益+病毒事件

病毒事件属于病毒营销（viral marketing）的一种形式，这种创造性的营销方式发端于1997年，当风险投资家史蒂夫·乔维斯顿在描述Hotmail电子邮箱的时候首次提出"病毒营销"的概念。

传统媒体时代，奥格威的一段好文案就能得到消费者的赏识，但是在一切都被碎片化的今天，广告不再是凭借写个好文案、有个好视觉就能达到事半功倍的传播效果。今天，传播力才是衡量广告是否有效果的关键，病毒事件的话题性是病毒营销产生威力的要素之一，能够抓住大众好奇心并引发其参与感的病毒事件，自然能够激发社交媒体的传播动力，产生巨大的传播力，当然出色的创意固然重要，但是强大的执行能力是必须的。对于公益广告而言，通过恰当制造病毒事件的方式，引发社会大众对某公益话题的关注与参与是提升公益广告创意传播效果的有效路径之一。

比如，为了帮助非洲和印度的艾滋病患儿延缓病情和改善生活，歌手Alicia Keys带领Lady Gaga、贾斯汀·布莱克等众多明星一起发起了一项名为"Buy Life"的线上公益活动。从2010年12月1日世界艾滋病日开始，明星们在社交网站上自我禁言，直到粉丝们向艾滋病慈善机构"让孩子们活下去（Keep a Child Alive）"募捐100万美元善款，他们才会重新激活自己的网络ID，否则自己将永久退出包括脸书（Facebook）和推特（Twitter）在内的各种社交平台，即数字死亡。为了尽快将偶像的数字生命"买回来"，粉丝们以多种方式参与到这场公益捐助活动中，比如通过网站直接捐助、通过下载应用程序扫指定条形码捐助，或通过短信buylife 90999。仅12月1日当天就募集10万美元，十天内完成活动目标，成功募集110万美元。通过病毒事件创意，将原本普通的公益捐助号召转化为一场粉丝拯救名人数字生命的社交运动，倍增传播效果。

(三)公益+游戏

游戏广告与传统广告营销方式相比较更加隐性,通过将产品营销完全融入游戏情节,使游戏玩家在娱乐中不自觉地记住品牌形象,从而达到"润物细无声"的品牌传播效果。可口可乐与魔兽世界的合作就是游戏广告的典型案例之一。相较于枯燥的"说教"推送,游戏化的公益广告的玩乐属性,更容易被年轻群体接受和喜爱。

善待动物组织(People for the Ethical Treatment of Animals PETA),成立于1980年,是全球最大的维护动物权益组织,拥有超过二百万会员,宗旨是确立和保护所有动物的权益,奉行简单的原则,即动物不是供我们食用、穿戴、做实验或娱乐的。PETA曾推出了一款为名《超级豆腐男孩》(*Super Tofu Boy*)的游戏,该款游戏是改编XBOX360曾推出的《超级食肉男孩》。原作的设计是肉块男孩需要经历各种关卡救出女朋友绷带女孩,PETA则将游戏的角色改编为豆腐男孩,剧情也重新设计。另外,在玩游戏的同时,画面下方会轮播许多不同的标语,例如"豆腐可以满足你所有的需要""你可以靠吃素来拯救动物""素食者是更好的情人"等,每当玩家破关进入晋级画面时,页面也会出现"尝试食素"的选项。

(四)公益+数字技术

技术塑造了传播媒介,而媒介的发展则不断推动着社会的发展进步,改变着世界……如管理学大师彼德·德鲁克所言"现在我们正经历着一场信息革命。这不是在技术上、机器设备上、软件上或速度上的一场革命,而是一场'概念'上的革命"。与新媒体、新技术相嫁接融合的创意,是未来公益广告创意的主要方向。以往的公益广告创意能够调动的技术元素十分有限,几乎局限于电视屏幕和报刊杂志或者海报的二维空间里。今天,面对新媒体、新技术,公益广告创意更有机会结合技术元素进行新的尝试与探索。公益广告创意需要强化创意与技术的融合,强调创意的互动性,将传统媒体时代公益广告"推送"创意的思路转变为"植入"社会大众日常生活空间。

这是一个很有创新性的能够推动大众对公共健康事业热情的创意,它利用公交车站,结合互动数字技术板和压力感应装置创造出了一种很酷的让大众与公益广告互动的形式。广告板上能看到一个躺在病床上的老年人,上方有一个虚拟的心电监护仪,并能看到心电监护仪上显示的心跳曲线是一条直线。在老年病人的胸前印有"用力推这里"的字样。一旦有人用双手推压此处,心电监护仪就会重新开始发出哔哔的心跳声并显示心跳曲线,这种感受就好像真的参与挽救了一个人的生命,这时在心跳曲线的旁边会显示出一行字"登录Save Lives.com,选择和公共健康事业"(图20-4)。

2015年国际妇女节前夕,伦敦妇女援助组织Women's Aid投放了一组户外广告,呼吁人们关注家庭暴力,拒绝漠视。该广告发布在户外广告大牌上,并使用了脸部识别技术,最初画面上呈现的女人眼角、鼻子等部位,有多处淤青,甚至血迹。当越来越多的人看到海报时,淤青或血迹会慢慢消失,恢复本来面目,借此呼吁人们不要漠视此问题。同时，屏幕下方动态显示观看者的头像，这也是鼓励更多的人参与。毕竟，家暴发生在私密空间，被害人也可能觉得难以启齿。这种情形只有受到关注，才会被扭转过来。

图 20-4　使用压力感应装置的公益广告体验装置

【拓展思考与实训】

移动传播时代，公益广告如何提高传播效果？

参考文献

[1] 杨明刚.品牌与策划[M].上海：上海人民出版社，2016.

[2] 威廉·阿伦斯.丁俊杰等译.当代广告学（第11版·通用教材版）[M].北京：人民邮电出版社，2013.

[3] 余明阳，戴世富.品牌战略[M].北京：清华大学出版社，2009.

[4] 鲁建华.定位屋：定位从观念到体系[M].上海：东方出版中心，2015.

[5] 周月麟.品牌整合与创新设计[M].北京：清华大学出版社，2015.

[6] 肯尼思·E.克洛，唐纳德·巴克.应斌，王虹译.广告、促销与整合营销传播（第7版）[M].北京：清华大学出版社，2015.

[7] 郭国庆.市场营销学通论（第4版）[M].北京：中国人民大学出版社，2009.

[8] 罗仕鉴，朱上上.用户体验与产品创新设计[M].北京：机械工业出版社，2010.

[9] 金鸣，张敏.世界500强企业品牌创新之道[M].北京：北京出版社，2006.

[10] 黄静.品牌管理[M].武汉：武汉大学出版社，2015.

[11] 庞守林.品牌管理（第2版）[M].北京：清华大学出版社，2016.

[12] 张金海，余世红.中外经典品牌案例评析[M].广州：华南理工大学出版社，2009.

[13] 余明阳，戴世富.品牌文化[M].武汉：武汉大学出版社，2008.

[14] 蔡勤东，张金炜.全网营销时代企业互联网快速盈利之道[M].北京：中国财富出版社，2016.

[15] 邓少灵.网络营销学教程[M].广州：中山大学出版社，2015.

[16] 周云.品牌学——知识体系与管理实务[M].北京：机械工业出版社，2014.

[17] 吕晖.现代广告经典案例评析[M].重庆：重庆大学出版社，2016.

[18] 李宏岳.市场营销学[M].广州：中山大学出版社，2016.

[19] 刘茜.应用广告学[M].北京：北京理工大学出版社，2016.

[20] 初广志.整合营销传播概论[M].北京：高等教育出版社，2014.

[21] 唐·E.舒尔茨.整合行销传播[M].北京：中国物价出版社，2002.

[22] 陈钦兰等.市场营销学（第2版）[M].北京：清华大学出版社，2017.

[23] 施密特.刘银娜，高靖，梁丽娟译.体验营销[M].北京：清华大学出版社，2004.

[24] 洪海江.颠覆式融合全网品牌革命[M].北京：中国财富出版社，2017.

[25] 费明胜，刘雁妮.品牌管理[M].北京：清华大学出版社，2014.

[26] 陈葆华，任广新.现代实用市场营销[M].北京：机械工业出版社，2016.

[27] 李升.现代市场营销学[M].广州：中山大学出版社，2004.

[28] 张黎明.市场营销学（第6版）[M].成都：四川大学出版社，2018.

[29] 赵保国，余宙婷.营销策划与案例分析[M].北京：北京邮电大学出版社，2012.

[30] 张一驰.哈佛最受欢迎的营销课[M].北京：中国商业出版社，2014.

[31] 蒋桦伟.当品牌遇上资本[M].广州：广东人民出版社，2016.

[32] 刘珂.玩转公众号——微信公众平台的商业运营之道[M].北京：中华工商联合出版社，2016.

[33] 滕大鹏.移动互联网营销策略、方法与案例[M].北京：人民邮电出版社，2017.

[34] 谷虹.品牌智能：数字营销的核心理念与战指南[M].北京：电子工业出版社，2015.

[35] 谷虹，王静.智慧的品牌：数字营销传播金奖案例[M].北京：电子工业出版社，2017.

[36] 李明合.品牌传播创新与经典案例评析[M].北京：北京大学出版社，2011.

[37] 唐炜，汪筱兰.电商开展体验营销的必要性及策略分析——以三只松鼠为例[J].经营管理者，2016（32）.

[38] 李良臣.品牌资产文献综述[J].市场周刊（理论研究），2013（04）.

[39] 何旺兵，胡正明.基于顾客视角的品牌资产研究综述及展望[J].企业活力，2011（07）.

[40] 刘祥彬.品牌资产模型研究述评[J].现代商贸工业，2011（05）.

[41] 陈阳.品牌资产及价值测评方法评介[J].技术与市场，2010（01）.

[42] 刘建堤.品牌定义与品牌资产理论研究文献综述[J].经济研究导刊，2012（31）.

[43] 郑秋莹等.企业营销战略思想的嬗变：从竞争到竞合的博弈分析[J].现代管理科学，2013（02）.

[44] 彭建仿.关系营销中的关系取向与演进机制——共生理论视角[J].华东经济管理，2009（08）.

[45] 马利娜.整合营销时代广告与营销共生[J].新闻研究导刊，2017（08）.

[46] 叶小果.王老吉以消费者为核心诉求——打造凉茶共生营销生态[J].新营销，2016（05）.

[47] 李文力.共生营销下的双赢之道[J].企业改革与管理，2011（04）.

[48] 黑二勋.共生营销——互联网生态环境下企业的营销秘诀[J].时代经贸，2017（11）.

[49] 张梅珍,陆海空.微博平台话题营销的"变"与"势"[J].新闻知识,2015（01）.

[50] 张利娟.浅谈话题营销的运作[J].新闻研究导刊,2014（06）.

[51] 魏正聪.微博话题营销的策略与尺度[J].东南传播,2013（09）.

[52] 尤怀墨,高秋彤.以百雀羚为例分析"中华老字号"品牌再定位动因[J].现代商业,2015（03）.

[53] 王素君.数字时代品牌关系的智能化管理[J].国际公关,2018（03）.

[54] 郭星光,聂元昆.心理契约视角下品牌关系的研究综述与展望[J].中国市场,2017（07）.

[55] 郭子琪.品牌关系不同发展阶段的管理策略[J].管理工程师,2015（06）.

[56] 候立松等.社会网络视角的品牌关系分析、测量与管理[J].企业经济,2015（07）.

[57] 瞿艳平,陈海波.国内外品牌关系理论的演化趋势[J].江汉论坛,2010（10）.

[58] 余可发.品牌关系理论研究述评:视角、主题和核心观点[J].广西经济管理干部学院学报,2009（02）.

[59] 孙晓强.品牌关系理论研究综述[J].市场营销导刊,2007（02）.

[60] 李卉,王佳.探求国际品牌广告中的本土化因子[J].营销导师,2005（23）.

[61] 吴玲,王敏.大规模定制营销战略——21世纪营销新趋势[J].铁道经济研究,2002（06）.

[62] 赵莹.奥利奥品牌在国际营销中的跨文化策略[J].企业改革与管理,2014（10）.

[63] 陈静.奥利奥情感纽带绑上社交营销[J].成功营销,2014（11）.

[64] 闻涛.奥利奥整合营销"泡"到消费者[J].市场观察,2010（12）.

[65] 康何艳,李佳.透过奥利奥"扭开亲子一刻"看奥利奥品牌的文化认同感——从微电影《奥利奥——亲子中国》谈起[J].新闻知识,2015（08）.

[66] 肖玉琴.只有奥利奥[J].销售与市场（评论版）,2011（05）.

[67] 田永华.定制营销:21世纪营销新趋势[J].内蒙古农业大学学报（社会科学版）,2008（01）.

[68] 袁德玲等.营销新模式:大规模定制营销的发展研究[J].现代管理科学,2008（07）.

[69] 潘志生.茶品牌战略建设中的文化营销研究[J].产业与科技论坛,2006（09）.

[70] 陈东灵,郑振伟.茶叶文化营销的策略分析[J].中国茶叶加工,2012（01）.

[71] 孟令光，杨海军.中国元素广告创意营销的文化学解读[J].传媒，2017（09）.

[72] 赵诗睿.营销4.0时代下品牌故事营销模式创新及启示[J].视听，2019（01）.

[73] 李爱梅等.提升消费者体验的故事营销研究述评[J].外国经济与管理，2017（12）.

[74] 苏杨.品牌故事营销模式与构成要素[J].重庆科技学院学报（社会科学版），2013（04）.

[75] 谢振宇，林徐.场景化营销中的场景构建及其信息作用机制探析[J].东南传播，2016（07）.

[76] 夏洪波.场景营销，价值为本[J].中国广告，2016（06）.

[77] 丁蕾.场景营销：开启移动互联网时代的营销新思维[J].出版广角，2017（03）.

[78] 徐进.大数据时代下的场景营销[J].声屏世界·广告人，2016（07）.

[79] 王婷.大数据时代的精准网络广告投放——以爱奇艺"一搜百映"为例[J].现代视听，2014（02）.

[80] 王宏鹏.搜索引擎——网络品牌帝国的巨擘[J].成功营销，2009（11）.

[81] 彭胜君.透析多重因素下的搜索营销市场[J].广告大观（综合版），2012（01）.

[82] 齐馨.叶朋：搜索平台的营销新价值[J].成功营销，2009（07）.

[83] 张菁雅.浅析文创产品的新媒体营销模式——以故宫淘宝为例[J].新闻研究导刊，2016（21）.

[84] 郝姝雨.新媒体时代下的"新"营销——以"故宫淘宝"为例[J].新媒体研究，2016（21）.

[85] 袁强亮.当代中国博物馆文创产品营销实践分析[J].文物鉴定与鉴赏，2017（08）.

[86] 董占山.传播学视阈下的新媒体营销策略——以"故宫淘宝"为例[J].出版广角，2016（11）.

[87] 李群，吴珂.以创新手段传承和发展传统文化故宫：创新"萌萌哒"[N].中国知识产权报，2014（02）.

[88] 张小平.小猪平台：将"不靠谱"的事情变成现实[J].企业观察家，2017（03）.

[89] 郑志来.共享经济的成因、内涵与商业模式研究[J].现代经济探讨，2016（03）.

[90] 王雪晶.只有Airbnb和Uber会做营销吗？看国内短租民宿如何脑洞大开[DB/OL].顶尖文案https://mp.weixin.qq.com/s/cdGCvQ2dSiaaud50Drd8QQ，2015年6月19日

[91] 信息化研究部.《分享经济》案例之小猪短租："有人情味的住宿"[DB/OL].国家信息中心网站http://www.sic.gov.cn/News/568/6398.html，2016年5月

[92] 李宁飞.不走寻常路小猪短租营销大显文艺范儿[DB/OL].http://www.yingmoo.com/news_74004.html，2016年2月2日

[93] 李文瑶.小猪短租更名小猪推全新slogan"居住自由主义"[DB/OL].http://tech.huanqiu.com/original/2016-06/9043802.html

[94] 百雀羚广告刷屏的背后，是老国货品牌年轻化的尝试[DB/OL].http://news.ifeng.com/a/20170626/51323510_0.shtml

[95] 中国护肤品牌排行榜：2016年本土TOP10化妆品牌排名[DB/OL].http://www.chinabgao.com/k/hufupin/21922.html

[96] 从百雀羚广告说起，聊一聊老牌国货如何实现品牌年轻化[DB/OL].http://money.163.com/17/0517/11/CKKRNAAN002580S6.html#from=keyscan

[97] 苹果谷歌可口可乐成为100大最有价值品牌前三甲[DB/OL].http://tech.sina.com.cn/it/2016-10-06/doc-ifxwrhpm2474233.shtml

[98] 2017全球最有价值的软饮料品牌25强：可口可乐、百事可乐、红牛名列前三[DB/OL].http://www.sohu.com/a/142263808_161275

[99] "可口可乐昵称瓶"何以摘下艾菲奖？[DB/OL].https://www.huxiu.com/article/22867.html

[100] 童年零食一箩筐，凭什么辣条火到现在？[DB/OL].http://www.sohu.com/a/201901483_182272

[101] "辣条界扛把子"做了这件事，却让它的产品卖疯了[EB/OL].http://www.sohu.com/a/127789462_540853

[102] 孙明.春节营销，卫龙终于出手了！[EB/OL].http://www.vccoo.com/v/5j87ep

[103] 贾太空.卫龙的新媒体营销案例列举分析[DB/OL].https://baijiahao.baidu.com/s?id=1616200849746556027&wfr=spider&for=pc

[104] 辣条界扛把子，论卫龙如何成为网红[DB/OL].https://baijiahao.baidu.com/s?id=1561520132920236&wfr=spider&for=pc

[105] 王中美，阮立平.公牛插座一年67亿的秘密"做产品其实就如同做人心正才是根本"[DB/OL].http://www.sohu.com/a/200926033_211643

后 记

本教材通过对这些根植于中国市场沃土、烙有时代印记的品牌广告案例的真实记录，提升广告、营销专业学生的品牌传播能力和广告策划能力，使其在塑造中国品牌道路上有所创新，乃是本教材的核心目的。

编者们长期工作在广告教育一线，关注行业动态与传媒业发展变化，也普遍保持着谦逊的姿态积极参与专业实践。

在本书的编纂过程中，刘磊负责整体策划、统稿和编审工作，陈红、刘磊负责案例筛选与组织实施，程洁、李亦宁分别进行了内容审查、编排等具体工作。

全书编写分工具体如下：李亦宁（西安工业大学）编写案例2、案例4、案例7、案例10、案例16，陈红编写案例3，陈红、刘磊编写案例5、案例8、案例12，程洁（西安工业大学）、刘磊（西安工业大学）编写案例11、案例13、案例15、案例18，王嘉（西安工业大学）编写案例1、案例6、案例9，王佳炜（西安外国语大学）撰写案例14、案例17、案例20，马岚（西安交通大学城市学院）、刘磊编写案例19。

王也、张慧敏、王羲豪、张春浦、郝天驰、董洁等研究生同学也积极参与了本书的工作，负责全本的校对、数字资料整理和格式规范。

本书特别感谢广州凡奇创意有限公司创始人肖剑锋先生提供"广州万达城"和"广州美林湖"整合地产案例，西安拾壹数字营销公司创始人王斐先生提供的"青岛9度啤酒"新媒体推广案例，小猪短租品牌经理王雪晶女士分享的"小猪短租"品牌案例资料，湖南天娱广告有限公司宋波先生提供的"天娱广告"案例。

感谢在本教材所收录案例中付出努力、创造价值的每一位劳动者，感谢出版社为本书所提供的宝贵平台，感谢编辑投入的精力、支付的辛劳，感谢每一位关注本书和给予帮助的每个人！